# ULLA HAHN

## Gesammelte Gedichte

# ULLA HAHN

## Gesammelte Gedichte

Mit einem Vorwort
von Ulla Hahn und
einem Nachwort von
Dorothea von Törne

Deutsche Verlags-Anstalt

# Inhalt

Vorwort. Von Ulla Hahn  9

Herz über Kopf  17

Spielende  99

Freudenfeuer  193

Unerhörte Nähe  289

Liebesgedichte  369

Epikurs Garten  395

schloss umschlungen  479

Galileo und zwei Frauen  501

So offen die Welt  603

Wiederworte  701

fünfte jahreszeit  797

Nachwort. Penelope am Schreibtisch.
Von Dorothea von Törne  815

Anhang  837

*Für K v D*

# Vorwort

Diese Sammlung enthält meine in früheren Bänden veröffentlichten Gedichte. Darunter auch den Privatdruck *schloss umschlungen* zur 800-Jahr-Feier der Stadt Heidelberg von 1996 sowie neue, hier zum ersten Mal gedruckte Gedichte *fünfte jahreszeit.*

Die vier Bände aus den achtziger Jahren, jener Zeit der großen Suchbewegung nach der ›Zeile/die mir sagt/wo ich mich find‹, bilden dabei eine aus heutiger Sicht überraschende Einheit.

Mut und Widerborstigkeit bescheinigte mir Karl Krolow in seiner Laudatio zum Hölderlin-Preis (1985). Ich ahnte wohl: Jedes Gedicht, das ich schreibe, vermindert die Angst und schafft Platz für Mut und Lebensfreude. Solange ich Wörter finde für mein Glück oder Unglück, solange ich aus meinen Erfahrungen Erfindungen mache, Erfahrungen und Erfindungen so verweben kann, dass neue Wirklichkeiten entstehen, geformte Sprache, Gedichte, kann ich nicht aussichtslos unglücklich sein. Die gelungene Form verwandelt Trauer und Verzweiflung in Trost. ›Viele versuchten umsonst das Freudigste freudig zu sagen,/Hier spricht endlich es mir, hier in der Trauer sich aus‹, so Friedrich Hölderlin.

Mit der Zeit machten sich meine Gedichte auch selbst zum Thema, griffen die ironische ›Ars poetica‹ aus dem ersten Band ernsthafter auf. Doch nie habe ich Kraft darauf verwenden wollen, Sprache vom Leben zu trennen, als sei das Ziel des Dichtens einzig das Bemühen um die Sprache, die Dichtung selbst. Ich sah und sehe es wie T. S. Eliot: ›If you aim only at poetry in poetry, there is no poetry either.‹

Wer nichts als Kunst machen will, landet in der Verse-schmiede.

Dichter haben zwei Väter: David und Orpheus, den Redner und den Sänger. Wo der eine vorherrscht, muss der andere als Verwandter in der Nähe sein. Dichtung darf sich nicht vom Denken lossagen. Wo gesprochen wird, werden Gedanken mitgeführt. Alles andere ist Gebrabbel. Dass ›die Sprache spricht‹, ist Unsinn. Der Autor ist für das, was ›die Sprache spricht‹, verantwortlich. Und es ist keine Einschränkung, sondern seine Chance, dass sein Kunstmaterial, die Sprache, an eine äußere Referenz, an allgemeinverbindliche Bedeutungen und Konventionen gebunden ist. Seine Chance, nicht in die Beliebigkeit abstrakter Ver-Antwortungslosigkeit zu geraten. Mitteilungsfunktion und Materialaspekt der Sprache gehören zusammen. Sprache lässt sich nicht in absolute Form und absoluten Inhalt spalten. Trennung führt zu rhetorischer Banalität oder zu verkünsteltem Leerlauf.

Hat moralisches Engagement also Vorrang vor der Ästhetik? Genauso gut könnte man mich fragen: Willst du lieber atmen oder essen? Alles ernsthafte Schreiben bleibt der Versuch, diesen Dualismus zu überwinden. Wer schreibt, als wären Ästhetik oder Gesellschaft jeweils ohne ihr Gegenüber vorstellbar, nimmt menschliche Erfahrung nur bruchstückhaft wahr. Sprache *ist* sozial und *hat* moralische Dimensionen. Dichtung bedarf keiner gutgemeinten Ergänzung von moralischer oder soziologischer Seite. Dichtung ist moralisch, ist human – oder keine Dichtung.

Demut wäre angebracht, da jeder von uns zu einem großen Entwurf gehört, den wir nicht kennen. Woher kommt der Mensch? Wohin geht er? Kein Gedicht kann diese Rätsel lösen. Aber den Stachel des Erkennenwollens, das Ringen nach Erklärungen, den Hunger nach Sinn möchten wir auch im Gedicht spüren. Und wenn aus dem Wortkörper eines Gedichts, aus dem Zusammenspiel zwischen Form und Inhalt diese einzigartige Melodie sich erhebt und zu schweben beginnt, zu kreisen, dann rührt das Gedicht an das Beste im Menschen: das Gefühl der Freiheit. So, wie es in ›Künstlers Abendlied‹ heißt: ›und dieses enge Dasein hier / zur Ewigkeit erweitern‹ (Goethe). Natürlich gelingt das nur selten vollkommen. Nicht von ungefähr hat Gottfried Benn von den sechs bis acht gelungenen Gedichten als Resultat eines Dichterlebens gesprochen. Jedes Gedicht muss geduldig und achtsam warten können auf den Augenblick, da Erfahrungen frei werden für Bilder und Sprach-Erfindungen.

In den neunziger Jahren gaben Aufenthalte in den USA und Begegnungen mit amerikanischer Dichtung meinem Schreiben neue Impulse. Ich und Welt wurden nicht mehr, wie in den frühen Bänden, als Gegensatz erlebt. Lyrisches Ich und Welt durchdringen einander. Das öffnet Grenzen – auch für die Form. Die Suche nach Welthaltigem, das Bemühen, Leben festzuhalten, Platz zu schaffen für immer neue ›Geisterblicke‹ (Eichendorff), die auch das Entlegenste zusammenrücken, lässt dann Gedichte zuweilen auch überborden, ausufern. Wirklichkeit erscheint nicht länger linear, kausal; sie wird kaleidoskopisch erfasst. Ein Weitergleiten des Auges – und Satz- und Bildgefüge fallen auseinander und formieren sich neu zu offenen Wörterfolgen, Wortmelodien. Das Lyrische Ich erscheint im Sprechakt, nicht in der Grammatik, wie etwa im Gedicht ›Frucht in der Farbe der Luft‹ (1997).

Ob in gebundenem oder freiem Vers geschrieben wird, ist weder fort- noch rückschrittlich. Freier und gebundener Vers sind keine gegensätzlichen, sondern sich ergänzende Techniken. Gebundene Verse tragen zur Fokussierung und Präzision freier Verse bei; der freie Vers hilft, die gebundenen Gedichte vielgestaltig, locker und näher am Sprachgefühl der Zeit zu halten. Beide werden gebraucht, um der

Dichtung – und dem Dichter – Kraft und Lebendigkeit zu bewahren.

Das Ziel der Dichtung ist Gesang. In den Kindheitstagen der Dichtung konnte nur die gebundene Rede Dichtung haltbar und transportfähig machen; sie war Stütze für das allein auf das gesprochene Wort angewiesene Gedächtnis. Dichtung brauchte das Ohr, den Hörer; ein Gedicht ohne Melodie war dem Vergessen preisgegeben.

Auch der freie Vers darf diesen Gesang nicht verlieren. Ohne Sprachmusik gibt Dichtung gerade das auf, womit sie uns in ihren magischen Zirkel lockt. Man beobachte Kinder, wenn sie ihre ersten Verse lernen. Ihre Freude am Reim, der Wiederholung von Hebung und Senkung der Silben. Gerade freie Verse verlangen vom Autor wie vom Leser ein feines Gehör. Man lese dazu noch einmal Bertolt Brechts Aufsatz ›Über reimlose Lyrik mit unregelmäßigen Rhythmen‹. Oder denke an das Zwiegespräch in Richard Wagners *Die Meistersinger von Nürnberg*. ›Wie fang ich nach der Regel an?‹, fragt Walther. Antwort Hans Sachs: ›Ihr stellt sie selbst und folgt ihr dann.‹ Man kann es nicht oft genug sagen: Ohne diese frei gewählte, von Gedicht zu Gedicht neu gestellte Regel gibt es keine Poesie. Diese Regel als Leser sogleich zu erkennen ist nicht wichtig; aber man muss spüren, dass es sie gibt, dass der Autor bemüht war, dem Sprachfluss einen Damm zu bauen – oder ihn lustvoll einzureißen.

Nach dem Gedichtband *Galileo und zwei Frauen*, in dem sich ausgreifende Formen schon ankündigen, drängte es mich zur Prosa. Die knappe Form war dem, was ich sagen wollte, nicht mehr angemessen. Als ich nun für die hier vorliegende Sammlung die Gedichte aus den achtziger Jahren wieder las, fielen mir nicht wenige Motive auf, die ich ein gutes Jahrzehnt später im Roman *Das verborgene Wort* (2001) episch ausgestaltet hatte. Das Handwerk, den Umgang mit Sprache, hatte ich als Lyrikerin gelernt. Jedes Wort auf die Goldwaage zu legen, wie es im Deutschen so schön heißt, Rhythmus und Präzision sollten auch beim Erzählen der Maßstab sein. Dass es die Form ist, die den Stoff vertilgt, diese Maxime Friedrich Schillers war (und ist) auch die meine.

Beeinflusste die Prosa wiederum meine Lyrik? Vermutlich. In *So offen die Welt* (2004) und *Wiederworte* (2011) bewegte ich mich mit neuer Unbekümmertheit und Gewissheit, dass mir mein Handwerkszeug, die Sprache, immer geneigter zur Verfügung steht. Eine Gewissheit, die mir im Bemühen um die Prosa weiter zugewachsen war. Doch es scheint, als dränge es mich, sobald ich ein Prosastück abgeschlossen habe, ad fontes, zurück zu den Quellen, zur Arbeit am Gedicht.

Nachdem der dritte Band meiner autobiographischen Romane weitgehend durchgeschrieben war, suchte ich eine besonders strenge, knappe Form: das Haiku. Spielend ›Mensch sein‹ im Sinne Schillers wollte ich nach einer langen Phase strikter Zurückgezogenheit in die Zeit der sechziger Jahre des Romans: ›Der Mensch spielt nur, wo er in voller Bedeutung des Wortes Mensch ist, und er ist nur da ganz Mensch, wo er spielt.‹ Was aber wäre ein Spiel ohne Regeln? Die man sich ›selber stellt‹ und freiwillig einhält? Aus spielerischem Ernst und ernsthafter Spielfreude sind diese Haikus entstanden, aus lustvollem Befolgen und Verletzen der Vorschrift, und so möchten sie gerne gelesen sein.

Denn was auch immer ich schreibe, ist verlorene Liebesmüh – ohne Lesende. Auf die Frage ›Für wen schreiben Sie?‹ habe ich einmal geantwortet: ›Für den, der fragen will.‹ Meine Gedichte sind meine (vorläufigen) Antworten auf meine Fragen. Geformte Sprache macht persönliches Erleben universell; meine persönliche Antwort so allgemein, dass sich darin erkennen kann, der fragen will wie ich.

Wer nicht glaubt, im Gedicht etwas zu finden, das ihm unter die Haut gehen könnte, für den bleibt es ein Buchstabenhaufen. Geduld muss der Leser aufbringen und freudige Neugier auf sich und die Welt; den gleichen Eifer, die gleiche Energie und Freude am Wort wie der Autor. Nur dann wird das Gedicht *sein* Gedicht. Oberstes Gebot dabei: Nicht zu fragen, was will der Dichter damit sagen? Sondern: Was sagt dieses Gedicht mir? Denn jedes Gedicht wird im Kopf der Leserin, des Lesers zu Ende geschrieben. Es gibt so viele Gedichte, wie es Lesende gibt.

Selbst vor meinem eigenen Gedicht bin ich eine Leserin von vielen; ich kann etwas zur Entstehung sagen, auf Aspekte hinweisen, aber was ich mit dem Gedicht sagen wollte, ist mit dem Gedicht gesagt. Der Leser bleibt, wie der Autor, auf sich gestellt – und auf sein Vertrauen, das er dem Gedicht entgegenbringt. Dem Vertrauen des Autors, etwas zu sagen zu haben, entspricht das des Lesers, sich etwas sagen zu lassen. Das Glück der Selbsterweiterung oder Selbstvertiefung wird dann beiden zuteil: Autor und Leser.

Ein Gedicht ist wie eine Partitur. Musik macht daraus erst der Musikant. Lesen ist Musik spielen und hören zur selben Zeit. Lesen Sie laut! Nehmen Sie das Gedicht in den Mund. Öffnen Sie ihm Augen und Ohren, Verstand und Gefühl. Erfahren Sie die Sinnlichkeit des Sprechens, der Sprache; lassen Sie sich mit dem Klangkörper Gedicht auch selbst körperlich ein.

Einmal gedruckt, gehören Gedichte nicht mehr dem, der sie schrieb. Sie gehören denen, die sie lesen, die sie brauchen.

Ulla Hahn, Hamburg im Juli 2013

Herz über Kopf
1981

Das wär ein Leben

Ich bau mir mein Nest in der Achselhöhle
vom Mann mit dem Goldhelm. Geht er
so gehe ich bewegungslos mit. Krümmt er
den Leib tue ich aufrecht desgleichen.
Isst er sein Brot im Schweiß seines Angesichts
lieg ich betört von den Düften ihm
unterm männlichen Arm.
Seine Rede Ja Nein ist fraglos immer
die meine. Säe nicht ernte nicht: Er
nähret und kleidet mich doch. Nichts
verlangt er dafür als sein tägliches Quantum
Rosen dornenlos wind ich den Kranz ihm
zwitschernd ums göttliche Haupt.

Im Rahmen

Eine Frau am Fenster allein
stehend die Arme gekreuzt
vor der Brust im zarten
pastell Musselin
wartend dass einer sie fasse
in seinen altgoldenen Rahmen
ist nur auf Bildern schön.
Wenn sie am Telefon lauert frei
Zeichen skandiert die Muschel
poliert ist das
nicht zum Ansehn.

## Mit Haut und Haar

Ich zog dich aus der Senke deiner Jahre
und tauchte dich in meinen Sommer ein.
Ich leckte dir die Hand und Haut und Haare
und schwor dir ewig mein und dein zu sein.

Du wendetest mich um. Du branntest mir dein Zeichen
mit sanftem Feuer in das dünne Fell.
Da ließ ich von mir ab. Und schnell
begann ich vor mir selbst zurückzuweichen

und meinem Schwur. Anfangs blieb noch Erinnern
ein schöner Überrest der nach mir rief.
Da aber war ich schon in deinem Innern
vor mir verborgen. Du verbargst mich tief.

Bis ich ganz in dir aufgegangen war:
da spucktest du mich aus mit Haut und Haar.

Er kommt

Einkaufen: Kirschsaft Spinat und
neue Kartoffel Spargel nicht der
ist noch zu teuer oder ach was
zwei Pfund Spargel bitte.

Oh mein Gott: dem Friseur ging
die Farbe aus. Nehm ich statt
Rot Mahagoni nur nicht
vorne so kurz.

Wie angegossen das Kleid: aber
die Jeans sitzt straffer blau
liebt er und schwarz schön
also schwarzblau.

Steht die Uhr: nein noch einmal das
Beethoven Trio im zweiten Satz geht
die Klingel ich öffne die Tür
du schon da?

Wirbelsäule

Ich kenne deine
Runzeln rund um die Augen
von meinen Lippen
und deine Lippen haben
meine aufgespannt
und verbogen
zur Lust auf Lust.

Deine Falten
rechts und links
vom Mund
kennt der Zeigefinger
meiner rechten Hand

deine rechte Hand
verbirgt nichts
was deine Linke tut
meinen beiden Händen.

Ein Stückchen Halshaut
haben sich meine
Augen, Hände und Lippen erschlichen
bis zum obersten Knopf
deines Hemdes.

Aber Phantasie und Erkenntnis-
Theorie
knöpfen dich langsam sorgfältig auf
bis auf die Knochen.

Mit leeren Händen

Dreimal kehr ich zurück
ich versprach dir's. Dreimal
wartete ich auf dich unter
den Malven am Markt.

Dreimal bot ich der Alten
Narzissen, Ranunkeln und
Syringen aus Persien für
dreimal eine Nacht mit dir.

Alles nahm sie mir ab
Blumen und Perlen die
wollt ich dir schenken
zur dritten Nacht

als ich zu dir kam
mit leeren Händen und
weitgeöffneten Poren. Nichts
hielt ich verborgen.

Ach da zogst du mir
das Fell über die Ohren
schmiegtest es wohlig
der Alten ums Füßchen.

## Tote Liebe

Tote Liebe Mauer
blümchen zweigeteilt
niemals vergessen vergessen
die Liebe auf dem Lande
im Lenz sind alle Katzen
grau in der Nacht wenn
die Liebe erwacht unterm
Laken gezogen bis
über die Stirn.

Der Himmel

Der Himmel liegt seit heute Nacht
in einem Ellenbogen
darein hatt' ich gesmôgen
Das kin und ein mîn wange
viel lange Zeit.

Der Himmel ist einsachtzig groß
und hat die blauen Augen
zum Frühstück aufgeschlagen
all so ist auch sein Magen
von dieser Welt.

Und mich

Wenn du willst
nehme ich alles
zurück meine Tränen
fließen mir in die Augen
mein Lachen flieht
hinter meine Lippen
scheuen vor deinen
zurück hast du
alles genommen
was will ich
mehr als alles
zurück.

Alle hastigen Züge zu dir
fahre ich zurück durch
die platten Wiesen kaum
Mai. Jede Ankunft
bei dir ein Abschied mehr.
Jedes Wort schlag ich mir
in die Kehle
zurück
nehm ich alles
was du nicht willst
und mich.

Meine Trauer

Meine Trauer mein blankes
Kupferkesselchen blank
geputztes
Komm wir setzen uns
Tränen auf
aber mit
Grazie mild wie
Vanille wollen wir
ihm doch
gefallen
wenn er
nie mehr wiederkommt.

Altes Lied Ungereimt

Breit mich als Bärenfell
unter sein Leib
dreh ihm kohlschwarze
Locken ins Haar

Halt ihm mein Mäulgen hin
schenk ihm mein Herz
küsst er mich tausend Stund
bis auf den Grund

Holt mich am Morgen
über den Zaun
schmeißt mich beim Abendgraun
aus seinen Federn

Sitzt hinterm Ofen
bei seinem Frauchen
macht ihr ein Kratzefuß
will uns nit tauschen

Kraul mir ein Kätzelein
in meinem Schoß
leckt mir die Fingerspitz
macht mich nit nass

Warten

Alles verraten verkauft
die Braut
kaut auf den Fingernägeln.
Blut im Schuh tropft
in Ramboisses primeur.
Noch ein Glas bitte. Danke
es lässt
der Europaton grüßen. Die
Leitung ist frei.

Ach was

Ach was Verzweiflung da
könnte ja jeder kommen
und gehn. Mal sehn
ob die Wegwarten noch
übers Jahr übers Jahr
an den Sommerrändern stehn.

Ach was Verzweiflung du
könntest ja wieder kommen
und gehn. Mal sehn
ob der Vollmond schon
und dein Galgenstrick
sich über den Hügeln drehn.

Ach was Verzweiflung ich
kann doch zu jedem kommen.
Mal sehn
wie es ist im
goldenen Kleid und
mit Blut im Schuh
zu gehn.

Ohne Schnee

Wie könnte ich gut leben ohne
diesen Schnee diesen Winter.
Er sperrt mich nach innen
aus. Krümmt mir mein
Haar in den Kopf. Meine
Lippen ziehn sich zurück
meine Zunge hinter
die Zähne. Und da fällt
dieser Schnee dieser Schnee
und das Eis
schmilzt nicht weiter.

# Anständiges Sonett

*Schreib doch mal
ein anständiges Sonett*
St. H.

Komm beiß dich fest ich halte nichts
vom Nippen. Dreimal am Anfang küss
mich wo's gut tut. Miss
mich von Mund zu Mund. Mal angesichts

der Augen mir Ringe um
und lass mich springen unter
der Hand in deine. Zeig mir wie's drunter
geht und drüber. Ich schreie ich bin stumm.

Bleib bei mir. Warte. Ich komm wieder
zu mir zu dir dann auch
›ganz wie ein Kehrreim schöner alter Lieder‹.

Verreib die Sonnenkringel auf dem Bauch
mir ein und allemal. Die Lider
halt mir offen. Die Lippen auch.

Tränen

Ohne Tränen vorbei
gehst du in
Samt und Seide
fühlst wie ich
weine ich weine
aber dein Rock
wird nicht nass.

Angeschaut

Du hast mich angeschaut jetzt
hab ich plötzlich zwei Augen mindestens
einen Mund die schönste Nase
mitten im Gesicht.

Du hast mich angefasst jetzt
wächst mir Engelsfell wo
du mich beschwertest.

Du hast mich geküsst jetzt
fliegen mir die gebratenen
Tauben Rebhühner und Kapaunen
nur so ausm Maul ach
und du tatest dich gütlich.

Du hast mich vergessen jetzt
steh ich da
frag ich was
fang ich allein
mit all dem Plunder an?

Hallo Ja

Ach mein Herz will nach
Haus doch wohin
soll es sich wenden?
Am Telefon lässt
der Europaton grüßen an
dauernd und auf der Höhe.
Das Freizeichen reißt
dich nicht los. Lesen
also. Nochmal einen Brief
aus Giumaglio. Alt
wirst du schreibst du. Das
weiß ich: Dir
fallen die Haare aus. Aber
mein Herz mein Herz
saust um dein Haus
rüttelt dass sich die Balken
biegen im Hauch und Flauberts
L'Education sentimentale.

Also nochmal. Den
Finger ins Loch. Null
nulldrei undsoweiter. Komm
nimm den Hörer ab. Lass
deine Hausschlachtung stehn.
Hallo
Hallo. Ja. Nein nichts
Neues. Ich kann nicht
reden. Morgen früh. Aber ja. Schlaf gut.

## Diese Mörderin

Diese Mörderin lässt mich
nicht im Stich
glaub ich mich sicher
schickt sie mir dich

und jagt dich fort
ich bin allein da
rennt mir die Zeit
den Schädel ein.

Fundevogel

Verlässt du mich nicht so
verlass ich dich
nimmermehr
findest du eine
wie mich schnell
hinterher
weinst du ich
weine so
teilen die Tränen wir auch.

So

Auf der rechten Seite
so liegen dass
die Knie das Kinn
fast berühren. Sich den
Rücken freihalten für einen
nicht zu weichen
schmiegsamen Bauch.
Beine auch die mit meinen
scharf in die Kurve gehn
zwanzigfach Zeh'n
ganz unten. Ums Herz
in der linken Brust eine
Hand die den Schlag spürt
und bleibt im Nacken
ein schlafender Mund Speichelfäden.
Morgens aufwachen.
Immer noch da sein.
So.

Gibt es eine weibliche Ästhetik

Ich sehe deine Augen
mit den hängenden
Lidern am Kinn
Fettfalten die Stirn
gefurcht deine
dünnen spitzen
Ohren überm fahlen
Haar die
kahle Stelle
am Hinterkopf ich
denke du bist
von allen Männern
der schönste.

## Winterlied

Als ich heute von dir ging
fiel der erste Schnee
und es machte sich mein Kopf
einen Reim auf Weh.

Denn es war die Kälte nicht
die die Tränen mir
in die Augen trieb es war
vielmehr Ungereimtes.

Ach da warst du schon zu weit
als ich nach dir rief
und dich fragte wer die Nacht
in deinen Reimen schlief.

## Auf und Davon

Hab gesponnen das Gold
zu Stroh bin weil ich
so traurig bin froh
nicht so traurig wie gestern
zu sein mein Herz
allerliebster ist auf
und davon.

Ließ mein Haar hinunter
zur Nacht. Nicht die Alte
er war's der mir sacht
die Flechten zerschnitten dann
ist er geritten auf meinem Herzen
auf und davon.

Tropf mir kühlen Schnee
in mein Blut. Komm
zurück und sei wieder
gut genug für mich
scher dich mein Herz
zum Allerliebsten auf
und davon.

Besuch gehabt

Auf dem Teller fault
der Apfel vom Straßengraben
in Laupheim. Roten
Freilandnelken vergeht
die Farbe im Glas.
Zwischen Gesammelten Werken
pressen sich Herbstzeitlose zeigen
braunfleckig lila
dünne trockengealterte Haut.
Pfeifenasche erkaltet seit Tagen
in verschiedenen Gefäßen.
Dein guter Anzug ist fort. Den Schlaf
Anzug hast du vergessen.

Tschüs

Schneeweiß und Rosenrot
Schleierkraut Mohn
ich hab genug davon
scher mich zum Teufel

Zwischen zwei Pferdefüß
mach ich mich breit
schlag ihm in Ewigkeit
faustdicke Schnippchen

Zieh ihm die Hörner lang
setz ihm eins auf
lach mir 'nen Ast
schwing mich obendrauf.

Weihnachtslied

Oh Fest des seligen Gebens
niemand und nichts hält sich fest
ich warte auch nicht vergebens
schließlich gibst du mir den Rest
mit halben Rosen die Dornen
sammeltest du für mich
ich bekränz dir die Stirn mit Schüssen
und sing ein Te Deum für dich.

Schöne Lüge

Dieser Sommer ist eine Schwalbe
aus deinen Briefen.

Dieser Sommer spielt Mozart
vom Kassettenrecorder.

Dieser Sommer ist deine Stimme
am Telefon.

Diesen Sommer verlieg ich
unter Postkartenbäumen.

Diesen Sommer steck ich mir selbst
abends ins Haar eine
Rose.

Verreist

Am Abend des ersten Tags schieben wir ein
Bett nebens andre. Beklagen die
Ritze: du gießt sie mit
Rotwein zu bis ein Rosen
Gehege hochaufquillt und
Dornröschen bei Capri versinkt.

Am Abend des zweiten Tags schieben wir zwei
Betten zusammen. Deine Hand liegt schwer
mir auf dem Magen. Man
könnte auch sagen wir
schlafen umarmt. Aber die Beine
verlaufen sich in alle
vier Winde. Im zierlichen Auf und Ab
bewegt nur der Magen die Hand.

Am Abend des dritten Tags fahren
die Betten vor uns salutierend
zusammen schlägt sich das
Weißleinen auf machen die
Kissen uns Platz sag ich du
gibst mir Pfötchen und
wenn's grad zur Hand ist
dein Herz.

Abenteuer

Alle vierzehn Tage von Kopf bis Fuß
auf Liebe eingestellt. Die
Braut trägt schwarz bis
auf die Knochen und
seht der Bräutigam kommt
mit der S-Bahn.

Schon im Café kommen beide
zum Austausch seltener Sätze. Sie
reißt den Mund auf. Er
spült lauwarm nach. Dann
stellt sich Erregung ein und
das Taxi nach Moabit.

Handgreiflich werden beide
sogleich. Nichts ist
zu erwarten. Die Ringe
klirren. Es gilt wieder mal
zu geben zu nehmen
wie's kommt.

## Wenn Dann

Wenn wir uns wieder in den Haaren liegen
und du mich nochmal Sterne sehen lässt
dann geb ich dir von Mal zu Mal den Rest
wenn wir uns wieder in den Haaren liegen.

Wenn du mich nochmal Sterne sehen lässt
bis du wo dir der Kopf steht nicht mehr weißt
bring ich dich wieder in das rechte Gleis
wenn du mich nochmal Sterne sehen lässt.

Wenn du wo dir der Kopf steht nicht mehr weißt
du aus der Haut fährst und hinein in meine
dann halt mich kurz doch lang an deines Leibes Leine
wenn du wo dir der Kopf steht nicht mehr weißt.

Im Märzen

Im Märzen da reiß ich
den Samt vom Himmel der Sonne
mach ich die Laden dicht ich
hack der Krähe ein Auge

aus Amsel Drossel Fink und Star
dreh ich den Hals um dem Krokus
köpf ich die Knospen ich schmeiß
dir mit Veilchen die Fenster

ein jeder sehe wie
ich's treibe wenn
du nicht sofort
die Rösslein einspannst.

## Schwarze Locken

Drei halbe Minuten länger bleibt
hier die Sonne am Himmel am Abend
funkeln die Augen die Zähne saug ich mir
ausm Bart aus den Lippen schwarze
Locken stopfen mirs Maul ein Stündchen
später hock ich wieder allein ach bleib
mir doch vom Leib.

## Schlaflied

Nachts wenn ich traurig bin
niemand ist hier
Niemand ich frag dich
was willst du bei mir

Tät er dich schicken
wieder einmal
aus seiner Ruinen
Jammertal

Sag ihm ich warte
auf niemandes Glück
bring ihm von meinem
Jammer ein Stück

Bring ihm Feinsliebchen
der Königin Kind
niemand soll wissen
wo niemand mich find.

## Ab Gesang

Ich halt dich nicht mehr
aus hau ab ins Grab
gewiss werd ich dir folgen
nie und nimmermehr
schick ich dem Ach ein
Weh noch hinterher.

Zieh deine Leine Liebster ein verdufte
wie eine Rose müde ist vom
Kosen hast du dich nie müd gemacht.
Ach wie gemalt in deinen Hosen
fiel ich auf dich
herein auf deinen Teppich
aus Worten fein gewirket und
gewoben hast du mir manchen Tag
Traum hast du mir zerstört.

Ich halt dich nicht mehr
aus hau ab im Paradies
gewiss bist du gut aufgehoben.

Endlich emanzipiert

Als du fortgingst
war ich froh
endlich allein zu sein.

Ich trank mein Bier
nur noch in Kneipen
mit Frauen die
froh waren
endlich allein zu sein.

Manchmal wenn einer wie du sich
zu uns an den Tisch setzt
legt ihm eine von uns
ihr Haar um den Kopf
wirft ihm eine von uns
ihr Herz an die Brust
zieht für ihn sich eine
die Haut vom Leib.

Jedesmal nimmt er lächelnd
alles zahlt jeder ein Bier
und geht fort.

## Vorm Abschied

Hinter den Gärten die Bäume
blühen wie einst im Mai
träume ich im September
so als wärs einerlei

ob du gegangen gekommen
ob du fortwillst oder bleibst
ob du gegeben genommen
ob du mich auslachst beweinst

Schnee oder Blütenblätter
fallen als Küsse mir zu
die fernen Berge vorm Regen
scheinen so nah wie du.

Lied. Mäßig bewegt.

Du bist zu mir gekommen
als kämest du zu mir
du bist davongegangen
als nähmst du mich mit dir.

Du hast bei mir gelegen
als wärest du mir nah
hast mir dein Herz gegeben
als wäre eines da.

Hast mir ein' Brief geschrieben
als kämst du wieder her
da sang ich dieses Liedchen
als ob ich's selber wär.

Treue

Von deiner Haut wirst du
meine Spuren nicht mehr
verwischen du schleppst
sie mit dir nach Haus zwischen
Tisch und Bett schlägt mein Schatten zu.

Aus deinem Haar wirst du
meinen Geruch nicht mehr
waschen er beizt
dir die Haut mit Grauen
wendet wer dich neben mir liebt sich ab.

Aus deinem Mund wirst du
meine Zunge nicht mehr
lösen sie fährt
ihr zwischen die Zähne
bei jedem Kuss von dir.

Mit dir allein wirst du
niemals wieder allein sein
gut verheilt hinter deinen Rippen
sitz ich dein Schrittmacher
funktioniert.

Bremisches Epigramm

Ach mein Mann ist verreist. Gerade
schlug er die Wagentür zu. Nur ein paar
schräge Küsse hetzt' er mir noch aufn Hals über
Kopf und Kragen und Stock und Stein rauschten
die Räder auf dem Asphalt. Mein Herz
flatterte noch ein Weilchen im Wind hinterher. Dann
knöpft' ich die Brust wieder zu. Doch meine Ruh
ist hin bis er nächstens bei mir wieder vorfährt in
seiner Kalesche aus Sachsen.

## Blinde Flecken

Dass wir so uneins sind hält uns zusammen
du dort ich hier – wir sind auf andrer Fahrt:
Dein Istgewesen mein Eswirdnochkommen
zwei blinde Flecken in der Gegenwart
die uns gehört wie Träume vorm Erwachen
wenn wir schon wissen dass wir Träumer sind
die mit uns spielt ein Weilchen in den Winden
bis jedes hier und dort sich wiederfindt.

An Picasso

Psst in Paris schläft mein Mann. Er liegt
mir im Arm auf neutralem Laken ungeteilt
über zwei Betten gestreckt.

In seiner Hand liegt das Meine ich schmiege
das seine Eine meiner Kniekehle ein.

Wir nehmen es nicht nur symbolisch
mit allen Tauben und Palmwedeln auf.

Nichts als

Daliegen. Abwarten mit
geschlossenen Augen und
doppeltem Herzschlag allein
mit diesen Gespenstern von
gestern rot morgen tot
aber heute nichts
als meine Hände um
deinen Hals bis
alles vorbei ist.

Bildlich gesprochen

Wär ich ein Baum ich wüchse
dir in die hohle Hand
und wärst du das Meer ich baute
dir weiße Burgen aus Sand.

Wärst du eine Blume ich grübe
dich mit allen Wurzeln aus
wär ich ein Feuer ich legte
in sanfte Asche dein Haus.

Wär ich eine Nixe ich saugte
dich auf den Grund hinab
und wärst du ein Stern ich knallte
dich vom Himmel ab.

## Welke Rosen

Morgens beginnt mein Frösteln schöne
Metapher du sagst es. Und das Leben
stockt wie geronnenes Blut. Nur noch
dies Jucken unter den Brüsten erinnert
an wirklichen Schmerz.
Süße Leiden ach
sanfte Tränen cremiger Weltschmerz lang
stielige Rosen welk ihr
kämt mir nun grade recht.

Salomes Lied

Schlafe was willst du
mehr zu tun
hast du nicht
nach den Bogensonnenlampen
vergeht nun das Abendlicht.

Bleibe getrost wo
du bist nichts
lässt wie ich dich so los
halt still: ich werfe ihr
deinen Kopf in den Schoß.

## Spielregeln

Komm wir proben die Posse noch einmal
wir kennen die Rollen zum Glück
gibt es nicht mehr zu sagen
wir spielen das alte Stück

Immer wieder dieselben Schritte
bis hierher und weiter nicht
immer wieder dieselben Blicke
aus einem andern Gesicht

Immer wieder dasselbe Stöhnen
aus einem anderen Mund
jedesmal dasselbe Versinken
in immer anderem Grund

Immer wieder dieselben Blumen
am Anfang diesmal für mich
und im Schlussakt frische Tränen
wie immer: diesmal um dich.

Allein

Ich hab die Schnauze voll ich
bin auch müde und fürcht mich
jetzt schon vor dem ersten warmen Tag
den kleinen Kindern und den
schwangern Frauen und was das
Frühjahr noch erzeugen mag.

Ich bin allein ich hab nichts
zu verlieren als ein paar
Tage vom vergangnen Jahr
und Angst mit mir was Neues
zu probieren nicht zu krepiern
an dem was niemals war.

Noch

Noch zwei Arme zwei Brüste
im Mund noch fast alle
Zähne die grauen Haare
reiß ich noch einzeln
vom Kopf noch zähl ich den
Monat nach Tagen meine
Blicke können noch töten noch
geht ein Lindenduft mir
in den Sinn jedes
Hochziehn der Mundwinkel noch
immer teuer bezahlt.

Krankgeschrieben

Spät am Morgen im Park
geh ich spazieren ganz ohne
Kind ohne Mann für einen
Langhaardackel bin ich
noch zu jung. Nach soviel
Regentagen scheint jetzt
wahrhaftig die Sonne. Im
NADELHOLZHAIN fallen
Fichten Lärchen und Kiefern
Düfte übereinander her der
LIEGEWIESE stehen die Gräser
zu Berg. Alle Wege führen
Mütter mit Kindern zu Wagen
zu Fuß in den Bäumen im Bach.
Ein schöner Mann geht
vorbei: ließ ich ein Spitzentuch
fallen er könnte sich
umdrehn mir folgen. Alte
Frauen am Teich füttern die
Enten mit Krumen. Morgen
nehm ich ein Brötchen und
ein Taschentuch mit.

Offener Brief an die Prinzessin von Clèves

Dass dieser Mann Euch liebt Prinzessin
könnt ihr nicht leugnen. Er liegt Euern Füßen zu Grunde
legt er sein Leben. Ihr seid der Herr seiner selbst.
Trauer höhlt ihm die Wangen Ihr seht es mit
lustvollem Schauder wie er um Euretwillen
sich und die Welt ganz verlor. Wie das Wetter
erwartet Ihr täglich am Morgen Blumen mittags
sein billet doux jeden Abend das
gleiche Lied. Sogar süße Schauer gestattet Ihr Euch
beim Handkuss und einen schmachtenden Blick
wenn sein Arm den Ihrigen streift. Mehr von Euch
zu begreifen verbietet Ihr Euch wie von selbst. Die
Pflicht Madame ich verstehe das Sakrament
der Ehe Euer Ruf Euer altes Geschlecht.
Ach Madame Eure Tugend ist nichts als
schlotternde Angst vor dem Leben lieber
stellt Ihr Euch tot als einmal für einen
zu sterben tausend Tode bei lebendigem Leib. Jaja
ich weiß Prinzessin Eure Kälte heißt Treue Ehrbarkeit
Euer Versagen und so geht Ihr dahin
tugendhaft ehrbar und treu nur
nicht gerade als Frau.

Verbesserte Auflage

Nur noch wenige Schritte dann
wird sie ihm wieder gehören hören
beschwören sein Lied das ohne sie
ihm versiegt. Hals Nase Ohren
die Augen die Haare den Mund
und so weiter wie
will er sie preisen allein
zu ihrem ewigen Ruhm.
Als eine Stimme anhebt.
Orpheus hört:
die zum Lauschen Bestellte fällt
singend ihm in den Rücken.
Da
dreht er sich um und
da
gleitet aus seinen verwirrten Händen
die Leier. Die Eurydike aufhebt
und im Hinausgehn schlägt in noch
leise verhaltenen Tönen. Hals Nase Ohren
die Augen die Haare den Mund
und so weiter wie
will sie ihn preisen allein
zu seinem ewigen Ruhm.
Ob Orpheus ihr folgte
lassen die Quellen
im Trüben.

## Angstlied

Ich hab kein Haus
bin viel zu klein
bläst mich ein Wind
hinaus hinein

Ich hab kein Mann
bin viel zu bang
zünd meinen Himmel
selber an

Ich hab kein Herz
bin viel zu tot
weich warm verschneit
in liebe Not.

## Manchmal da

Manchmal da
geh ich nach Haus da
wartet mein Mann unser Kind
lacht mir von weitem
entgegen laufen mir beide
Münder randvoll mit Küssen für mich.
Mitunter geschieht's
dass ich dabei erwache.

Für einen Flieger

Wenn du in Bausch und Bogen vorwärtsschreitend
das Erdreich mit den Füßen trittst bis weich
du abhebst in die höheren Regionen
und dir die Erde leicht wird oder seicht

erscheint beim Anblick dieser Millionen Toren
der Sisyphos der Tantalos die schwer
einander in den offnen Armen hängen
glaubst du von fern: sie liebten sich so sehr.

Als Lied erreicht ihr Stöhnen deine Ohren
Kains Hand scheint dir führt Abel hin zum Tanz
ein Abendlicht quillt allen aus den Poren

vergoldet dir die Sicht die Wiederkehr
zur Erde die du fast wie mich verloren
flieg höher nicht: du findest uns nicht mehr.

Für einen Enthaltsamen

Abends trifft mich dein Blick schräg
übern Glasrand voll Wasser nüchtern
und kühl und gesund zielt er auf
meine Hand die in hohen Bögen
zum Mund führt was zu genießen
du scheust reinen Wein.


Empfehlung

Hölderlin lesen sagst du
als ging's um mein Leben
oder zu Fuß von Bremen zum
Peloponnes. Jeder Baum auf der
Schwäbischen Alb eine
wiegende Pinie und mein
Kopftuch windest du dir mir
nichts zum Lorbeerkranz. Ja
ja ich weiß ich kann ihm nicht
und dir nicht das Wasser reichen
aber mir reinen Wein.

Solo

Wer heut gestorben ist
will ich nicht wissen
bin auf der Hut
vorm schlechten Gewissen

Steck den Kopf über
kopfunter in' Sand
dreh mir aus Däumchen
ein Vaterland

Blas Guter Mond
auf meiner Trompete
suche im Fährtenbuch
alte Gebete

Geh immer weiter
weg von zu Haus
klopf an kein Fenster
niemand schaut raus.

Der Vater

Heute hab ich um meinen Vater geweint
der ist seit acht Jahren tot
geweint hab ich zum ersten Mal
ist meinem Herzen die Spitze gebrochen
bin ich nicht in Mozart Sonaten gekrochen
aus Angst aus Angst vorm schwarzen Mann
hat einen roten Mantel an
und einen Teller durch den Hals
der Kopf der hängt ihm hinten.

Meine Loreley

Meine Schwester hat sich ertränkt
warum ist es am Rhein so
schön die Loreley zu sehn
mit dem Abwasser angeschwemmt
nach einer langen Nacht
bei einem Wirte wundermild
kämmt sie ihr weißes Haar da
war sie jüngst zu Gast als
er sie angefasst mit
seinem süßen Mund und
zehn Elektroschocks kühl
in ihr Hirn gebrannt.

Unterwegs

Dich sollte ich lieben
mein Land
sagst du auf der Reise
die verschlüsselten Städte
die Hügel die Gräber
mit sieben Siegeln
bergauf und
bergab mein Land.

Mein Land ich weiß es
›und sage mit Weinen: es gibt
eine Vergangenheit‹ wie
in Fluten ausbluten
die Berge die Täler weit
oh Höhn!
Am Autobahnkreuz hakt
Vergangenheit ein
kreuzen Leichenzüge die Reise.

Und so bitt ich um Augen
blicke aus deinen
auf dich
sollte ich lieben mein Land
anschaun vertraun
›wie die Natur sich dazu herrlich findet‹
wenn jahrtausendelang du
›Land der Liebe
blöde die eigne Seele leugnest‹.

Hildegard L. Kommandanturstabsmitglied
der SS in Majdanek

Sie sitzt auf der Anklagebank
im Gerichtssaal und
lässt nicht eine Masche
fallen aus dem Strumpf
für alle heilen Füße
ihrer Enkel in Schaftstiefeln
mussten diese L. nie
sehen ihre Augen bei der Musterung
von Kindern Greisen Kranken Frauen
für den Tod
hat sie gewissenhaft gesorgt wie
für ihr eigenes Leben.

Sie lächelt still in sich
hinein elfhundertsechsundneunzig Mal
ein Mord in Majdanek.

Auf der Anklagebank sitzt eine Frau
und strickt.

# Branko M. 1920–1943

*Für meine
jugoslawischen
Freunde*

Seine Füße stehn im Gras
nackt im Tau die Hose
aus festem Stoff sitzt ein wenig
zu locker um die Hüften einen
Gürtel sollte er tragen das
Oberhemd wechseln mit den
faustgroßen dunklen Flecken
überall auf der Brust.
Seine Hände im Rücken
gekreuzt lehnt er am
Stamm einer Birke leicht
vornübergeneigt den Kopf
im Nacken den Mund
die Augen weit
offen der Himmel die
Sonne ›das Grün bricht
aus den Zweigen‹ das Foto
ist überlebensgroß.

Ein alter Brauch

Als er barfuß hervortrat saß ihm
auf der Stirn der spitze Hut
und zwei gelbe Flecken glänzten gut
vernäht auf Brust und Rücken

als der Graf ihm die Wange striemte
dass sein Hut zu Boden rollte
als der Alte sich dreimal bedankte
und die Menge Beifall johlte

ward sein altes Blut zu Wasser
in der darauffolgenden Nacht
da er starb vor Scham ohne Klagen
hat ihn niemand umgebracht.

Fernsehbild vom Foto einer jüdischen Frau im KZ

Da lag ich krank mit meinen
Brüsten als ich dein Bild sah.
Ich hatte große Angst. Da
bat mich dein Gesicht nicht mehr zu weinen

um mich. Sekundenlang verharrt die Kamera
auf deinem Kopf den kurzgeschornen Haaren
dann fuhr sie langsam nah
dahin wo deine Brüste waren

und stand dort still. Bis ich
begriffen was dein Blick gemeint
und mich der Tränen schämte
die ich um dich um euch noch nicht geweint.

Ihr Kampfgenossen all

Ihr könnt mich mal
mir hängt mein Grinsen
schon längst zum Maul raus ich
geh lieber in die Binsen

schnitz mir aus Schilfrohr
eine helle Flöte
blas auf dem letzten Loch
der Abendröte

›Dem Morgenrot entgegen‹.

Nicht zu gebrauchen

Ich mach mein Maul nicht
mehr auf für diese und jene
nicht mehr wenn mich das
Zipperlein plagt oder die Lage
mich angeht. Weder von euch
noch von euch bin ich zu
gebrauchen ich brauche gar
nichts und alles nehm ich
von allem und keinem immer
dasselbe: mein Teil.

Bewerbung

Meine Spitzen hab
ich mir abgebrochen
abgeschliffen was kantig
zerkrümelt was fest war.
Was von mir übrig blieb
wie geschleckt
lässt sich jederzeit jedenorts
von jedermann
mühelos einfügen.

Roma antiqua 1980

Hier scheint jeder mit seinem Leben
ein leichtes Spielchen zu treiben. Männer
gebärden sich so wie sie sind und
darüber hinaus. Ihre Frauen
schaffen mit Kindern sichre Beweise
segnen die Namen der Männer
noch aus dem Hinterhalt.

Mosaik

An den Füßen die
Ausverkaufsschuh mit
beiden Beinen fest auf
dem Weg nach Brindisi
freihändig der Kopf schwebt
ständig dicht unterm Himmel.
Du trägst ›Ganz Rom‹ Brot
und Wein im Beutel über
der Schulter da und da und
dahin zeigt deine Hand meine
Augen flattern ihr nach
durch diesen Raum
aus Zeit und auferstandnen Zypressen.
Bis uns die Hitze vom Weg
fegt hinter die Tempelruinen hier
unter freiem Himmel üben
wir kniend kauernd Verbotenes
aus stecken es ein drücken der
Sonnen fein gesponnen
ein Auge zu.
Halten paar bunte Steine Staub
bisschen Gott und die Welt in der Hand.

## Piazza Navona

Damals fiel mir das Wort
für die Hunde am Brunnen
die Kinder die Kleider die
Locken für Männer und Frauen
auf den Bänken Geranien
Balkons für geschlossene
Kirchen Mopeds die
Staffeleien der Maler
bel canto aus
dem Kofferradio für die
Hitze das klirrende Eis
im Glas im Traum nicht ein.
Heute vermute ich da
hinter steckte so etwas
wie Glück.

Verregneter Sommer

Diesen Sommer seh ich
wie der Regen wirklich vom
Himmel fällt und strömt über
Bäume übern Farn übers Moos übers
Schneckenhaus bis ins Erdinnere.

Hahnenklee, Schwertlilien, Dotterblumen
plustern sich um verfächerte Bäche
und Tümpel. Überall drängen Flüsse und
Ströme an ihre Ufer und über
die Ufer hinaus.

In den Vorstädten laufen die Dächer
nach wie vielen Jahren ziegelrot an. Wetter
Hähne schalten die Flügel ein dass
die Tropfen stieben wie Tropfen stieben. Mit
Diamanten gar kein Vergleich.

Alle Wiesen grasgrün. Raben raben
schwarz. Rosen rot. Alles wie sichs gehört.
Wie jedes sich selbst gehört. Prallgefüllt
mit tieffliegenden Mücken drohen die
Schwalben zu platzen vor Glück.

Geburtstag

Pünktlich wie immer einmal im Jahr
sind Kinder und Enkel festlich zusammengelaufen
unter das Männerfoto im Trauerrand
zum Kreis um die kleine Alte geschlossen.

Die ist an Geburtstagen plötzlich zu sehen
in der Mitte großer Blumensträuße
eine kleine alte Frau
in Silbergrau mit Spitzenkragen.

Ihre Hände liegen vor den Knien
oder knüpfen die Fransen an der Tischdecke
tasten nach dem Tuch für die Nase
das heute mit der Schürze in der Küche hängt.

Selbstgebackenes verteilt sie wie Erinnerungen
an Schützenfeste wundgeschlagene Knie
an Bombennächte und den Mann vom Foto.
Davon gibt sie allen ein Stück mit auf den Weg.

Liebe Kolleginnen und Kollegen

Wann habt ihr so
das letzte Mal gesessen
mit drei vier Gläsern Wein
die Augen müd im Kopf
verwirrtes Leben wie
am ersten Tage oder
am siebten: denn da ruhte Gott.
Mein Gott gibst
mir zu leiden nicht
zu sagen was. Das
kennst du auch
Roswitha Karoline
Bettina Gertrud und
Annett (dein e zerstört
du hörst es wohl die Anmut
im freien Silbenfluss)
Friedrich und Heinrich Johann
Christian Günther: Ihr großen
Brüder Schwestern hört das Lied
ist euerm Schwesterlein vergangen
gönnt ihr ein Wort macht
ihr ein U fürn X und
einen Reim drauf. Auf! Sauft
auf ihr Wohl und
lobpreist dies Gedicht.

Ars poetica

Danke ich brauch keine neuen
Formen ich stehe auf
festen Versesfüßen und alten
Normen Reimen zu Hauf

zu Papier und zu euren
Ohren bring ich was klingen soll
klingt mir das Lied aus den
Poren rinnen die Zeilen voll

und über und drüber und drunter
und drauf und dran und wohlan
und das hat mit ihrem Singen
die Loreley getan.

Landserhefte

Meine Wörter wie seht ihr aus
eingefangen gehangen zusammen
gebogen belogen betrogen
in jedem Satz Zeile für Zeile
schreit um Erbarmen will
frei sein erlöst.
Buchstabenweis
küss ich euch einzeln die
Fingerspitzen führ euch nach
Haus in die schöne
Unschuld des Duden.
Nur einige Wörter
sind nicht zu retten
der Krieg die Schlacht das Gemetzel
geben nichts her. Sie
jag ich zurück ins Alphabet alle
anderen ruhen sich aus bis
jemand ein Wort braucht das
not tut und gut.

Meine Wörter

Meine Wörter hab ich
mir ausgezogen
bis sie dalagen
atmend und nackt
mir unter der Zunge.

Ich dreh sie um
spuck sie aus
saug sie ein
blas sie auf

spann sie an
von Kopf bis Fuß
spann sie auf

Mach sie groß
wie ein Raumschiff zum Mond
und klein wie ein Kind.
Überall suche ich die Zeile
die mir sagt
wo ich mich find.

Angst und Mut

Ach meine kleine Phantasie geht
mit mir durch. Schnellt
mir den rechten Fuß vor
den linken. Biegt
mir die Knie bis ans Kinn. Hetzt
mich durch die Chausseen
Alleen Akazienbäume. Jagt
mir Angst ein und aus
Angst Mut ein. Nimmt
mich am Ende selbst in Empfang.

Dressurakt

Wirst du wohl bist du wohl schön
ruhig schreiben schreiben schreiben bis
Zeilenschluss. Kusch dieses Wort
hat zu bleiben da setz ich es
ein. Niemand redet dich aus
deinem Maß mein Gedicht wie
angeboren am Ziel.

Spielende
1983

*Ich danke dir*

## Danklied

Ich danke dir dass du mich nicht beschützt
dass du nicht bei mir bist wenn ich dich brauche
kein Firmament bist für den kleinen Bärn
und nicht mein Stab und Stecken der mich stützt.

Ich danke dir für jeden Fußtritt der
mich vorwärts bringt zu mir
auf meinem Weg. Ich muss alleine gehn.
Ich danke dir. Du machst es mir nicht schwer.

Ich dank dir für dein schönes Angesicht
das für mich alles ist und weiter nichts.
Und auch dass ich dir nichts zu danken hab
als dies und manches andere Gedicht.

Verschreibungspflichtig

Jetzt bin ich ganz ruhig

Ich nahm sechs Tage lang
morgens mittags und abends
drei davon
verlor ich mein Herz
an einen Chemiekonzern aber
auf pflanzlicher Basis schossen
Maiglöckchen Rosmarin Rosskastanie
aus allen Herzkammern
auf dich das traf
bis du Ruhe gabst
mich jeder Schuss
ein Treffer ins Schwarze

Jetzt bin ich ganz ruhig

Mein muskulöses Zentralorgan
in einem Meer von Baldrian
reimt sich nicht mehr
auf Schmerz.

# RIP

In meinem Herzen hab ich ihn verscharrt
wie einen Strauchdieb Galgenstrick Halunken
Zu kräftig tanzte er mir auf der Nase rum
dann fiel der falsche Groschen und versunken
ruht er unsanft in meiner Mördergrube:
Solang mein Herz schlägt schlägt es nur auf ihn.

Kunstmärchen

Ich lass mir meine Märchen etwas kosten
Bremen Berlin mit leichtem Handgepäck
dreiviertel Stunden schweb ich in den Wolken
und lande immer auf demselben Fleck

in deinem Herzen das am Flugplatz wartet
mit Hand und Fuß und allem drum und dran
die Nase im Gesicht in Hemd und Hose
siehst du genauso aus wie jeder Mann

wenn ich nicht wüsste dass du Feuer spucken
aus einmal Zwei gleich Dreie machen kannst
natürlich nur mit mir und wenn du mich nach allen
Regeln der Kunst phantastisch übermannst.

Zu schwer

Bleib bei mir als wärst du
lang für mich da
lass wachsen dein weißes
in meinem Haar

Lieb mich als ob
das gut für dich wär
als gäben wir
Leben um Leben her

Ertrag mich als trügest
du nicht zu schwer
behüt mich als ob
ich verloren wär.

Mein Muser

Ach mein Muser sitzt fest er ist
auf den Leim gegangen den meinen
nicht. Die Pflicht bezähmt ihm
die Zunge lähmt ihm die Glieder
das Glied

Ach mein Muser ist kalt trocken
sind seine Küsse meinen Speichel
lass ich ihn trinken hoffend er gibt
ihn mir doppelt zurück

Ach mein Muser ist fern nahte er
könnt ich mich sehnen ohne mein
Herz zu verlieren oder
meinen Verstand

Komm mein Muser komm
mir nicht zu nahe zu heiß schlage mir
nicht entgegen mein Lied
könnte mir verbrennen
zurück bliebe nichts
als das nackte Leben.

Versuchsweise

Dich lieben können ohne die
zu hassen die dich
besetzt hält
ein Feindesland

Dich lieben können ohne dir
zu fressen was ihr
vom Tisch fällt:
Krümel aus der Hand

Dich lieben können ohne mir
zu sagen nach Jahr
und Tag: den
hab ich nie gekannt.

Liebesspiel

Ja ich bin noch da. Ich falte meinen
Körper an deinen wie im Gebet. Es steht
mir der Verrat nicht auf die Stirn geschrieben.
Nur mein Herz ist böse geworden und falsch.

Nein ich liebe dich nicht mehr. Du hast
mich zu lange verwüstet mit Leid. Die Zeit
heilte meine Wunden nach innen
Narben: so dick da blieb mir die Luft weg. Nimm
mein diskretes Winseln als reizende Variante
im Liebesspiel.

Phönix

Weich warm geborgen wie nie
ruhe ich sanft
in meiner Asche

Bis es wieder
zu rauschen beginnt wie Flügel
das Blut bis es wieder
zu hämmern beginnt das Herz
Schnabelhiebe bis mir wieder
der Kopf davonfliegt
aufbrausend unerbittlich: Erinnerung.

Zinkversargt

Einmal im Jahr die Monate
sind fast vorüber komm ich
noch einmal darauf zurück
mit Immergrün und einer Kerze
für alle Fälle
halt ich die Träne im Auge parat

Ich hab hier nichts zu suchen
den Weg find ich blind
die Stelle für meine drei Kreuze
in den Wind geschlagen

Bete drei Vaterunser rückwärts und
vorwärts ben zi bena bluot zi bluoda
lid zi geliden sose gelimida sin
Suche ein Plätzchen für mein Gebinde

Jedes Jahr ist es weiter zugewachsen
von neuen Städten und neuen Umarmungen
fast überwuchert das Grab
meiner zinkversargten Liebe.

Blauer Himmel

Sanft wiegt die Wiese mich in ihrem Gras
Ich lieg allein
Ich denk an dich
und sollte traurig sein

Ich spiegle mich im hohen Himmelblau
in deinen Augen nicht
Mitunter such ich in den Wolken
noch dein Gesicht

das mir der Wind verweht: bewegte Skizzen
die ich verwischen kann
Ich denk an dich und halte das Vergessen
noch einmal an.

Bleib

Zieh. Ich weiß du weißt
du hast gewonnen
bleib mir nur bis
zum nächsten Zuge treu
Ich will nichts weiter
hab mein Teil bekommen
Jetzt bist du dran

Ich bin so frei.

Von zweien die auszogen

Ich zog aus bei dir
meinen Trost zu finden
Du suchtest aber
deinen bei mir

Da erklärten wir
einander den Krieg
Schwere Herzschlachten
um die Eroberung des Trostes:

Drin Vertrauen gegen Vertrauen rannte
Meine Sehnsucht deine verbrannte
Hoffnung in Hoffnung ertrank

Jeder für sich in der Ohnmacht
des andern versank im Tod
des anderen Trost fand.

Rheinische Frohnatur

Erst als ich mir aus meiner Brust
das Herz herausriss
blutig triefend dir es
vor die Füße schmiss

und als es knirschte
unter deinem Schuh
da endlich gab die
arme Seele Ruh:

da schnitt ich selbst
mir ein Gesicht das lacht
da schien es dir
du hast mich froh gemacht.

Jubel

Dann gibt es Tage der Jubel
ist unbeschreiblich in meiner Brust
schlagen hundert Herzen vor Glück.
Alle Sorgen den Rinnstein runter
und du bist mitgeschwommen.
Die Welt ist wieder da.
Nichts mehr zu hoffen
nichts mehr zu fürchten
von dir.

## Was bleibt

ist die Schweizer Uhr. Du
hast dich nicht lumpen lassen.
Was bleibt sind zwei Handtaschen.
Schallplatten. Ringlein aus Gold.
Viel flehentliches Papier. Zwei Mokkatassen.
Bezahlte Doppelzimmer. Essen und Trinken.
Ein neuer Satz Reifen. Ein Wettermantel
für den Übergang.

Unheimlich

Milde war der Tag
plötzlich da. Morgens ging ich
aus dem Haus witterte nichts
lag in der Luft. Du warst
verpufft in den Sonnenstrahlen
schillerte siebenfarbig dein Staub
legte sich auf mich und wie
er in mich drang wie nie
zuvor mein Geliebter. Wir waren
an diesem Morgen
ein unheimlich schönes Paar.

*Wir taten uns nichts zuleide*

Wir taten uns nichts zuleide

Du hieltest mich fest und fern
von dir ging ich beinah leicht
wir wussten der Abschied war
vor allem Anfang erreicht.

Wir taten uns nichts zuleide
jede Liebkosung ein Trost
zärtlich verteiltes Erbarmen
jede Umarmung ließ los.

## Oper

Im zweiten Akt wo denn sonst
von Tristan und Isolde zog
ich dir die Schuh aus und dann
was Not tat. Ich flog

dir das Hosenbein rauf auf
klang der Akkord und so fort
erhob sich Applaus unterm
Bauch gerieten wir wort

los ins Spiel schlugen
mit Engelszungen scharfe
Töne an. Trugen

auf Lippenspitzen uns weich
durchs Nadelöhr ins Himmelreich.

Zurechtgerückt

Ganz leise hast
du dich angezogen
ganz leise noch einmal
zärtlich gelogen

Ganz leise die
Türe zugedrückt
ganz leise dein
Herz zurechtgerückt.

Nähe

Ich möchte immer nahe bei dir sein
und bin dir doch niemals näher als weit
von dir wenn ich mich nach dir sehne.
Ich leg am Tag um mich ein dunkles Kleid
mich sollen keine fremden Augen sehen.
Wo du nicht bist will ich ein Schatten sein
wie du ein Schatten wirst in meiner Nähe:
seit ich dich liebe bin ich ganz allein.

Rondo

Komm zu mir geh
es ist ein Spiel
das ich mit dir
jetzt spielen will

Hab keine Angst
du bist so frei
wie du es willst
ganz einerlei

was du verlierst
Gewinn so viel
wie nichts
steht auf dem Spiel.

Befehlsform

Mein Haar
Ein Netzwerk
Verstrick dich

Mein Mund
Labyrinth
Verrenn dich

Meine Haut
Nesselhemd
Verbrenn

Meine Augen
Zwei Seen
Ersauf

Meine Brüste
Schöne Hügel
Ruhe sanft.

## Willentlich

Was du nicht willst
das will auch ich nicht tun
Wenn du geruhst
dann will ich bei dir ruhn

Was du nicht siehst
das will auch ich nicht sehn
wo du hingehst
da will ich nicht hingehn

Zergangen

Gehen am Handgelenk eines Mannes
der gerade gekommen ist fremd
durch die fremde Stadt. Und doch:
Schöner Gleichschritt nach wenigen Metern
als hätten wir schon alte Tage erlebt.
Hochauf schwebt über der meinen
seine Schulter Sonnenschimmer
versprüht in den Regen sein Mund
seine Worte ein Schirm
darunter ich
trocken und warm.
Tief halt ich in seiner Manteltasche
die Hand meine Finger
nach innen gekrallt.

Vier halbmonde rote Male
beglaubigen mir noch nach Tagen
dass ich nicht träumte: er log
mich er zog mich in seine mollige Tasche
wo ich ihm zwischen den
Fingern zerging.

Drei Stufen Traum

So meine Hände auf seinem Jackenkragen
im Nacken die Finger die Locken empor

So meine Hände zwei Vögel ihm unters Hemd
picken sein Herz auf die Brust

So meine Hände klopfen ihm aufn Bauch aufn Busch
dass er wach wird und träumt.

Flucht

Seit ich dich liebe wechsle ich
täglich die Kleider Frisuren
Gesichter Gebärden präge ich stündlich neu.
Und ich weiß: du tust das auch.
Ganz zu schweigen von aller Orten
über dem Erdball im Meer in der Luft
wo wir uns immer wieder anders
und enger verschwören
unsere Herzen zusammenschlagen
bis an die Stirn.
Aber die Zeit: sie spürt uns
überall auf mit immer neuen
Varianten des Unglücks
saugt sie uns aus:
bis auf unseren Lippen die
Farben der Liebe verbleichen
und wir daliegen: einzeln
und stumm unter
Liebesgaben begraben.

## Zum Tanz

Unsere Liebe Frau Phantasie
macht mir tolle Lust zu tanzen
Villon zieh die Hosen an wir wollen
ins Restaurant schlampampen und einen ganzen

Abend durchsegeln. Kaffee
trinken wir nachher bei mir und fällt
uns kein Tanzschritt mehr ein
wechseln wir einfach die Welt.

## Zu gebrauchen

Mehr braucht ich nicht: ein bisschen
Haut und Knochen siebzig bis
achtzig Kilo Menschenfleisch Haar –
Farbe ungenau – genug für einen Kopf Füß'
Zehennägel Zähne Zunge Zaum mehr
als sechs Tage Zeit. Ach wie ich formte
nach meinem Bilde und siehe es wäre
gut und als Mann zu gebrauchen.

Lieber Gott

Kurz hinter Salzburg erschaff ich
die Welt noch einmal. Klapp die
Alpen auf lass den See ein. Drapier
das Ufer mit Bäumen und Bank.
Zieh die Sonne hoch hefte den Mond
schräglinks überm Dachstein an.
Dann erfinde ich noch ein Vierquadrat
meterbett Halleluja und himmlische Heerscharen
schaffe Tod und Teufel und Telefon ab.
Sogar einen lieben Gott
gefühlsecht und elektronisch geprüft
kann ich mir zwei Wochen leisten
in der Nachsaison
zu ermäßigten Preisen.

## Frohe Botschaft

Nein ich komme in Ihre Stadt nicht
in Begleitung. Danke vielmals ich finde
den Weg schon allein. Es ist nur
für eine Nacht das Zimmer sollte
nach hinten gelegen sein.

Es ist nicht nötig mir Blumen
schicken zu lassen. Ich bringe
den Strauß schon mit stelle ihn
dunkel und kühl. Gefallen Ihnen
zum Beispiel sagen wir: Rosen
passen zu einer Geschichte
im alten Stil.

Danke ich habe alles bei mir was
Sie brauchen mir nicht zu beweisen:
Es könnte schöner sein. Mein Telegramm
an mich: Komm zurück! eröffnet Ihnen:
Ich bin nicht wie Sie.
Stop. Allein.

Meine Phantasie mein Herr

I
Mein Herr ich bemerke
dass ich Ihren Anruf erwarte
Was soll das? Sie kriegen nichts
zu hören zu fassen. Vernarrte

ich mich am Ende
in Ihre Fotografie?
An Ihnen fasziniert mich nichts
als meine Phantasie.


II
Mein Herr ich beginne
Ihre Telefonnummer zu
singen. Leise bitte
lassen Sie mich in Ruh.

Wozu rufen Sie mich
nicht an? Hören Sie
schlecht von mir
doch sicher nie.


III
Mein Herr ich bemerke
dass ich von Ihnen
zu träumen beginne. Was
soll das? Sie scheinen

das Licht zu scheuen. Einer
Frau wie mir ein Bein
zu stellen im Traum
fiele mir das nicht ein.

IV
Mein Herr ich bemerke
dass ich an Sie
zu denken beginne am
hellichten Tag. Wie

ist das möglich? Sie schrecken
wohl vor gar nichts zurück
Drücken sich mir aufs Auge
trüben mir den Blick.


V
Mein Herr ich bemerke
dass ich an Sie
zu schreiben beginne. Dies
ist der Gipfel. Die

Hauptsache: Sie machen
mich nicht blind
um Himmelswillen bleiben Sie
da wo Sie sind.

*Bekanntschaft*

## Bekanntschaft

Die Fehler sind bekannt: ich hab sie längst begangen
Schuld oder Unschuld trifft mich ganz allein
Ich bin auf meinen eigenen Leim gegangen
ich fiel auf keinen als mich selber rein

Was ich auch tue macht die Fehler schwerer
die Fehler machen bald mein Leben aus
Ich bin in diesem Leben eingefangen
ich komme nicht aus meiner Haut heraus

die narbenstrotzend an mir klebt und knittert
und mit den Jahren deutlicher verwest
Ich bin die einzige die vor mir zittert
ich weiß dass niemand mich von mir erlöst.

# Heller Wahnsinn

Die Liebe ist kein Engelchen mit Flügeln
kein dicker Säugling der mit Pfeilchen schießt
die Liebe ist ein Engel von den vielen
die Gottes Rache aus dem Himmel stieß

als sie wie er sein wollte: schön
und grausam blind und allmächtig nicht
von dieser Welt zeigt sie seither
in immer neuen Bildern das Gesicht

des Würgeengels der nach seiner Peitsche
die Herzen tanzen lässt bis er zuletzt
die Taumelnden Gefallenen zu fällen
den Fuß auf ihre armen Kehlen setzt

und dort verharrt sich auf dem Absatz
wendet sorgfältig ohne Eile hin und her
Mitunter soll es glücken zu entkommen
der Freispruch heißt: Ich liebe dich nicht mehr.

Mitten im Leben

Wenn es tagt kommt mit erstickten Schritten
durch die leeren Straßen Traurigkeit
und ich steh am Fenster und ich warte
dass sie kommt und bin für sie bereit

Längst schon fühlt sie sich in diesen Räumen
wie zu Hause rückt sich ohne Hast
deinen Stuhl zurecht nah an den meinen
trinkt aus deiner Tasse und dann fasst

sie mich an: ihr Kleid schlägt über mir
schwarz zusammen warm in ihrem Schoß
lieg ich wieder hat sie mich gefangen
macht mich wunsch herz atem wesen los.

## Kopfhoch

Mein Mann ist tot
ich hatte niemals einen
Mein Kind ist tot
ich hab es nie geborn
Mir geht es gut
ich hab hier nichts
verloren
und mache mich
mit Traumextrakten satt.

Marmormann

Der Mann nicht weit von mir hat nie gelebt
er ist aus weißem schönem Marmorstein
und wenn ich ihn von seinem Sockel hole
liegt er mir hart im Arm und glatt am Bein

doch mit dem Glanz von Fleisch und
eines Herzens Schlag manchmal
im Regen mit kaltem Schweiß auf der
polierten Stirn: als ob die Qual

quallos zu sein er spüre als ob
ein Sturm ihn neu gebären könne
zum Menschendasein dass er seinem Leib
die sich verweigern: Lust und Schmerz gewönne.

Der Regen fällt nicht mehr der Sturm hält ein
Hart steht der Marmor glänzend glatt allein.

Wartende

Sie sitzt an einem Tisch für zwei Personen
allein mit diesem wachen starren Blick
schaut sie umher als hätt sie was verloren
und hält sich fest an einem Buch: Ihr Strick

der sie herauszieht aus den Augenpaaren
die nach ihr züngeln mitleidlos und spitz
wie Wellen über ihr zusammenschlagen
sie niederdrücken auf den Plastiksitz

der unter ihren Schenkeln klebt. Sie schwenkt
ihr Glas das Eis schmilzt klirrend schneller
sie selbst wird immer kleiner und versänk

gern als Erfindung in ihr Buch
das sie nun zuschlägt. Eh sie auftaucht
zahlt und geht. Es ist genug.

Lieber tot

Als ich im Lauf des letzten Jahres starb
da glaubte ich am Ende tot zu sein
ich aß und trank und atmete nicht mehr
und nur der Tod ließ mich noch weiterschrein

so dass ihr glaubt ich lebte immer noch
ich reiß mein Maul weit auf und scheine heiter
manchmal versucht ihr mich wie ihr zu sein
ich bleibe lieber tot und schreie weiter.

Wildnis

Das Gewissen kommt wenn es Nacht ist
Es marschiert nach harten Takten
starr mit versengendem Tritt
reißt jede Erlösung mit verdirbt
was noch gut ist. Genießt
auch die letzte Hoffnung zu sprengen
mich mit Schwüren zu behängen
schwer mich zu werfen auf mich zurück.

Endlich

Endlich besoffen und ehrlich
und immer nochn Sonett
Reißt mir den Himmel auf
legt mir die Welt ins Bett:
Ich hab genug
ich steh mir selbst bis oben
und werd dies Leben nicht
vor seinem Tode loben.
Jaja ich weiß ihr habt mir keinen Grund
für dieses Wut- und Wehgeschrei gegeben
Mir geht es gut ich halt ja schon den Mund
nur eine Frage sei noch zugegeben
Seid ihr ganz sicher dass ihr lebt und
heißt Nichttotsein schon Leben?

Vorbei

Die Zeit der großen Gesten ist vorbei
vom Öffnen Schließen sind die Arme müde
Willkomm und Abschied es ist einerlei
die Zeit der großen Gesten ist vorbei

Die Zeit der süßen Weine ist vorbei
das Paradies verkorkt. Wer aus mir trinkt
dem rinnt das Blut zu Blei
die Zeit der süßen Weine ist vorbei

Die Zeit der hohen Sockel ist vorbei
das Marmorbild verkalkt. Über die Adern
der Stirn wächst Gras wird Heu
die Zeit der hohen Sockel ist vorbei.

## Hühnerbrühe

Wie ganz anders verzehrt die begleitete Frau
ihre Hühnerbrühe im Bahnhof. Ja
sie hat Appetit isst weil sie will und nur
soviel sie mag. Schaut gradaus und herum
lacht wirft den Kopf wer Augen zu sehen hat
sieht wie's ihr schmeckt sitzend
zur Rechten des Herrn. Als kämen
nicht aus demselben Topf unsere Süppchen
die wir auslöffeln beide.

Ja früher

da trugen die Frauen als alles
noch überquoll loderte toste
vom durchgebrannten Geliebten
aber nicht mehr gefragt war
ihr Feuer ins Kloster

Verlässlich hing da einer am Kreuz
sie hängten sich an ihn
geborgen für immer in Hölle und Paradies
Die großen Gefühle ewig
auf Namen Adresse fixiert.

## Wunschkind

Wenn sie dies Kleid trägt
gerafft unter der Brust
das Gewicht auf die Fersen
verlagert Hohlkreuz macht
Bauch raus Brust rein
und wenn ihr der Blick
verschwimmt zärtlich
gekrümmt überm Rund
Bauch die Hand liegt
glaubt sie Bewegung zu spüren
als wärens Blähungen nicht.

Pappelwind

Pappel Schwesterbaum rheinische Zeder
so möcht ich leben wie du grünweiß
weichfest gerade und krumm
mich recken mich biegen nichts
da risse mich um. Sommers
unverdorrt und niemals ertrunken
im Überfluss. Ließ mir Borke wachsen
und heilte Narben mit Harz wie du
Endlich flög mir sogar eine Treue
wie sie der Wind dir hält zu.

Am Sonntag

Zu Ende lesen Apollinaire:
Der gemordete Dichter
Nicht aus den Augen verlieren
die zur Nahrungsaufnahme
vorher bestimmte Zeit
Schubert und Brahms sind
zu meiden. Mozart
heilt alle Wunden Albinoni
teilt Valium aus. Gleichmut
zeigen bis Glück
beim Anruf der Mutter die Kräfte
raffen auf zum
letzten heiteren Geschrei.
Aufspringen den Hörer abnehmen
wenn das Telefon klingelt
im Fernsehen.

Besuch bei der Mutter

Jedesmal ist sie wieder
ein Stückchen kleiner geworden
Knöchelchen dünner als Kinderbein:
Vogelbein halten mich fest

In meinen Armen schrumpft sie
in mich hinein mitsamt
Angora-Hemd Bluse Wolljacke Kittel
schließt sich in mein Herz

Liegt mir im Blut
schaut mich an mit
Pupillen stecknadelkopfgroß
aus meinen Augen.

## Mitteilungen der Mutter

Sie hat Krebs sie hat Krebs sagt sie
nimm von der Suppe nimm
Mettwürstchen Rindfleisch sie liegt
schon vier Wochen man hat
sie aufgemacht zugemacht hier
ist der Essig der Senf sie war
zuletzt ganz geschwollen der Bauch
immer dick und sie trank
hier der Saft aus dem Garten es gibt
auch noch Pudding es gibt
keine Hoffnung mehr nur noch
Wochen Monate höchstens sie ist
nur zwei Jahre älter als du.

Keine Tochter

Ja der Kuchen ist gut – Ich habe
nie gern Süßes gegessen – Ich esse
gern noch ein Stück

Nein mir geht es nicht schlecht.
Viel Arbeit. Ja. Älter werde ich auch.
Noch kein Mann? Nein kein Mann.

Vorm Eigenheim mit Frau und Kind
des Sohnes wuchs der Ableger
von der Clematis vorm Elternhaus an.

Überm Fernsehen schläfst du ein.
Dein Kopf sackt nach vorn deine Schulter
auf meine. Ich halte still.

Näher kommst du mir nicht.
Ich bin dir wie vor meiner Zeugung
so fern. Verzeih ich möchte
auch keine Tochter haben wie mich.

Vorgang

Nachts in Trastevere tranken wir draußen Campari
Mopeds kreisten lautauf schrien die Mädchen
auf dem Rücksitz in scharfen Kurven vor Lust.
An den Tischen saßen die Väter und Mütter
riefen ihre Töchter nach Haus. Schließlich
waren da nur noch ein Moped ein Junge ein Mädchen
wir und eine Mutter die drohte und gestikulierte
bis das Paar nachgab und abstieg und an den Tisch kam.
Lachend suchte ich die Augen des Mädchens fühlte
mich jung wie sie ihr an deiner Seite verwandt.
Sie sah mich nicht an. Aber die Mutter
fing meinen Blick auf gab mir mein Lächeln von
Mutter zu Mutter zurück. Machte mich augenblicks
zur ledigen kinderlosen nicht mehr ganz jungen Frau.

Ich bin die Frau

Ich bin die Frau
die man wieder mal anrufen könnte
wenn das Fernsehen langweilt

Ich bin die Frau
die man wieder mal einladen könnte
wenn jemand abgesagt hat

Ich bin die Frau
die man lieber nicht einlädt
zur Hochzeit

Ich bin die Frau
die man lieber nicht fragt
nach einem Foto vom Kind

Ich bin die Frau
die keine Frau ist
fürs Leben.

Entspannt

Meine Schwester ist die mit den
schrundigen Fersen in klaffenden Schuhn
dem Wintermantel im Sommer nachts
auf der Bank im Park tagsüber
am Brunnen vor dem Tore vom Warenhaus.
Plastiktüten ein Koffer hängen in ihren Händen
mitunter tritt sie nach einem streunenden Hund.

Die entdeckt mich nicht
die erschreckt mich nicht

die sieht mich nicht
die kriegt mich nicht

Seht wie ich schaukeln kann
sanft in mir selbst hin und her.

Schattenmorellen

Schattenmorellen sagst du ist auch
so ein Wort sage ich für vornehme
Knaben die ihre Kirschfrucht mit Kuchen
und Gabeln essen in schattigen

Parkcafés die Korbstühle wippen lassen
in weißen gestärkten Matrosenanzügen
hinter der Tür mit der Aufschrift
Herren verschwinden unter ihren Lackschuhn

knirscht auserlesener Kies während
ich mich mit Bauchweh von ungewaschenen
Kirschen am Rheinufer in die Büsche
verdrücke kein Spitzenkleid weit und breit

keine Tür für Damen.

*Mitten im Licht*

Erwachen

Eine schöne Amsel öffnet mir morgens
die Augen. Sie singt im Zypressengrün
das Lied der Liebe von einst

Eine schöne Amsel löscht mir am Morgen
die Träume. Ich sitze mitten
im Licht ich bin wirklich da.

Innen

Der sichere Rand meines Lebens wird breiter
Mattes Abendrot versöhnt Wolken und Firmament

Ich beginne innen zu singen

Nur die sehr hohen Bäume
strecken die Äste weit in die Dämmerung

Greifen umarmen dich
wiegen berauschen dich

Bis dich die Nacht erschlägt und
du aufgesaugt wirst von den Sternen

Ich hebe mein Herz auf

## Beschrieben

Mischen die Häuser sich mit den Straßen
wirbeln viel Staub auf mein Auge die Schuh
drücken sich täglich fester der Stadt ein
die dreht mir sieben Bergrücken zu

Heben und senken sich Plätze Paläste
stürzen Jahrtausende auf mich herein
sag ich aber die Stadt lässt mich sitzen
auf einem tief beschriebenen Stein.

## Katzenmahlzeit

Alles ist in Roma essbar
Artischocken schwarzes Schaf
Ciceroni Chips Cypressen
Rosmarin Maroni

Alles ist in Rom vergessbar
Esbahn Uhahn Alster Spree
Villen Pillen Brillenträger
Papa Papperlap

Alles ist vergessbar essbar
Colosseum Marzipan
Minestrone Mama Mia
Dolce Duce Du

Sehnsucht

Nachts kreist die Sehnsucht um mein römisches Haus
sie weiß nicht wohin seitdem ich dich nicht mehr liebe
Sie versucht sich in unvertrautem Geäst ruht auf Pinien au
Ich schließe die Fenster. Vor ihrem Schnabelhiebe

habe ich Angst. Noch liegst du ohne Segen unbegraben
in meinem Herzen und du verwest nur schwer
Die Sehnsucht könnte mir deinen Schatten wiederholen
Sie kennt dich lange und weiß: Ich liebte dich sehr

Sie kennt das Verheißene Land das lange auf dich gewarte
alles stand zu deinem Empfang bereit
Als du nicht kamst nicht kamst bin ich fortgegangen
Ich erschlug dich tief. Der Vogel Sehnsucht schreit.

Wachsen

Die sagen du lebst nicht mehr
lügen. Tagsüber bist du ganz klein.
Aber wenn die Schatten der Pinien
wachsen wächst du mit ihnen. Dein

Mund wird sehr groß. Meine Glieder
vergehen dazwischen. Du willst
aufgenommen sein und zerbrichst
mich mit einem Schlag deiner Lider.

Innenhof

Es kommen und gehen die Tage
im Maß der Amsel. Am Morgen
sitzt ihr kühlpfeifender heller
Gesang auf dem Ast im Orangenbaum
vor der Tür, schnelle Flügelschläge
heidnischer Spatzen wischen
der Wiese eins aus. Auf
stemmt sich die Sonne über
den fernen Dächern: Ich
werfe ihr haufenweise Pillen entgegen
die sie aufsaugt und strahlt
mich an und mein Morgenbrötchen
den Kaffee und dies Stück Papier.

Mittags mische ich mit
mit den geselligen Mücken. Sie
saugen mich aus. Ich
schlag sie tot. Schlaf ein.

Bis sich der Sonnenuntergangshimmel
mir übers Bett wirft mich
heiß macht und kalt. Bald

darf ich die Zypressen erwarten
weise Mondscheinhexen
um Mitternacht
auf einen Tanz.

Im Park

Nein hier geht die Sonne
nicht blutrot unter. Sie hängt
als schönste Frucht im
Orangenbäumchen der Welt.
Ich sitz in den Zweigen singe
ringe nach Liedern
unterm Sauerstoffzelt.

# Wirklich

Und dann schreib ich mal wieder
an einen der fehlt bis ich schließlich
wahr nehme was da steht
der Mann meines Herzens:
Ein Kunstwerk: Fährt mir in die Glieder
gibt Küsse singt schimmernde Lieder
macht mir die Nacht zum Tag.
Da schlägt unterm Fenster der Hund an:
Auftönt knirschender Sphärenklang
irdische Schritte im Kies und es wirft
ein als männlicher Mensch gekleideter
ganz gewöhnlicher Gott seinen
wirklichen Schatten voraus.

## Besichtigung

In einen Himmel der singt
Gesang aus atmenden Wiesen:
tollkühne Segel aus Stein.
Deine Hüfte ruhig
im Schreiten an meiner.
Dein steigendes fallendes Blut.
Unsere Augen verankert in
unsichtbaren Gerüsten
als müssten in hohen Bögen
die Mauern zusammenstürzen
wenn wir sie nicht stützten
mit unserem glücklichen Blick.

*Wir*

Wir

Wir versuchten die Welt zu heben
aus den Angeln jahrtausendelang
sie auf Trab zu bringen. Wir machten
zum Maß aller Dinge: uns. Und wir
sprangen über die Klingen und wir
lachten aus vollem Hals ließen
Formeln und Fakten singen zerstampften
die Erde beim Tanz mit Zahlen und
Figuren vergaßen das Zauberwort
jagten die Zeit mit Uhren
paarten das Leben mit Mord.
Und wir ließen die Welt verenden
ausbluten im Begriff versenkten
mit eigenen Händen Noahs Narrenschiff.

*Fröhliche Lyrik wird verlangt.*

Bim Bam

Ei da kämmen wir
der Welt ein paar Fransen
in die Stirn ei da
drehn wir ihr doch einfach
ein paar goldblonde Löckchen

Ei da wischen wir
die Welt mal gründlich feucht
und lauwarm ab ei da
ziehen wir ihr einfach
etwas ganz Neues über

Und dann haken wir
uns einfach rechts und
links bei ihr ein und sie
schwenkt uns durch
das Leben wie zwei
silberhelle Glöckchen.

Für

diese alten Männer
mit den billigen Gebissen
die zischen und Speichel verlieren
wenn sie KZ sagen und Sachsenhausen
denen der Unterarm wegzuckt
wenn das Hemd die Nummer freilegt
die ein Stahlkorsett tragen
nachts schreien im Schlaf.

Für

diese alten Frauen
die vom Schminken nichts wissen
wollen und nichts von der wilden Ehe
die eben noch Kuchenrezepte erklärten
und jetzt erzählen von
Dunkelhaft Einzelhaft Schlägen Tritten Abort
die ihre Tage verloren
immer frieren
viel Wärme brauchen.

Nach Jahr und Tag

Ein Waggon fährt vorbei
Er hat Kohle geladen

Männer links Frauen rechts
Zu den Kabinen im Freibad

Schuhe liegen auf einem Haufen
Im Sommerschlussverkauf

Haare werden geschnitten
Zu einer neuen Frisur

Menschen gehen ins Bad
Zum Baden

Ein Feuer brennt
Es wärmt

Rauch steigt auf
Eine Kerze verlischt.

Gertrud Kolmar

Auf meinen Knien das Häufchen
Fotokopien wird leichter

Langsamer lesen

Mit jedem Blatt lege ich Lebenszeit ab
von einer die schrieb im vorletzten Brief:
Ganz ohne Freude bin ich freilich nicht
Sie meinte ihre Erinnerungen
Weinte mit keinem Wort
Lebte vom Leben schon sehr weit entfernt
Legte an alles Geschehen längst
den Maßstab der Ewigkeit
Trat freiwillig unter ihr Schicksal
Hatte es schon ›im voraus bejaht, sich ihm
im voraus gestellt‹ schrieb sie

Langsamer lesen

Wir wissen nicht wo sie starb
Wir wissen nicht wann sie starb
Ihre Mörder sind bekannt

Im letzten Brief fiel ihr ›eben etwas
Ulkiges ein‹. Versprechen und Pläne. Herzliche Grüße

Langsamer lesen

Immer wieder von vorn.

## Anrede

Vergebt uns nicht vergebt
nicht einen Kolbenschlag nicht
einen Tritt nicht eine Quälerei
nicht einen Toten

Vergebt uns nicht vergebt
nicht ein verbranntes Buch nicht
eine zerfetzte Geigensaite nicht
einen Stern der nicht am Himmel steht

Vergebt uns nicht vergebt
nicht einen schiefen Blick nicht
eine Hand die eurer sich entzog
den Schritt nicht der vor euch
um eine Ecke bog

Vergebt uns nicht vergebt
nicht unsern Kindern. Die Augen
haltet uns offen unsre Herzen
auch. Bleibt bei uns.

Lasst uns nicht mit uns allein.

Zierstrauch

Im Winter suche ich
meine Wörter im
Stechpalmengrün überall
kann ich es finden im
Buchenwald unterm Schnee
in den Vorgärten selbst
im Blumengeschäft

Aus den Blättern
glänzend hart ledrig zäh
starren mir rote Beeren
entgegen drängt mir
die glitzernde Frucht
redseliges Gift auf die Lippen

Da zerreib ich die dornig gezähnten
Blätter unter der Zunge da schmier
ich mir stechpalmengrünen Staub
über das ganze Gesicht
dass euch Hören und Sehen vergeht
wenn meine stammelnde Fratze
Mut zu neuen Liedern und neuen
Tänzen verspricht.

Frühjahr

In diesem Frühjahr blüht der Baum nicht mehr
Mairegen lässt die dünnen Knospen faulen
In triefend kahlen Ästen peitscht der Wind
die Zweige stehn wie Rutenbündel offen

hoffen auf Frost. Die Sonne sticht
reizt peinigt ihre unfruchtbare Nässe
Das Holz schwillt auf täuscht Leben vor und Frucht
und was noch lebt das stellt sich totgeboren.

## Schneller

Brecht aus den Ästen Blätter schneller
Knospen erblüht schneller schwirrt Bienen
schneller Blütenschnee schnei Sonnenstrahlen
rast in die Früchte Regen herab Wind herbei
alle drei: Lasst es noch einmal gut sein.

Schneefall im März

Schnee fällt im März die Weiden
rollen die Kätzchen ein braunes Gras
duckt sich im Wind
läuten Schneeglöckchen Sturm

Alle Knospen schlagen zurück
in die Zweige die Bäume legen
die Äste an in den Vorgärten
zucken die Sträucher zusammen

Kein Mensch in Sicht.

Statistisch gesehen

Und als wir das Leben liebten
einzig im Maß unsrer Körper
als wir auf und davon
zu schwimmen versuchten
in unserem Blut unterzutauchen
in unseren Augen versuchten
mit Küssen anzuhalten die Zeit
als wir die Wirklichkeit
tauften auf unser beider Namen:
marschierte die Welt an uns
dröhnend im Stechschritt vorbei
und auf deinen Kopf
und auf meinen Kopf
entfiel acht Mal ein Tod.

## Kreuzweise

Wo immer Bretter kreuzweis aus dem Boden schießen
in Reih und Glied bis an den Horizont
hackt sie heraus ihr Krähen scharrt sie frei
wir haben sie zu lang zu fest vergessen:

Die mit den Helmen auf dem Totenkopf
und mit dem Koppel um die Hüftgelenke
die mit weitaufgerissnen Augen starben
im Blick den Fluch im Mund den Todesschrei

Ihr Toten macht euch frei von eurem Tod
Zieht aus. Lehrt uns das Fürchten
Euren Fluch. Reißt uns die Augen auf
den Mund und schreit mit uns: Schreit Nein.

Lied von den sauberen Händen

Ich habe saubere Hände
sie griffen nirgends ein
die weiße Weste blieb mir
eingemottet rein

Ich kehre den Mördern den Rücken
und seh ihre Opfer nicht
ich schließe die Augen erblicke
die Welt im rosigen Licht

am Verdienstkreuz hängen
die Balken gezimmert aus Heldentod
ich öffne die Augen und sehe
meine Hände rot.

Nur

Nur leben wollen wir nicht wir wollen träumen
in verwunschenen Gärten Wäldern mit Bäumen
die Motorsägen verwandeln in Rosen und Brot.

Nur gehen wollen wir nicht wir wollen schweben
über Straßen denen Panzer Flugzeugträger
zerfließen in Honig und Milch

Nur essen wollen wir nicht wir wollen küssen
Menschen die schön sind wenn sie
nur Menschen sind.

Abendlied

Den Ring durch die Nase
die Zunge im Zaum
Fell über die Ohren
das Leben ein Traum

Die Füße im Pflock
im Marschtritt ein Reigen
geteert und gefedert
der Himmel voll Geigen

Das Maul gestopft
im Nacken der Schlag
Stock und morgen
ist auch noch ein Tag.

Freudenfeuer
1985

Als die Sterbenden, und siehe, wir leben …
als die Traurigen, aber allezeit fröhlich.

2. KORINTHER 6,10

*Nicht die Liebenden*

Verzeihung

Ich verzeihe mir
jede Sekunde die ich
um dich geweint
alle Tage Monate Jahre
des Wartens das dich
gemeint

Ich verzeihe mir
jede Lüge jede
Täuschung die mich von dir
entfernte ich glaubte aber
ich näherte mich dir

Ich verzeihe mir
dich ich werde nichts
verloren geben ich gebe
dir was ich will
zurück was ich nicht will
Ich lebe.

## Genug

Liebt ich ihn noch ich sähe
nicht wie sich das Licht
in den Seen bricht
Säh nicht den Morgen
im Mittag vergehn
Morgen aus Nachtarmen
auferstehn
Säh nicht die Blumen
sprießen und grün
in den Wiesen das Gras
aufblühn verglühn
Säh nicht die Schwalben
im hohen Flug hätte noch
immer von ihm genug.

## Steuererklärung

Ja da war ich
mit dir hab ich da
gesessen gegessen vergessen
hab ich das längst
geglaubt. Arbeitsessen
schreib ich bei Anlass
der Bewirtung da
hör ich dich lachen du
bestellst Apollinaris und ein
Chateaubriand legst
dir das Fleisch zurecht
ja es schmeckte dir immer
mir die Hand aufs Haar
ja es war schön es war preis
und wert nicht mal
hundert Mark. So
kamen wir billig davon.
Voll absetzbar.

## Verdorrt

In diesem Sommer verkümmern
die wütenden Blüten der Eifersucht
unter der lebenden Sonne.
Wie flehentlich stecken sie ihre
welken Blätter zusammen rollen die
dürren Spitzen auf sammeln nahe
am Kelch alle Farbe zum letzten
Schrei. Erbärmlich
hängen die Köpfe betteln die Kelche
fallen mir nackt und geschrumpft
in den Schoß. Wie groß
standen sie mir noch vor kurzem
im Licht nahm ihr rasender Duft mir
die Luft weg. Jetzt steck
ich mir eine vertrocknete Knospe
hinter den Spiegel: Erinnerung.
Warnung.

Drinnen

Beschlagene Fensterscheiben
Drinnen ich. Allein.
Froh nicht untern Wind gebeugt
auf dem Weg zu dir zu sein

Nichts zu sehn nichts
zu fühlen von dem
was draußen vergeht.
Es tut drinnen weh
da wo sich einmal
etwas nach dir gesehnt.

Falle

Das Trauerjahr ist um.
Die sieben andern auch.
Froh bin ich froh.
Mein Fleisch lag roh
mein Blut schoss viel
zu schnell und regelwidrig
zwischen Kopf und Bauch
die kreuz die quer. So
rann ich leer
bis mir ein dickes Fell
aus Haaren die ich ließ
und abgetragenen Tagen
wuchs unsichtbar allen
die noch nie sich aus
der Falle rissen.

Verwünschte Erlösung

Auftritt das Paar sehr groß
sehr klein mitten ins Leben
Soeben hing er noch zu Pferd
im Buschwerk sie wusch
Wäsche im Bach an der anderen
Wand. Seine Hand greift
tagsüber ins Leere fällt
jetzt aus dem Rahmen ihr
um den Hals: Verschossene Leiber
aus Samt und Seide
bis dass der Tag erwacht. Dann
verschwinden sie wieder
in ihrem Gobelin. Jeder
in seinem.

Zwei Boten

Durch die runden Dörfer sind sie gefahren
wochentags wenn sie keiner sah
Vor ihnen neigten die Pappeln die Äste
Nichts war ihnen unsichtbar

Auch das Ende sahen sie kommen
krausgespiegelt im Bach
sie hielten sich ruhig am Ufer
und sahen sich selber nach.

So weit

Ich hab vor leeren Sesseln keine Angst
sie stehn im Saale der Erinnerungen
als Requisiten abgetanes Leben
Ich lebe auf seitdem ich dich vergaß

Jetzt steht ein anderer mitunter vor der Tür
Ich lass ihn ein und in mein Bett
und fahr ihm durch das Haar
wie du es tatst bei mir

Du bist mir lieb wie ein Gedicht ein Bild
das immer eigener wird mit der Zeit
Du bist ein Stück von mir und alles
andere ist längst vergessen. Ist wie du so weit.

Weise

Meine müden Wörter kommt legt euch
warm nah zu mir nieder singt mir
ein paar alte Lieder wiegt mich
leicht betrügt mich nicht

Lasst mich leise mit euch summen
lernen wie mans macht dass sein Herz
aus Stein sich auftut diese
eine Nacht

Lehrt mich Weisen die ihn preisen
übern grünen Klee dass ihm
wenn er bei mir liegt
was er war vergeh

Lehrt mich seine Augen schließen
vor der Welt bis still
er nur das noch unters Lid zieht
was ich will

Schöne Verse lehrt mich dass
er bei mir vergisst
dass für jeden der bei mir liegt
aller Tage Abend ist.

Nicht die Liebenden

Nicht die Liebenden fliegen im Wind.
Einer des anderen Klotz am Bein
beschweren sie paar
weise ihr luftiges Ich. So
wachsen sie zwischen Himmel und Erde
geraten sie aus dem Gleichgewicht.
Taumeln. Fallen
über die eigenen Füße in
Wälder und Wiesen ein
über das andere her.
Krallen sich zeugend fest
an der Welt.

Aber die Einsamen: Unerreichbar allen
Sorten von Chloroform
hängen sie in der Luft
wurzeln im Raum wirbeln
im freien Fall um sich selbst
sich selbst verdoppelnd. So
bleibt ihnen die Erde leicht
verweht sie der Wind
von ihrer Stätte nie und immer
am Ziel.

## Für den

Für den einen
der meine Tränen trank
für den andern
in den mein Trübsinn versank
für diesen
der mein Verrücktsein ertrug
für jenen
der mein Unglück erschlug
für den
der mich bis aufs Blut geküsst
für den
an dem ich vergehen müsst.

Zusage

Bleib bei mir
damit dir nichts geschieht
meine Atemzüge
dein Wiegenlied

Ich halt dich fest
ich lass dich los
bei mir bist du sicher
in Abrahams Schoß.

Als er zurückkam

Als er zurückkam mein Freund mein Geliebter
blass mager mich in den Arm nahm
begriff ich augenblicks dass er sterblich ist
mitten in seinem lebendigen Kuss. Wie noch nie
versicherte ich mich seiner Lippen der Zunge
ja mir war ich müsste mein Leben einfauchen
dem der mich so warm und verlässlich umschloss.
Wunder gebaren mir plötzlich all seine vierzig
Jahr alten Arme und Beine seine schöne Brust
sein Bauch sein Geschlecht sah ich mit eigenen Augen
nach Jahren so wie sie sind. Nein ich liebte ihn nicht
wie beim ersten Mal blindlings verschlossen. Nein ich liebte ih
offenen Auges Blutes mit allen Kräften zum ersten Mal.
Seither denke ich anders an ihn wenn er nicht bei mir und
bei mir ist: er ist ein sehr kostbarer sehr vergänglicher Mensch

## Füreinander zu singen

*Für M. P.*

Sein Händedruck sagt ihrer Hand
Jetzt bin ich da. Nur müde.
Lass mich ganz bei dir sein
als wäre ich allein

Ihr Mund sagt seinem Nacken
Ja. Ich weiß was war und ist
Ich bin auch dann bei dir
wenn du alleine bist.

Brot und Salz

Du hast kein Haus gebaut
Bau denn auf mich

Und keinen Baum gepflanzt
Leg dich in meinen Schatten

Kein Kind gezeugt
Nimm mich in deinen Arm

Lass mich dein Brot und Salz der Erde sein.

*Petersiliensommer*

## Guckkastengedicht

Da fließt ein Bach
da blüht ein Baum
da saust Gebraus
und aus
der Traum geht
weiter steht ein
Haus Rauch steigt
und fein
verneigt der Herr
sich vor den
Damen. Amen.

Petersiliensommer

Zögernd beginnt dieser Sommer mit
Sandelholz Marmelade und
Petersilie die könnte er immer
essen wir sie mit den nackten
Männern und Frauen die aus den Steinen
plätschern winden wir dem
der sie schuf den krausen Kranz
Setzen grüne gefranste Segel all
abendlich übern Spumante hinter
roten Pforten versinken wir in
Petersilie und Mohn
Morgens streichen wir durch entadelte
Gärten fletschen glücklich
unser grünes Gebiss
Hahnenfuß Löwenzahn Hirtentäschel und
andere niedere Pflanzen
verschmäht er schreit Peter
silie wird wild da suchen wir
hinter jedem Busch Baum bis
in die Zirruswolken färben wir
grün ein himmlischer Vorrat
wir fressen uns durch diesen Sommer
wird uns die Petersilie
das Wasser im Mund nicht vergehn.

Katzenmusik

Kann ich nachts nicht schlafen streck
ich mich wie die Katz
Zwölfe auf ein Dutzend Kerle
hätten bei mir Platz

Hätten Platz in meinem Bett meinem
Herzen auch
diesem superstretch barmherzgen
Gummischlauch

Fänden dort in jeder Kammer einen
Kasten Bier
Karten- Glücks- und andre Spiele
hättens gut bei mir

Augen Mund und Ohren müssten sie mir
halten dicht
Alle will ich lieben nur
den ich liebe nicht.

## Am Strand

Da waren tausend Wellen oder mehr
Gestirne als genug es ging ein Glanz
voll Licht der Venus auf uns nieder
du rücktest mir zurecht die losen Glieder
Du suchtest. Fandest. Ich fand. Hinterher
wars Zeit um einen Fischgesang zu singen
napoletanisch schunkelte der Mond
lauttönend Erz und lustgewohnte Schelle
Glühwürmchen schossen sich wie schnelle helle
vertane Küsse durch den Rest der Nacht.

## Wetterlage

In diesem Klima für Engel schießt
die Sehnsucht aufs Paradies
ins Kraut komm wir legen uns quer
beet da sprießt mir du gießt
ihn wonniglich links aus der
Schulter ein Flügel den deinen
saug ich dir rechter Hand aus der Haut
Halleluja wir halten
zusammen heben wir ab
flitzen wir durch den Sommer holder
Knabe im lockigen Haar komm
spiel mir was vor.

Eibe

Dieser Sommer fällt mit wilden
Rosen fällt mit wildem Lachen
fällt mit wilden Augenblicken
über mein Erinnern her

Jagt mich in den warmen Schatten
hoher grüner Mauerreste
wirft mich nieder reife Feigen
mir ins Maul

Schläfert mich im Takt des Blutes
Takt der Eibe ein
legt voll Lust sich leichthin lässig
über mich die Welt.

Alles ganz

Alle Welt hat mich vergessen
schüttle nur den Kopf Zypresse
der am Telefon ist schon
seit drei Tagen nur noch frei

zeichen und ich hab hier
alles was zum Glück ich
brauche hab ich alles ganz
für mich allein.

## Sommer

Schon hat er den Tiber fast ausgesoffen
die braunen Haare der Frauen gebleicht
die ersten Blätter zu Boden gezwungen
die Rosen nach ihrem Geheimnis zerwühlt
Was hat er gefunden
im stickigen Schlamm in knisternden Haaren
im schnaubenden Staub
Dass jeder Anfang ein Rühmen ist und
jedes Ende ein Raub.

## Allerleirauh

Heller Mondschein schwebt
aus den weißen Säulen die
weiße Anzugsjacke geht auf
geht unter vorbei. Allerlei
Wehmut bricht rauh
mir durch die
Dienstmädchenseele sehnt sich
nach einem scharfen Befehl.

## Sommergras

Zwischen weißen Wolkenfischen
schleicht ein Jumbo Jet auf Zehen
spitzen Grillen ihre Ohren
schalten in den hohen Wiesen
Rasenmäher auf Gesang
Nichts und niemand will uns
stören alles jedes uns betören
wenn wirs unter uns
beschwören dass der Himmel
offen steht.

Terracotta

Sommer aus Zypressen
aus gebranntem Ton
Bin davongekommen
komm noch mal davon

Wirft im Baum das Käuzchen
seinen Schrei nach mir
stapeln sich die Briefe
auf dem Tisch von dir

Dunkelheit und Stille
überfüllen mich
Bin davongekommen
wohin weiß ich nicht

Radschlagen

Keiner will den der
vor der Tür steht
schon morgens im Gras
klebt den Rosen
schlottern die Blätter vom Leib

Astern trompeten es bimmeln
Vogelbeeren und Trauben. Den Bäumen
tanzt der Wind auf dem Kopf
Hochauf schlagen Dahlien Rad

Alle reißen sich noch
einmal zum Leben zusammen. Dann
wäscht der Regen sie aus diesem Jahr.

## Mizzichina

*Für Giusi und Constatino*

In dieser Stadt wo
die Pferde Hüte tragen die Fische
Schwerter Gerichte klingen
wie ein Auftakt zum Tanz
wandern die Bäume die Wurzeln
schlagen in die Kronen zurück

In dieser Stadt leben manche
in pharaonischen Mansarden essen
kleine Haie die Eier vom Stier
Legt sich der männliche Teil nachts
auf die Rosenkranzbäuche der Frauen
schwitzt tut Maria die Ehre an

In dieser Stadt suchen Straßen
züge Ordnung zu schaffen versammeln
an der Kreuzung den Frühling den Sommer
den Herbst. Winter auch die alte Vettel
bricht trotz der Hitze überall ein
legt ihre greisen Wunden offen

In dieser Stadt die nicht lieben darf
wer hier geboren ist
kann sich nie mehr lösen von ihr.

## Im Meer

So bleib bei mir umgib von allen Seiten
mich mach mich uferlos und weich
und leicht. Ich hab den festen Boden fahren lassen.
Du hast gewartet. Ich hab dich erreicht.

Weit hol ich aus. Die Arme Beine
fassen dich nicht. Mit jedem Atemzug
will ich dich näher zu mir kommen lassen
versinke ich in dir in nassem Flug.

Du hältst mich nicht. Du schließt
mir wieder was du mir auftatst
einen Augenblick hebst mich
ans Licht empor in salzigen Wirbeln
legst du verlässlich mich zu mir zurück.

Laüter

Ach wie bin ich geheilt
Lauter Jubel um Augen und
Ohren lauter Lust zu leben so
wie ich bin. Lauter Freude
am wachsenden Haar verweht
mir unterm Wasser lauter
Umarmung mit Sonne dem Meer
mit der Luft. Lauter Sehnsucht
alles immer fester zu fassen
lauter Staunen nichts in den
Armen zu halten als mich.

Große Nummer

Mein roter Mond geht auf auf
geht der Mann der Löwen Löwen
mäulchen geben kann

Mein Herz saust durch die Rippen
und zerfällt in Neonsterne unterm
Zirkuszelt.

Widerwillig

Versengt vom Sommerende keucht das Land
unter der Sonne die noch immer
ihr zottlig Feuer spuckt und allen
Schatten verschlingt am Abend
Verlängerung gewährt und
kühle Gnade.

Dieser Sommer

Dieser Sommer lehrt mich
meine Narben zu lieben
mich zu schmücken mit Würgemalen am Hals

Dieser Sommer lehrt mich
alle Bitterkeit zu verschließen das macht
mich schön prall und rund wie gesund

Dieser Sommer lehrt mich
bel canto aufzuschrein

Dieser Sommer lehrt mich
dass die Einsamkeit in zwei Armen
ruht und gedeiht

Dieser Sommer lehrt mich
einen verfügbaren Körper nicht zu verwechseln
mit dem Verlangen nach Glück

Dieser Sommer lehrt mich
ein Wasserspiegel zu sein für jeden Stein

Dieser Sommer lehrt mich
riesige Seifenblasen zu lieben und kleine
bevor sie zerplatzen

Dieser Sommer lehrt mich
dass alles ohne einen
selbst weitergeht

Dieser Sommer lehrt mich
ein zufrieden gefrorenes Gesicht

Dieser Sommer lehrt mich
ich schlage selbst die Trommel
wenn ich tanzen will

Dieser Sommer lehrt mich
ohne Glück ohne Trauer sekundenlang
Gottes Bundesgenossin zu sein

Dieser Sommer lehrt mich
morgens aufzuwachen. Dankbar. Allein.

Dieser Sommer lehrt mich
das Blatt vom Zitronenbaum duftet nur
zwischen den Fingern zerrieben.

*Köstlich*

Aus lauter Liebe

Ja danke ich lebe vom Unglück recht
gut lass ich mir was ich nicht hab schmecken
in Tagen voll Nacht Räumen ohne Wand
will ich was es nicht gibt entdecken:
Luft zum Atmen in alle Ewigkeit
Sätze die sagen wies war
Menschen ohne Angst vor der kommenden Zeit
Aus lauter Liebe ein Paar.

Winterregen

Lass mich in diesem Regen nicht allein
viel Traurigkeit zieht mich zu Grund
schwer wiegt was es nicht gibt
das möcht ich sein
Lass mich in diesem Rauschen nicht allein

Lass mich in diesem Rauschen nicht allein
ich höre stumme Stimmen nach mir werfen
sie schon lange Sätze brennend
hart aus Stein
Lass mich mit diesen Stimmen nicht allein

Lass mich mit diesen Stimmen nicht allein
die Ohren haben Hände Füße Münder
reißen mich auf und kriegen
mich ganz klein
Lass mich allein mit mir mich nicht allein.

Wiedergänger

Ich habe Angst er kommt. Er trägt
das Messer nicht heimlich
offen in der Brust. Mein Stich
traf ungenau sein Herz
schlägt weiter versorgt mit Blut
die Glieder ihm in jeder Nacht
wenn er aufwacht und umgeht
nach mir späht und hinterrücks
mich zu der Seinen macht.

Verrannt

In den starren Dornenranken
hänge ich hängt fest das Leben
kann nicht Hände Füße rühren
reife Beeren fallen nieder fallen
anderen in die Töpfe mir
in Nacken und Gesicht.
Märchen gibt es die erzählen
dass in alten Zeiten manchmal
einer kam der nahm die Seine
samt den Dornen in sein Herz.

Ein Kind

Der Himmel strömte auf die Erde nieder nachts
und legte mir in meinen Schoß ein Kind
mit Sternenaugen Dunkelhaut sein Mund
geschwungener Mond daraus ein Käuzchenschrei
nach mir der Mutter rief. Ich drückte
seinen kühlen Leib an mich ich stillte
küsste hielt in meinen Armen nichts.

Erlöst

Tagsüber gelingt es mir noch
mich zusammenzuhalten und stumm
Nachts aber wird mein Wort
Fleisch schreit nach Fleisch um
gibt mich mein fleischernes
Laken im Fleischbett Kissenfleisch
Fleisch schweißnasses Traumfleisch
Schwanzfleisch Flossenfleisch
messerscharf fleischerne Küsse hoch
zeitlich Fleisch schreiend Fleisch
alles Fleisch ein Fleisch
bis dass der Tod uns scheidet.

Leises Licht

Ganz leise leise leise geht das Licht
den ich nicht kenne geht an meiner Seite
wir gehen wie ein Paar auf schöne Art
und scheu schau ich ihm manchmal ins Gesicht

das neben meinem liegen wird wenn alles Licht
gegangen ist wird er an meiner Seite
mich lieben wie ein Mann auf schöne Art
und treu und bleiben und es gibt ihn nicht.

Ophelia

Schöner Fluss löst mir all mein
Haar dunkler Hochzeitskranz
Leckst mir in die Ohren den
kitzligen Nabel drückst mir
blasige Küsse aus Nase und Mund
Schwingst meine Brüste verströmst dich
beständig vor und zurück
All mein Fleisch all dein Wasser
Winden und Winseln
wie wollen sie eins sein in dir.

Sonderangebot

Guten Tag ich bin das Vergnügen
ich bin nicht groß aber da.
Ganz meinerseits wie lange
bleiben Sie – ein Jahr?

Werde sehen wie Sie mich
halten. Ich gehe mit der Zeit.
Beiläufig möchte ich fragen
Was sind Sie zu zahlen bereit?

Wie viele Tage des Lebens
werfen Sie mir in den Schlund
Umsonst ist der Tod den lege
ich Ihnen ganz sanft in den Mund.

# Köstlich

Wie reizend wie nett bitte nach Ihnen

Aber ja die Emanzipation ist ein
Donnerstagsvormittagsdamenkränzchen
Alle bringen etwas zum Knabbern mit

Greifen Sie zu ich bin so frei bitte bitte

Gewiss küsst Ihr Mann meine Liebe nicht
schlechter als Ihr Labrador

Nein danke die Linie Sie verstehen

Müsste hier nicht ein Dichter die Liebe beschwören
Aber die Mücken die Mücken stören

Meine einzige liebe gnädige Frau

Bitte Frau Doktor H.
Ich lese Sie liebe Sie lobe Sie labe Sie lechze
nach Ihren Gedichten zum Tee Teegebäck

Besten Dank

Neugeboren

Schöner Funkenflug ich bin
heute über mich gesprungen
Über beinah vierzig Jahr und
hab mir ein Lied gesungen

An
meiner Wiege das ist bis
heut noch keiner Fee gelungen
Schaut mich an: Ich bin
Drei Brüder Fundevogel Königskind
Tischleindeckdich Eselstreckdich
und die Gänsemagd.

Die erste Liebe

hat allen Dreck aus der Welt gefegt
Sonne und Mond mit Bildern belegt

ist durchs Feuer geflogen
hat nur wahr gelogen

hat fliegende Fische zum Singen gebracht
einen Kranken gesund gemacht:

der erhängte sich später am eigenen Gurt.

## Aufgepasst

Spiel mit es kostet dich
ein Lachen nur rund um
die Uhr lachhafte Ewigkeit:
Wer spielt muss lachen. Reiß
dein Maul auf! Beiß
die Zähne fest zusammen
schlagen sie dich gleich
wenn du nicht aufpasst
und weinst.

## Martinsmonat

Tage: die eine Stunde
weiß nicht was die andere tut
Unnützes Kramen in Wörtern
Keines tut gut

Hier unten leuchten die Sterne
Friedhofslichter von Grab zu Grab
Ich rufe den an und jeden
Niemand nimmt ab

Ich zieh mir den Mund auseinander
vom einen zum anderen Ohr
Und denke ich käme besser
auf dieser Welt nicht mehr vor.

Ergriffen

In die Fenster greift der Morgen
und der Himmel greift die Sonne
um die Mitte seine Frau

Greift mich aus der starren Nacht
aus den weißen Leinentüchern
schlüpf ich wieder in den Tag

Und ich seh ihn schon von weitem
kommen diesen in den Magen in den
Bauch ins Herz den nächsten gutgezielten Schlag.

Brautpaar auf einem etruskischen Sarg

Was wollen ihre Hände halten? Zeit
Ihr Lächeln gilt? Dem der sie ihnen nahm
Was bietet er ihr auf der flachen Hand?
Was es nicht gibt auf Erden: Liebe. Lauter.

## Homöopathisch

Zogst mir Nacktheit über den
nackten Leib als ich fror
hülltest du mich in
Kälte ein als ich müde war
nahmst du dir meinen Schlaf
Du nährtest meinen Hunger
mit Hunger tränktest mit
Durst meinen Durst.
Wenn das Telefon klingelt
und niemand sich meldet
dann bist du dran.

Firlefanz

Was ich ergreife fällt mir aus der Hand
in Scherben eine Welt saust
nach der anderen an mir herunter
bricht sich das Genick. Mein Fuß
verbrennt was er betritt. In Asche
schlepp ich mich vorwärts vorwärts.
Was er berührt mein Mund vermodert
meinen Augen verglüht das
was sie sehn und deckt
mir die Pupillen zu. Vor meiner Nase
zerstäubt was übrigblieb
zum Firlefanz nichts bleibt bei Trost
und alles ganz
beim Alten.

Lügen

Diese dürren Jahre haben mich nackt gemacht

Zeit schälte mich und Kummer aus meinen Hülsen
Meine warmen Lügen zerschmolzen mir Nacht für Nacht

Aber wer kann eine Lügnerin ohne Lügen ertragen.

*Auf Erden*

Schöne Landschaft

Mitunter tut sich
der Himmel auf
zeigt sein Geheimnis
im Spiegel der Erde
Zeigt uns was
wir noch übrigließen
von der Erde die einmal
sein Ebenbild war.

## Bald

Wenn die ersten Blätter fallen
steht der Sommer noch auf festen
Füßen in den vollen Beeten
gibt er Gurken und Melonen
noch den letzten Tritt

Tritt verliebt und auf der Stelle
will nicht vor kann nicht zurück
bis die ersten Winde kommen
kalt von Morderinnerungen
und die warme Welt ein Schauer
überläuft der bald erstarrt.

Kurz vor Schluss

Die Erde in Rot getaucht
Erntelicht brennt im Nacken
Ich beuge ihn zu den Wörtern
Blut und Rosen

Für Stunden noch gibt uns die Sonne
mildernde Umstände in den Wolken
verschwimmen die Luftschlösser des Sommers

Ich atme die Lieder der letzten
Zugvögel ein: Wind und Staub
Die Luft ist voller menschlicher Stimmen.

Verkündigung

Über den Himmel spazieren
die ersten Frühlingsblumen

Es riecht nicht mehr nach Schnee
und noch nicht nach Haut

Kleine Schulkinder wirbeln sich
durch die knusprige Luft landen sacht
vor den Füßen der Mutter die ihnen
Kniestrümpfe aber keine kurzen Hosen erlaubt

Frohe Botschaft verkündet die Amsel
ihr engelisches Lied quillt aus allen
Zweigen der Welt so
sollte es vor und hinter den Fernsehkameras sein.

August

Stechginster und Farn zu grün
die Bäume Nägel mit Köpfen im
himmlisch blauen Metall

Rasche Vögel verwirren die Luft
lassen sie zittern überm Asphalt
band silbern aus fremden Ländern

Bald wachsen die Häuser zurück
ins Moor verschilft ihre Dächer
von allen Störchen verlassen

Alles riecht nach dem Lauf der Dinge
für einen Augenblick löst die Zeit
ihren Klammergriff.

## Allüberall

Gleich über der Erde beginnt
der Himmel schaukelt mein Fuß
ihn rauf und runter mit jedem Schritt
nimmt er ihn mit aus dem
Tau aus den Haaren der Frau
in ein Krankenzimmer kläglichen Schweiß
Tänzerinnen scheinen ihn mit Händen
zu greifen Sänger führn ihn im Mund
falsche Propheten mühen sich
ihn auf Flaschen zu ziehn
Er aber geht jedem ein und aus
der hellen Luft in die dunklen
Lungenflügel strömen ihn allzeit
für alle überall hin.

Immergrün

Jetzt wird es höchste Zeit
die Träume einzusammeln
nicht nur die leichthin
abzulösen sind. Die schweren
leeren sitzen tiefer längst
der Haut verwachsen gut
genährt mit wahrem Blut. So
wuchern sie sich wirklich
in mein Leben: Efeu am Baum
der immergrün erstickt.

Fortschritt

Langsam bewahre ich mir
ruhiges Blut. Friede
auf Erden in jeder
Manns Armen.
Vorm Fenster verliert
der Baum sein Laub.
Erhöbe ich mich
allein oder mit einem
von deiner Sorte
ich sähe wir sähen
das Dach
vom Bunker aus
dem letzten Krieg.

Vergeigt

Natürlich schreibe ich anders
im Frühling: die schneeweißen
Briefe zerschmolzen. Eis: Kugeln
mit Geschmack

Jedes Auge ein kleiner Gott
über Grün und Blau und
hymnische Telefondrähte

Aller Welts Ohren verlangen
nach Liedern getrommelt
gepfiffen Solo im Chor

Wir tanzen nach den ersten
Blättern grün vergnügt
aus uralten Bäumen

Geigen sie: Hier sind wir.
Wir sind hier. Tanzen wir.
Hier sind wir. Hier.

Verdächtig

Ich bin der Stille verdächtig:
Seit Wochen schweige ich meine
Wörter in die Knospe einer Rose

Gute Worte schöne Worte Liebesworte
auf ihre Echtheit geprüfte Worte
Kinderworte Vogelworte leicht und wahr
Mitworte Mutworte: sie muss
in der Wirklichkeit aufgehn
Marsch Mord Musik in der Luft

Ich bin eines fremden Geruchs verdächtig:
Die Rose beginnt aus meinen Wörtern zu atmen.

Uhrwerk

Ein paar Tage noch quillt
der Briefkasten über
klingelt das Telefon.
Auch die Rechnung kommt
noch einmal und die
erste Mahnung für die
Lebensversicherung.
Im Kühlschrank verderben
die Vorräte. Der Mülleimer stinkt.
Nutzlose Luft legt sich
als Staub auf Schreibmaschine
und Staffelei Kippen Kleider die
Quarzuhr läuft weiter jedes
Rücken ein Herzschlag
ein Hohn.

Wort halten

Ich kam zu spät. Das warme Bett
war leer. Sperrangel
weit standen beide Fenster offen.

Händedrücken mit vielen Leuten.
Fremde. Für persönliche Dinge
war der Plastiksack da.

Den Gang entlang rollten rosige Arme
die Wagen mit Schonkost. Wir stiegen
zum Keller hinab. Das letzte Fach unten rechts.

In diesem weißen Tuch
das ihr der Sohn um Kopf und Kinn gebunden
sah sie fast wie auf ihrem Hochzeitsfoto aus.

Ich roch den Fliederstrauß
auf ihrer starren Brust.

Bettelweib

Eine milde Gabe
schöne Dame schöner Herr
ach bitte eine milde Verbrennung mit Öl
vom Ewigen Licht ach bitte
schöner Herr schöne Dame
ein mildes Blutabwaschen
von meinem Mund
ach bitte eine milde Silbe
für die Wüste auf meiner Zunge
einen milden Laut
eine milde Lüge.

# Sonnenwind

*Für L.*

Nein er bleibt nicht
lang bei dir nein
er bleibt bei keiner
Ihm gehts gut
bei dir genau
wie bei irgendeiner

Weine endlich
Gib die Angst
vor der Trauer auf
Sei dein eigenes
Sonnenwindrad
Lauf.

Frauen

Frauen in mittleren Jahren
fahren den jungen durchs Haar
als streiften sie ab was gewesen
und nicht gewesen war

Frauen in mittleren Jahren
fühlen sich wieder verwandt
ihren Müttern die nehmen sie
wie ein Kind an die Hand.

Besuch

Geruch von Kölnisch Wasser
hängt in den Gardinen. Hier
saß sie eben noch zurückgelehnt
in zaghaftes Erinnern zog
unsichre Kurven durch ihr kleines Leben
von Schwarzbrot voll und Rüben
Kraut und Quark mitunter einem
Nachtigallenschlag dünn aus den
Büschen bei den Komposthaufen.
Da träumte sie noch ohne Schlaf
tabletten in den neuen Tag
verschossen und vorbei wie
der von gestern

Hier saß sie und
ich nahm nur widerwillig
ihr die Gespenster ab
geschabte Onkel Tanten
Brautbett Wiege Sarg auf mich

Sie fuhr ganz klein nach Haus
am späten Vormittag den Schienen
strang entlang. Die Wolken
standen still. Ich zog mich um.

Sagt sie

Eine reine Freude sagt die Mutter
und meint die Kirschen im Korb
Eine reine Freude Iss Kind iss
was du kannst
Aber wasch sie vorher und
nicht zuviel trink kein Wasser
drauf pass auf die
Würmer auf.

Aufgewachsen

Daher der Reim:
Von den Wellen am Rhein
konnte eine nicht ohne die andere sein

Im Frühjahr stiegen sie warfen
Augenpaare nach mir aus dem Schlamm

Kopfweiden am Ufer kaum höher als ich
aber zähe alte Luder warnten mich
Schau nicht hinein

und war längst in ihnen versunken.

## Worte

Worte sagt wahr und tanzt
in die Reihen zeigt euch
dem schönen Zwang zugeneigt
Steigt aus den Träumen uns
in die Ohren beugt unsern
Blick vor dem was in der Welt
uns in Weinen und Lachen zerfällt.

Poetischer Vorgang

Als ich erwog du
durch er zu ersetzen
verriet ich dich ans Papier

Als ich du sagte
weil er schlechter klang
machte ich dich unsichtbar

Als ich der schrieb
fiel ihm und dir nicht auf
was wirklich geschah.

Sirene

Die Tage langgezogenen Heulens sind zu Ende
Nun gut die Augen haben schwarze Ringe
und sehen doch in eine Welt der Dinge
die aus den irren Jahren wieder aufersteht

Vom langen Warten ist die Luft erstarrt
Es tut noch weh mich wieder zu bewegen
den Tagen neue Lieder aufzuprägen
die ich nur in mir selber finden kann.

Ein neuer Morgen

Ein neuer Morgen läutet übern Schnee
Die Nacht ließ mich aus ihren scharfen Zähnen gehn

Die Wolken steigen hoch darunter ich
Ein Stück davongekommene zähe Natur.

# Dinggedicht

Wenn wir sie lange anschaun
und schweigen reden die Dinge
noch lange nicht aber sie regen
sich dehnen sich wanken
wandern in sich hin und her
Nein sie kommen nicht auf uns zu
aber sie lassen sich blicken
geben die harten Ränder frei
schwellen wie Knospen
wie Blüten zur Frucht.
Furchtsam bewundern wir ihre Wandlung
ihr vergebliches Vorspiel von Leben
und wir greifen nach ihnen
als schlügen sie uns
unseren Tod aus der Hand.

Im Museum

Am Hals würgt mich der Schmuck
aus den Vitrinen
zieht mir die Bronzehand
den Knochenkamm durchs Haar.
Ein Gürtel der einst
teilte einen Leib der
sich im Tanze bog in Liebe krümmte
schnürt mir die Rippen ein.
Nach meiner Hand
greift da ein Krug spricht
Trink gib du dein Leben
dem der aus mir trank er
wartet schon auf dich.

Aus

Pegasus ist zum Nordpol
gerannt und vereist

Phönix ist ins Feuer
geflogen verbrannt

Sphinx hat ihr Rätsel verraten
Harpyien wurden als Hähnchen gebraten

Der Tod blies dem Teufel das Lebenslicht aus.

## Auf Erden

Gelassen schau ich diesen Himmel an.
Natur. Natürlich fallen mir Vergleiche ein.
Ein Alpenveilchentöpfchen könnt es sein
was hochhinaus am Horizont erglüht.

Es ist mir trotzdem kalt. Die Wiesen weiß
vereist. Die Sonne schwach. Aufs Autodach
fiel Schnee und auf die Felder fallen
strenge Metaphern ohne Reim herein.

Die Krähen schrein. Natürlich ziehn
sie schwirren Flugs zur Stadt. Wer
keine Heimat hat schaut sich
den Himmel an.

Freudenfeuer

Kommet zu Hauf Ostern ja
dann alles was morsch ist
Hochauf stieben die Funken
freche Ketzer Engel des Lichts

Psalter und Harfe wacht auf
wir gehen für uns durchs Feuer jeder
mit seinem eigenen Vorrat an Mord

Lasst uns den Lobgesang schüren
solange wir leben sind wir
zum Feuer verurteilt zum
Jüngsten Gericht: Jeden Tag.
Jetzt.

Unerhörte Nähe
1988

*Irrtum*

Irrtum

Und mit der Liebe sprach er ists
wie mit dem Schnee: fällt weich
mitunter und auf alle
aber bleibt nicht liegen.

Und sie darauf die Liebe ist
ein Feuer das wärmt im Herd
verzehrt wenns dich ergreift
muss ausgetreten werden.

So sprachen sie und so griff
er nach ihr sie schlugs nicht aus
und blieb auch bei ihm liegen.

Er schmolz sie ward verzehrt
sie glaubten bis zuletzt an keine Liebe
die bis zum Tode währt.

Wie es anfängt

Ich nehme bei jedem Klingeln den Hörer ab
Wenn er sich meldet sag ich Hallo und Gehts gut
Frage ihn ob er gerne Kartoffeln isst
und wie ers hält mit der Emanzipation

Er geht gern durchs Gebirge sagt er ich sage ich auch
Er empfiehlt mir einen Aufsatz zu lesen ich lese
Ich beschimpfe das Wetter. Er sagt schön Sie zu hören.
Ich putze den Telefonapparat er funkelt durch Tag und Nacht.

Vorfreude

Wenn Sie mir versprechen
so wahr zu lügen wie ich
Wenn Sie mir versprechen
die Kehle nicht weiter mir zuzudrücken
als ich Ihnen

Wenn Sie mir versprechen
so schwer wie ich an Ihnen
zu tragen an mir
Wenn Sie mir versprechen
nicht härter als ich zuzuschlagen
Nicht mehr von meinem zu lecken
als ich von Ihrem Blut:
Dann wird ja alles gut.

## Alte Filme

Da hat nach Jahren wieder einer die Macht übernommen
zu sagen Ich komme Ich geh. Geübt in allen Formen
der Demokratie habe ich dennoch sofort bedingungslos
kapituliert. Die Augen verdreht wie Frauen in alten Filmen
nur die solide neunzehnhundertjährige Ohnmacht blieb aus
Wusste er was er mir antat als ers mir antat
Mein Eroberer ist fort wüstes Land und es harrt seiner eine
Rebellin wenn seine Stimme von weither nicht bald
fordert Recht und Gesetz.

Hoffnungsloser Fall

Frau sagt der Verstand und klopft
an den Hinterkopf
Du doch nicht doch nicht noch einmal
und schon gar nicht so einen
sagen die Schwestern mit ihren lila
Herzen unterm Latz
und schon gar nicht den
Das haben wir doch alles x-mal
in den letzten Jahren durchgenommen
Hast du deine Lektion
denn noch immer nicht kapiert
Sagen die Schwestern ungeschminkt
Lassen mich stehen mit meinem
störrischen stolpernden Dingsda von
Anno Dazumal mit Melissengeist
Franzbranntwein Borwasser und
mit dir.

## Nie mehr

Das hab ich nie mehr gewollt
um das Telefon streichen am Fenster stehn
keinen Schritt aus dem Haus gehn Gespenster sehn
Das hab ich nie mehr gewollt

Das hab ich nie mehr gewollt
Briefe die triefen schreiben zerreißen
mich linksseitig quälen bis zu den Nägeln
Das hab ich nie mehr gewollt

Das hab ich nie mehr gewollt
Soll dich der Teufel holen.
Herbringen. Schnell.
Mehr hab ich das nie gewollt.

Vorsicht

Meine Sehnsucht hat wieder
einen Namen der mich anfüllt
mit Glück und Schmerz.
Dabei hat sich nichts merklich geändert
Ich geh durch die Tage lächelnd
wie er durch mich geht
mit seinem Geruch seiner Stimme
seiner Gestalt die mein Verlangen prägt
seinem Leib der den meinen ganz und gar umkleidet
Ich versuche mit aller Kraft
nicht zu sagen
Komm oder Geh oder Bleib.

Sirene

Dass ich den Rhythmus deines Pulsschlags sah
so nah in deiner Achselhöhle aber
die Luft war geladen
Nicht anfassen Lebensgefahr aber
die Luft war aus Glas
deine Worte prallten von meinem Trommelfell ab
Meine Augen berührten dich meine Augen
öffneten dich meine Augen erhörten dich
meine Augen gaben dir Hände und Ohren
und Mund meine Augen dein Haus
Vorsicht meine Augen Lebensgefahr.

Fast

Abend im März. Glückselige Musik
Von Amseln und alten Meistern.
Er rief an. Ich hätte ihm fast
die verbotenen Drei Wörter gesagt.

Selig sind die Wartenden

mit den zerbissenen Lippen und Fingernägeln
den von Briefen gestopften Mäulern
Welke Blumen knebeln ihnen die Kehlen.
Sie tasten unentwegt mit der rechten
nach ihrer linken Hand.

Selig sind die Wartenden

Sie bedürfen der Stunden nicht
nicht der Tage nicht des Wachens
des Schlafs. Sie spannen sich
in ihrer Haut bis die Poren platzen
jedes Lächeln sich selbst zerdehnt.

Selig sind die Wartenden

an ihnen saust der Erdball vorüber
das schärfste Stück Welt
löst ihren Blick nicht
aus der verheißenen Richtung.

Selig sind die Wartenden

mit dem wässrigen Glanz der Hoffnung in den Gesichtern
mit dem Traum der sie schützt vor dem Schlimmsten
mit der Zielscheibe über dem Herzen
damit es sie jederzeit trifft.

Aller Welts Mann

Ich höre dich sehe dich
überall in unserer Stadt
Von dem einen nehme ich
deine Beine vom anderen den Leib
deine Augen den Mund ach die Nase
die Wangen die Stirn vom
Dritten Vierten und Fünften du wirst
immer schöner und größer du wirst
sie alle. Und dann setz ich dir
den Hut auf den Kopf von
dem da den Schal übers Kinn
und dann kommst du Harun
al Raschid zur ersten der
Tausendsten Nacht lächelst
ganz wie im Leben und dann.

Wohnhaft

Wohnen willst du mit mir da
wo die Wolken wurzeln und die
Zahl der Toten fest steht für immer
stand da noch nie ein Haus.

Sammlung

Ich will es versuchen
dafür gibt es lebenslänglich
Ich glaube nicht
lässt die Sirenen von selber losgehen
Ja aber
presst das Blut aus den Fingerspitzen
Soll ich? Ja!
stößt die Lerchen aus ihren Nestern
in den morgenroten Tag

Komm
durchquert alle anderen Wünsche
saugt eine scharfe Erfüllung an
Bleib
reißt die Tür auf zur Flucht
Geh
wie kann ich fesseln was mich frei macht

Bis dass der Tod
die Sonnenblumen entblößt
ihre Kerne in meiner Hand.

Geheimnis

Dass die reine Luft den Vogel nicht zerreißt
dass ihn ihr Widerstand trägt
Wer begreift schon das Schlagen der Flügel
diese Bewegung zwischen Ich und Du
wenn sich das Junge vom Nest stößt.

Nachhausefahren

Kein Umweg mehr nötig wir schlagen dieselbe Richtung ein
finden immer mehr Anhaltspunkte auf einer Route bilden
vorwärtslaufende Sätze auf ich und du und Vertrauen.

Kein Verdacht liegt nah in dieser weiten Landschaft
aus Zeit und Raum und wachsenden Schatten weist alles über
sich selbst hinaus. Und wir fahren

durch diesen langgestreckten katzengebuckelten Tag
mit noch grünen Laubaugen grell im reifgrauen Fell
durchlässig fast für alles mögliche frei

willig an deinem Haus und an meinem Haus vorbei.

Eine von gestern

Er soll aber wissen dass in seiner Stadt
eine lebt verwitwet ein Schiff ohne See
Stunde um Stunde spricht sie vor sich hin
verstörte Morsezeichen
Save my soul Come back Over
Niemand hört sie
sie weiß es sie liebt
ins Leere
Schaut einen Strauß Narzissen an
als hätte es ihn gegeben
Schaut auf ein paar Tage und Nächte zurück
als hätte sie davon gelesen.

## Anschalten

Wieder reißt eine Musik
opus elf zum Beispiel oder
die Linzer du weißt schon
Erinnerungen auf. Der Moment
zerspringt in lauter vergangene Tage

Jetzt solltest du da sein sagen:
Alles fängt an. Hier ist das Wort
für die Bank hier für den See.
Sitzen saß gesessen haben wir dort
in vielen schönen langen Sätzen

Dann die Silben zwischen den Küssen
später nur die Laute der Leiber noch
Einander erkennen hast du gesagt.
Ich schalte das Radio ab.

Abschied

Ich drücke dir nicht die Augen zu
Binde dir nicht die Kinnlade hoch
Kreuze dir keine Arme über der Brust

Du kannst ja den Mund noch auftun
Und die Hand heben dass die Eisenbahn pfeift.

Kleines Tier

Als ich für dich durchs Feuer ging und sang
im Harnisch ganz aus Flammen hielt
den Kopf ich übern Kopf und ich entsprang
als Salamander meinem Häufchen Unglück

Du siehst ihn wenn du in der Sonne gehst
den Arm um einer anderen Haut geschmiegt
er huscht dir übers Herz und du verstehst
sekundenlang was mir den Mund zerriss.

Mit mir

Bis dass der Tod euch scheidet
willst du nicht mit mir
Ich muss dich schon im Leben
überleben. Und vorwärtsgehen.
Nicht mit dir.

Es fällt der Abschied
Regen auf mein dürres Land
Die Saat wird aufgehn. Blumen
picken wie zahme Vögel
mir in meine Hand.

Du hast dich längst ins Trockene
gebracht und bleibst da stehn.
Strohsterne hängt man in die
Tannenbäume die abgeschlagen im
geschützten Raum vergehn.

Besonderer Tag

Aufstehn ins Bad Frühstück mit Tee
Aus dem Fenster schaun
und sich warm anziehn hochgestiefelt
durchs Laub. In der Bibliothek
das Richtige finden dem
Nachbarskind die Schnürsenkel binden
Mittags Wiener Wurst aus der Hand
Dann mit hochgeschlagenem Mantelkragen
dösen auf einer herbstwarmen Bank
Nachmittags lesen Notizen machen
festhalten die Zeit
scheint sich zu weiten wir waren
den ganzen Tag lang zu zweit.

## Ein Netz

Freunde sind wir geworden Geliebter
schmolzen im Lauf der Jahre
unsere Schwerter zur Schale
wir tranken draus
Schwermut und Lust

Abschiede kamen wie Hunger und Durst
wir gaben sie immer. Daraus
flocht uns die Zeit ein Netz
aus Treue und Trost

Herzenssatt liege ich bei dir
in sicheren Schlingen
Wir hören zu atmen nicht auf.

Septembermorgen

Du und ich durchdrungen vom Licht
eines Septembermorgens. Wir verstehen uns
mit der Haut und der Luft
die sich um unsere Haut legt
darunter das Herz
das jetzt so friedfertig schlägt.
Bald öffnen sich die
Kastanienschalen von selbst
geben die Frucht frei.

Anfang Oktober

Du schenkst mir Rosen und behältst den Strauch
und Äpfel die ein Wind herunterriss in deinem Garten
und keinen Baum kein Haus kein Kind dein Wort
löst sich in ferne Vogellaute auf

Ich sage bleib noch öfter als bisher
und lass dich gehen
Die reifen Beeren von den Ebereschen
ergreift der Vogel weit trägt er sie fort.

Würfelspiel

Kommt einer mit müden Augen. Wach
werden sie wenn er mich anschaut
und grün. Wir liegen wer weiß wo
Rosen und Astern wachsen aus einem Strauch
und die Elstern vorm Fenster
schütteln die Würfel im Schnabel
knobeln in ihren Kehlen:
Unpaar oder Paar.

Reinschrift

Wird es die Garamond wird es die Bembo sein
Einerlei. Vor deinem und meinem Fenster
ritzen die Elstern mit schwarzweißen Federn
uns unser uns uns ins erste und letzte Licht
Schritt für Schritt Wort für Wort
wir üben vierfüßiges Gehen deklinieren uns
im Duett wie herrlich
leuchtet mir die Natur
deines reinen Tischs neben dem meinen
Dein Leben und meines endlich auf einem freien Blatt.

Reisesegen

Fahr weiter mit mir mein Gefährte spring
nicht ab aus der Zeit weils zu schnell geht
zu langsam die Brücken vermint die
Straßen eben noch fest reißende Flüsse sind
Weils dir schöner scheint im Schatten
genügsam ein Pflüger zu sitzen setz
dich nicht fest in der Zeit. Glaub mir
wir werden in dieser Richtung vorwärtskommen
Hab keine Angst ich versprech dir wir kommen
niemals ans Ziel.

*So dass*

So dass

es sich lohnt die schönen Reste
nochmal zusammenzukratzen
so dass
ein Du von jüngeren Frauen verjüngt
so dass
alte Männer Mädelchen sagen dürfen
so dass
junge Männer die Söhne sein
könnten die Geliebten sein
so dass
die Augen weitsichtig werden

So zwischen
nicht mehr und noch nicht
so zwischen
das wars dann und das kann noch werden
so zwischen
gib her und nimm hin
zwischen
ich war schon ich bin
so ein Alter ist das.

Atempause

Hundstage lassen mich zackweg verschwinden
von teigweichen Straßen übern Zaun in
den Garten der Freundin. Hier
ruhe ich mich vom Spiel
mit dem Feuer im Stechpalmenschatten aus
Trinke Tee warte ab auf niemand und nichts
Kummer kennen nur die Kinder der Freundin
mit Bruchrechnen Englischvokabeln unserer
schöngefärbten Haut hält die Zeit keinen
Spiegel vor hier. Fährt der Wind in die Bäume
der Nachbargärten bewegt sich was leicht ist
Blätter und Äste über unsere Köpfe und Körper hinweg.
Neidlos folgen die trägen Augen Vögeln
Flugzeugen Schmetterlingen in blasser Luft steigt
alles und fällt und noch einmal und wieder von vorn.
Im Garten der Freundin stehen die Tage still.

Halbzeit

Ich bin jetzt halb so alt wie ich gerne werden möchte
und bleibe öfter als früher vor alten Bäumen und Häusern stehen:
Suche Deckung hinter meiner erprobten Melancholie
wenn mein Auge unsere verblühenden Züge jäh überfällt.
Nur noch selten nehme ich neue Sätze und Menschen in Zahlung.
Die Treue bis ans Grab rückt näher.

Zeitsprung

Um einen Kuss bat mich der alte Mann
mit lippenlosem Mund um einen Kuss
Ich spürte seine Zähne durch die straffgespannte Haut
Hielt still. Hielt stand

Dem was da auf mich zukam jählings
mit Gewalt mich bald zur alten Frau
heruntermachen betteln lassen wird
mit lippenlosem Mund um einen Kuss.

Stattdessen

Stattdessen immer im Dreivierteltakt gestolpert
schöne Gespenster im Arm mit meinem Fleisch
und Blut redlich genährt. Nah wie Körper
an Körper lag ich mit ihnen. Aber den vierten
Taktschlag habe ich immer verfehlt.

Stattdessen immer weiter aus Reih und Glied
geraten. Mein Lied mit Tönen gespickt
bis es zersprang. Immer im hohen Bogen und
drüber hinaus geflogen. Aber in Wirklichkeit
kam ich nirgendwo an.

## Auf ewig

Tod, Schwester die ein bisschen blass ist
frische Blutströpfchen braucht deck mich zu
mir ist kalt. Spiel schöne Spiele mit mir
meiner dir dich: Erinnern macht alt

Tod, blasse Schwester komm schnell ich meine
dich wirklich nicht den der kommen soll
kommt mit dir ganz schöne Spiele versprach er
auf ewig bleibt er bei mir.

Total

Den Tränen nah. Das war das letzte Spiel.
Wer offen spielt hat keinen Sieg verdient
sagen die zuschaun hinter schwarzen Gläsern
und reiben sich die Nase mit den Fingern

die auf die zeigen die sich ganz verlieren
im Spiel und im Verlust.
Nur denen kommen Tränen in die Augen
die ohne Brille in die Sonne sehn.

Show

Striemen über der Brust
Die zertretene Erde
Tut es weh? Nein nicht mehr
Nur noch wenn ich lache
Das Zerreißen geht weiter
Ich bin daran gewöhnt
In den Pausen Bauchtanz
Später Champagner
Den Dreck nicht abwaschen
Den Rotz hochziehen
Meine Arme um deinen Hals
Ich und Du ist noch immer
kein Trick.

Unerhörte Nähe

Geruch von Regen und nassem Mull
Handtuch in einer Badeanstalt
Im Rücken Plastikgras der Durst
zwischen den Grenzen des Fleisches
Die Adern erkennen. Lautlos
bewegt sich der Mund. Das hat
noch mit Leben zu tun.

Richtig sein

So zu sein wie die die dabei sind
eingehakt in der Demo gegen Ritter Teufel und Tod
Gruppenreisen mit Fahrrad und Rucksack in die Toskana
eine Beziehungskiste und in der Kneipe ein Bier
So zu sein wie die die es ganz genau wissen
rem rad becquerel und was man tun darf was nicht
Immer zur richtigen Zeit die richtige Zeitung lesen
aus den richtigen Vogelflügen Zukunft missdeuten
Ja so
zu sein wie alle die immer dabei sind und nicht
jedesmal wieder dies Heulen und Zähneklappern
bis alles vorbei ist und der letzte Buchstabe mir
zwischen den Augen verschwimmt.

Beste Jahre

Verschiedene Vögel fallen aus allen Wolken selbst
arglose Pflanzen sind zum Lügen gezwungen
es regnet es regnet die Erde wird nass und krank.
Und ich sehe mich dastehn eine Frau
die das alles im Kopf hat in den besten Jahren
mager vor Angst dass er aufsteht und geht.

Inbegriffen

Pizza Lasagne zweimal Rotwein viel Wasser
das Kind ist zufrieden der Vater der Kellner
lächelt über sein dunkles kleines Gesicht mir zu.
Eis am Stiel im Dezember wir singen
von Räubern im Wald bis es uns weiß
aus dem Hals dampft
stampfen zu Möwen- und Gänsefutter mein
steinaltes beinhartes Brot.
Niemand reibt sich die Augen
wenn er das Kind sieht fliegend
an meiner und seines leiblichen Vaters Hand.
Gut denke ich dass ich all die Schnitte
ins eigene Fleisch bislang überlebte
Lasse diese Stunden langsam zergehen
geborgen geborgt.

# Romanze

Sobald er sie angeschirrt hat am Morgen
an Kleiderbügel und einen leeren Abfalleimer
eingezäunt in Tapetenpapier
reitet er im verplombten Wald sein tägliches Turnier

Gern schriebe sie federnde Briefe ihm hinterher
die seinen Rückzug aufhalten
aber die preisenden Pfeile bleiben
ihr stecken im eigenen Fleisch

Auch muss auf dem Tisch am Abend
ein von Liebe durchdrungenes Essen stehen
Kartoffeln und feine Gemüse fallen ihm
in den Teller wie reife Reime

Jedesmal zwingt sie sich neuer zu sein
als am Vortag steckt in ihr Zaumzeug
Gardenien legt ihm ihr Fleisch zurecht

und kommt aus dem Glück gar nicht
mehr heraus wenn er ihr zwischen die Beine
flüstert: Ich werde bleiben.

## Zu hell

Das Licht verzückt die Dinge rückt
in Eins was Schatten schieden in
sehr nah sehr fern
Lässt Düfte sichtbar steigen Steine
schnell und schön zergehn. Der Marmorgott
verschwimmt aus meinen Augen.

Das Wasser

Angelus Läuten am Abend kaputte Uhren
kein Telegramm das meine Blöße bedeckt
Nur das Wasser zöge die Hand nie zurück aus meinem Haar
Können Sie mir sagen wie spät es ist. Bitte.
Bitte. Lächelnd und sauber tönt mir der Gong ins Ohr.
Er wird nur noch meine Kleider finden.
Alle Türen weit offen. Das Wasser davor.

Bar

*Für Andrej Tarkowski*

Die Erde liegt verschlossen
Der Wunder bar
Es schneit in die Kirchen
Wir schweigen
Und flechten den Toten das Haar.

Vier Jahreszeiten

Dieses Frühjahr werde ich phantasieren
eine sanfte Fallschirmlandung zwischen
Starenschwärme unbefleckte Narzissen
Dazu ein weißer Schleier ein Hochzeitsfotograf

Diesen Sommer werde ich streunen
übers feste frische Gras am Abgrund
des Paradieses von weitem nach mir pfeifen
hören Peitschenknall in der Luft

Diesen Herbst werde ich begehren
abgewehte Äste fürs Feuer
ein Dach überm Kopf und Wörter
zum Steinerweichen genau

Diesen Winter werde ich warten
vor verschlossenen Oktoberrosen
Himmeln die regnen keinen herab
Seen aus Eis ohne Einlass.

*Abgetippt*

## Abgetippt

Die Hoffnung ist vorbei
etwas anderes könnte mein sein
als ein Schreibtisch an dem sich
das Leben verwandelt in Papier

So unter der Hand geht alles
verloren was wirklich ist
Ich schreib dich ein und aus und um
bis du zerschrieben bist.

Aussaat

Diese Romane auf Liebe und Tod
und das Leben hier
in immer dürftigeren Verstecken
Einmal mit weiten Schritten
unter freiem Himmel vorwärtsgehen:
große Worte einfach fallenlassen.

Vorgeschrieben

Diese Sehnsucht
dich beim Namen zu nennen
Diese Angst
dich beim Namen zu nennen

Diese Sehnsucht
Wort zu halten
Diese Angst
nur Wort zu halten

Diese Sehnsucht nach einem Leben
das kein Gedicht wird
Diese Angst vor einem Gedicht
das ein Leben vorwegnimmt.

Eine Rose ist eine Rose

Die Wunde aufgerissen
Es ist dir noch einmal gelungen
Ich seh:
Roh. Es
ist Rotes ist keine
Rose.
Nur ein Kunstwerk
ist schön
wenn es blutet
nur ist ein
Kunstwerk schön.

Schreiben

Tief wo Aale und Wörter
die Leichen fleddern
mästet sich das Gedicht
am versunkenen Leben

Wie es sich windet
in Rotz und Wasser
Narben aufreißt Wund
ränder weit auseinanderbricht

der Schädelhöhle
Erinnern eingepresst
bis aus den Augen
das Salzige quillt

Schließlich das Herz besticht
noch einmal wie im
Leben zu schlagen mit
dem Versprechen von Liebe

Endlich der Pulsschlag
in Wörtern und Silben
ausgesaugt jede Sekunde
das Leben noch einmal zerstört
geborgen im Wort.

Letzte Vorstellung

Noch einmal schön schreiben
ohne zusammengebissene Zeilen
locker lockend gelockt blond
und auf Zehenspitzen der Schrei
lässt das Zäpfchen bel canto vibrieren
Du sitzt in der ersten Reihe
und klatschst.

## Vom Firmament

In dieses Zimmer trug mich der Sturm trog
als er mirs hinbrauste als eine feste Burg
von Bestand. Nichts da. Tief unten die Erde.
Die Kammer auf Stecken schwankende morsche
Masten die Segel: der Himmel ahoi!
Vor mir ein Bauplan. Vergilbt kaum noch
lesbar. Sandkörner in meinen Haaren
gefangen nach jedem schweren Sturm mein
Material dazu mitunter von Sternen
ein Stein. So bau ich herab aus den Wolken
mein Turmhaus ins Fundament.
Ob mir der nächste Sturm geneigt ist der Stein
mich nicht zerschmettere ob ich auf ewig baue
drei Tage schief schäbig schön gerade krumm
Ob ich jemals festen Boden unter die Füße bekomme?
Meine Haare im Sturm. Ich baue.

Meine Damen und Herren

Das Gedicht meine Dame ist kein Kölnisch Wasser
für kalte Kompressen aufs Herze
ist kein Deo gegen den Angstschweißgeruch
wenn er geht. Dreht keine Locken flicht
weder Zöpfe noch Kränze
Färbt keine neue Jugend ins graue Haar

Das Gedicht mein Herr hat nichts mit Ihnen
zu schaffen. Nichts mit Ihrem Hand
auflegen wenn eine von uns um
einen von Ihnen weint nichts mit Ihrem
Fuß der tritt wo immer er hintritt
mit Ihrem Krieg nichts und nichts
mit Ihrem Sieg

Das Gedicht mein Herr erschafft auch keine Waffen
ist meine Dame kein Kunststückchen zum Begaffen
lässt sich nicht rauslassen einhalten an der
rückwärtigen Naht oder mal eben schaben
wie einen Dreitagebart

Wenn's nicht passt oder sticht das Gedicht
lassen Sie sich doch ändern
von dem und mit dem und um
das Gedicht herum.

*Zum Sonntag*

## Zum Sonntag

Das Leben ist schön.
Das ist ein Satz.
Oh Mann ganz hoch oben
am Himmel zu lesen.

## Münchhausens Schwester

Haare gelassen? Alle nie. Immer wieder
am eigenen Schopf aus dem Sumpf
und mit Hennessy zugegeben und Gott
sei Dank immer noch genug

zum Rausziehn wachsen sie nach
und nach wird der Griff routiniert
und das Haar steht auf Kommando zu
Berg Talfahrt gratis sobald der Gipfel

erreicht ist runter den Bach. Ach
dass irgendwo Milch und Honig fließe
wer möchte es glauben. Flössen sie

flöhen wir nicht – fürchtend wir müssten
ertrinken in unserm schöneren Selbst –
zurück in den Sumpf?

Selig sind die Enttäuschten

nicht länger
nennen das Laue sie heiß
oder schüren das Eis mit Feuer
Sie nehmen den größten Finger
nie mehr für die ganze Hand

Selig sind die Enttäuschten

denen das Grün der Blätter gehört
nicht der Hoffnung
Erde liegt ihnen zu Füßen
Sonst nichts
Über ihnen gähnt mächtig der Himmel
Ihr Leben spielt sich
nie wieder in luftleeren Räumen ab

Selig sind die Enttäuschten

ihr Schrei
beim Absturz
auf die eigenen Beine.

Kinderlied

An heißen Sommerabenden sang
ich abends mit meinem Bruder
im Bett: Mein Vater war
ein Wandersmann er war
aber nur erschöpft von Hitze und Krach
in der Maschinenfabrik
brüllte Ruhe
Ganz leise sangen wir weiter
Aber der Vater spitzte die Ohren
brüllte noch lauter
Ruhe. Wir summten
Der Vater schlich an die Tür
Ruhe. Die Stimme kippte
Wir hämmerten mit Pedal
vierhändig auf das stumme Karoklavier.

Durchs Dorf

Vorbei
am übermannshohen Zaun
der Villa vom Schnapsfabrikanten
der führte seinem Nachwuchs
einmal im Jahr zum Spielen
auch Arbeiterkinder zu

Weiter vorbei
an der Burg hinter Stacheldraht
im streng verbotenen Park
wo der Freiherr den Hund
auf uns hetzen ließ
mit einer Bewegung der Hand
die ich abends vorm Spiegel übte

Weiter vorbei und hin
von den geteerten Straßen
dem Geruch nach Rüben Porree und Kohl
und vom anderen Ufer Chemie
an den Rhein den Rhein entlang

Weiter vorbei und zurück
in das kleine Haus zwischen großen
Die Frau darin freute sich
neun Monate lang auf mich
Wo bleibst du so lange fragt sie
Jetzt ist der Kaffee kalt.

## Spürest du

Wenn der Tag sich neigt steigen
die Reste des Lichts. Gnadenfrist
in den Wipfeln kreischt Wind auf
spreizt er die Kronen kein Nistplatz
kein Halt keine Ruh.

Endstadium

Aber die Hoffnung
hat kein Verfallsdatum
Das Rauschen der Wellen
Das Rauschen der Wälder
Nur welkes Laub zerfällt
und die Kronen aus Schaum.

Ballade von S.

Zehn Meter vor dem Gipfel
glitt der Fels ihm heute
wie gewöhnlich aus der Hand
und wie noch nie nach oben

Nun stand der Mann
mit leeren Händen da
lief hinterher Triumphgesang
Triumph der Fels bleibt liegen

In seinem Schatten S.
Jahrtausendmatt
Schaut seine Hände an
S. war

S. nur wenn er den Felsen rührte
wenn Schweiß floss Füße Finger
Blasen warfen Mühsal
Belohnung immer nur verhieß

Wenn er den Kopf
am Stein sich wund stieß
spürte S.: Ich bin.
Jetzt ohne Bürde

spürte er nichts mehr. Nahm
weder Wind noch Quellen
noch den Dattelbaum den
Abendstern nicht wahr

und nicht den Weg
hinunter zu den Menschen.
S. hatte überlebt. Zu leben
nicht gelernt. Der Fels

ließ sich nie wieder
von der Stelle rühren.

Vielleicht eine Hand

Ein Mädchen eine Frau glatte Haut
Falten sackendes Bindegewebe. Dann
ein Hügel hochaufgewölbt frische Blumen
Kränze mit Schleifen viele Füße
ringsum. Später Begonien
Buchsbaum ein Kiesrondell später
die Marmortafel mit Namen von bis
daneben Lebensbäume. Füße mitunter
Schnittblumen in der Laterne ein Licht.
Später nur noch der Gärtner zweimal im
Jahr vom Konto der Erben abgebucht.
Dann Efeu. Moos in den Sprüngen im Stein.
Dann und wann vielleicht
an einem Tag im Altweibersommer
dann und wann vielleicht eine Hand
die Spinnweb und Blätter wegschiebt
Augen die den Namen entdecken
hinterm Stein junge Katzen noch blind.

Sie bleiben

Schön gemacht sagt der Tourist
auf gepflegt gepflastertem Steinweg
Schön gemacht schweift sein Blick
in die ruhigen Wellen des Parks
Nur ein paar dezente Tafeln
weisen auf ihre Saat in den Beeten:
Fünftausend Juden schön gemacht
zehntausend Juden Zigeuner
zwanzigtausend und noch
einmal fünf einmal zehn
Schöngemacht hingemacht sauber
und so akkurat. Erika heißt
das Blümelein auf diesen Leibern
blüht es üppig wie nirgends
im dürren Heidegrund sonst.
Immer der Nase nach führt der Rundweg
zwischen den Hügeln zum Ausgang
Die Erinnerung an die Erinnerung
eckt nirgends an. Der Tourist
packt die Kamera weg
Hier ist kein Motiv das sich lohnt.
Nur von weitem sticht der Obelisk
als Schornstein ins Auge.
Die Toten längst Staub geworden
Der bleibt.

Auslösen

Manchmal unterm runden Mond
fließt mein Blut rückwärts
in meinen kleiner werdenden Leib
Schwemmt weg was ich lernte und litt
aus Büchern Küssen Schlägen. Löst
mich aus meinen Kostümen Stiefeln
den winzigen Kinderschuhn
Macht mich blind taub stumm
Endlich leben im Takt
eines Herzschlags
der noch nichts von mir weiß.

# Grenzpfahl

Der stand an der Kreuzung
im Wald in der Dämmerung des Sommers
ganz warm. Ich im Gras lehnte
den Rücken an ihn. Saß
einen Tag einen Monat ein Jahr
lang dort. Sah keines Menschen
Seele war überglücklich.

Fest auf der Alster

All das Eis wir schwelgen
im Winter unter der Sonne
Laufen auf Kufen im Kreis
und gradaus mit und gegen
und durch Licht und Wind.
Alte Ehepaare ziehn sich
noch enger zusammen
Vater und Mutter kreisen
in hohem Bogen ums Kind.
Wippende Mädchen im heiratsfähigen Alter
lächeln aus der Hüfte heraus gutaus
staffierte Lilien in kühnen Kurven
kreuzen ihre Herzensmänner das Feld.
Sogar silbrige Herren und Damen geraten
ins Schleudern der Hut fliegt vom Kopf
der Hund rutscht hinterdrein
wittert Glühwein auf Eis.
Übermütig lächeln wir alle verschworene
Kinder die vom selben Süßen genascht
Werfen Lächeln wie Bälle uns zu
durch die lächelnde Luft. Lächeln
als gäbe es nichts zu bestehn
als den nächsten Schritt als geschähe

nur was wir im voraus schon sehn
bis an den Horizont von
Brücken Kirchen und Banken.
Lächelnd vergibt ein jeder von uns
seinem Nächsten und sich
diesen Nachmittag lang
all das Eis
unter der Sonne.

Liebesgedichte
1993

Zur Auswahl in diesem Band
siehe Anmerkungen

Mein Vater

Wer ist das?
fragen meine Freunde
und deuten auf das Foto
des Mannes über meinem Schreibtisch
zwischen Salvador Allende
und Angela Davis.
Ich sage:
Mein Vater. Tot.
Dann fragt niemand weiter.

Wer ist das?
frage ich den Mann,
der nicht einmal
für das Passfoto lächelt,
der an mir vorbeischaut
wie beim Grüßen
an Menschen,
die er nicht mochte.

Bauernkind, eines von zwölf,
und mit elf von der Schule;
hatte ausgelernt,
mit geducktem Kopf nach
oben zu sehen.
Ist krumm geworden
als Arbeiter an der Maschine
und als Soldat
verführt gegen die Roten.

Nachher noch einmal:
geglaubt, nicht begriffen.
Aber weitergemacht.
Als Arbeiter an der Maschine
als Vater in der Familie
und sonntags in die Kirche
wegen der Frau
und der Leute im Dorf.

Den hab ich gehasst.

Abends, wenn er aus der Fabrik
nach Hause kam,
schrie ich ihm entgegen
Vokabeln, Latein, Englisch.
Am Tisch bei Professors,
als mir der Tee
aus zitternden Händen
auf die Knie tropfte,
hab ich Witze gestammelt
über Tatzen,
die nach Maschinenöl stinken.

Hab das Glauben verlernt mit Mühe.
Hab begreifen gelernt und begriffen:

Den will ich lieben
bis in den Tod
all derer,
die schuld sind
an seinem Leben
und meinem Hass.

Manchmal
da lag schon die Decke
auf seinen Knien
im Rollstuhl,
nahm er meine Hand,
hat sie abgemessen
mit Fingern und Blicken
und mich gefragt,
wie ich sie damit machen will,
die neue Welt.

Mit Dir,
hab ich gesagt
und meine Faust
geballt in der seinen.

Da machten wir die Zeit
zu der unseren,
als ich ein Sechstel
der Erde ihm
rot auf den Tisch hinzählte
und er es stückweis
und bedächtig
für bare Münze
und für sich nahm.

Wer ist das?
fragen meine Freunde
und ich sag:
Einer von uns.
Nur der Fotograf
hat vergessen,
dass er mich anschaut
und lacht.

Preis

Ich ging von dir es schien der Mond der Uhu
rief Krieg aus dem Archiv stieg blauer Dunst
Gewinnausschüttung sang der Star am Morgen
und stach mir beide blauen Augen aus
So dass
ich sah wie eine Frau in mir die Fenster auftat
und deine Macht wie Vorhangstoff zerriss
Der Kopf solang er träumt wird er nicht abgeschlagen
Die offnen Augen kosten den Verstand.

## So tief

So tief musst du
dich fallen lassen und so
lange schrein
bis du den Schrei verstehst
dann erst
ist er
dein Schrei
wenn du das Spiel verstehst
dann erst
ist es
kein Spiel mehr.

Sommertag

Fünfuhrlicht noch einmal der salzige
Untergang an deiner Haut
Hoher Mittag die Luft
voll vom Zittergesang der Lerchen
irgendwo hält später ein Zug irgendwo
spricht abends einer den ersten Satz und
er ist richtig.

## Auf dem Dorfe

Samstags sang die Amsel lauter lockte in
verborgene Büsche hintern Damm am Fluss versanken
deine meine bösen Händchen in verschwiegene
schöne Schwaden unsere Zungen tief im Schlick

Abends dann ins Ohr des Beichtstuhls mussten wir
die Zahl angeben Reu erwecken Buße üben
Ach wie lag das böse Händchen auf dem süßen Sünden
spiegel der dich zeigte in den Büschen hinterm

Damm am Fluss mit mir unseren Bauch
mit Glück und Sünde vollzuschlagen so beschäftigt
dass mein Seufzer Küsse beißend Küsse büßend die Kapellen
kerzen der Immaculata ausblies mit dem ersten Hauch.

Abgrenzung

Bei Tageslicht die Beteuerungen
der Schönheit und Ewigkeit von
Körpern und Königreichen
Nachts
die Verätzungen der Tränen
Mängel Abwesenheiten der Geruch von
Stacheldraht in der Mündung der Schenkel.

Maijubile

In den Wiesen nehmen
die Blumen die Formen von
Körperöffnungen an und das Gras
bohrt sich zwischen die Zähne
Fleisch deckt dem Fleisch
die Karten auf einen Augenblick
Zukunft mitten im Fis
bleibt die Nachtigall stecken
in den Vorgärten schmettern
die Amseln rosa gesprengt.

Kinderglaube

Riefst mich noch einmal im Mai du riefst
mit der Stimme des Kuckucks in den Feldern
ritzte der Mais seine Grafik
ins schräge Abendlicht versprach mir der Vogel
– ich zählte als gings um mein Leben – ewige
Kuckucks. Geh schon vor, sagtest du
als ich mich umsah das grüne Moos
kroch schon hoch über dein Knie.

Stillständiges Sonett

Mein Herz ist bei dir, sagst du. Frag ich: Wo
sind Hand und Fuß? Das Mittelstück? Das
Untenrumherum? Wie lebt es sich links
oben ohne? Herzlos Hauptgewinn? Was

fange ich mit diesem glibberigen Muskel an?
Den du mir zugesteckt hast heimlich wie ein Kind
die Mutter könnt es sehen und dem Vater sagen
Soll ich's in Sauer legen dass es lustig wird

dein Herz bei mir?
Noch nähre ich es dir mit meinem Blut noch
schuftet meins für zwei. Doch es wird müde.

Fasst du dir deins nicht bald
nimmst es in deine Hand nimmt meine:
Stolpert meins über deins stolpern stehen still beide.

Vorübergehend

Immer länger die Anläufe
für ein paar Sätze jenseits
von Wahrheit und Lüge. Zwischen
weitgeöffneten Satzzeichen berühre ich
deine Hüfte die zur Zärtlichkeit wird
wie mein geöffneter Körper
mein gewölbter Rippenbogen
die blauen Berge hinauf und weiter
Armbeuge Brust Haar
bis sich der Wind legt
zwischen den Fragen
Vorübergehend.

## Fangopackung

Mein Alter jetzt zum vierten Mal 'ne Schnapszahl
auf meinem Kopf zum schwarzen Pfeffer so viel Salz
Der Knochen der am ärgsten wehtut ist noch
immer os amoris – beim Bäcker mit viel Sahne

zwischen den Bisquits sehr lecker – aber so
im wahren Leben zunehmend bedürftig des
Fachmanns Pflegehand des Spezialisten Leib
eigen lebenslänglich chronisch krank wie ich.

Zwischen den Jahren

Im Winter verschwindet
der Liebste im Schnee
Im Winter beginnt
die Liebste zu singen

In ihrem Mund verschwindet
der Mann in
den Liedern fängt
wieder alles nur an.

Eingesponnen

Bäume am Ufer der Bucht bis ans Meer
früher Morgen ein klarer Tag zieht auf
nach der Nacht die mit Regenrauschen
sie einspann ins Warme ins Haus
voller Seemannsplunder Uhren und Pfeifen
Liebst Du mich, fragte sie ihn
Dass die Frauen immer so fragen müssen
Und das Käuzchen schrie wie ein Kuckuck
Sein Schrei trug sie aus der Nacht
der Bäume am Ufer der Bucht bis ans Meer
in den frühen Morgen ein klarer Tag zieht auf.

Beweislage

Hättest du hätte ich wären wir
im Sog des Vakuums immer weiter
in die Jahre gekommen
Glaube versetzt vielleicht Berge
aber niemals einen Konjunktiv
Nicht einmal ein Foto
von all der Hoffnung
all der Geduld.

Lebensgefahr

Eine Frau beim Sturz ins Papier
auf der Flucht vorm Papier vor
seiner Gier nach Geschichten mit
Komplikationen womöglich mit
tödlichem Ausgang

Bloß weg von diesem eiskalten Spiegel
pulswarmen Lebens diesem Augenaufschlag
verkommener Zeichen die so schön tun
als wären sie wirklich und wahr

Sieh hier meine Hand auf dem Papier
halt sie und küss sie
bis tief in den Ellenbogen
du sie zurückbeißt ins Leben.

## Alte Lieder

Komm wir singen das Lied vom Mädchen
das vom Brunnen zurückkehrte wo
es sich dem Liebsten versprochen

Dann singst du weiter allein
wie es sein Versprechen gebrochen

Dann ich: Er hat sie vergessen
und tot geht er dahin.

Tja die alten traurigen Lieder
und dass wir sie nur singen.

Haus-Sphinx

Ich gebe dir keine Rätsel mehr auf
die Zeit hat meine Greifenflügel abgetragen
der Umgang mit Windigem hat mir die Krallen gestutzt.
Blind bin ich für andere und mein Löwenleib
schnurrt an dem deinen. Wie eine Kröte
nahm ich die Farbe deiner Umgebung an.
Wenn ich Märchen erzähle
glaubst du ich redete endlich
nicht länger drumrum.

Annonce

Zu alt um schön zu sein und
noch nicht interessant
das heißt begehrenswert
zum halben Preis die hohen Töne
werden noch erreicht mit Müh
der Hüftspeck ins Korsett gezwängt
und in den Schoß der Schöne.

Ach Maid ach Zeit ach Tugendkleid
oh Jugend weit oh Täler
Wer wagt noch mal den Schnitt
ins Herz wer liftet straff
und himmelwärts die ewigen Gefühle.

Probelauf

Dies ist ein Tag der sich die Stille nimmt
Kornfeld das in den Ähren fertig steht
und Silben aussät in die leeren Furchen
So ohne Angst vor Kälte Schnee Misslingen
lassen die Zeilen die Stille ein.

Moosröschen

Die Margarine aufs Graubrot gekratzt
einen Hering verteilt auf vier Personen
die Kleider für sich und die Kinder
aus dem Rotkreuzsack der Honoratioren
Aber den guten Anzug immer in Schuss gehalten
der Mann sah tipptopp aus im Sarg

Geschenke der Kinder wies sie zurück:
Für mich viel zu teuer. Im Restaurant
aß sie nur Russisch Ei.

Als ihre Bissen immer kleiner wurden
die Schritte kürzer, Knochen dünner
das Gewebe aufgezehrt
hat sie sich schließlich selbst
aus dieser Welt gespart.

Die Kinder sargten sie in
Seide ein und Palisander
und warfen ihr Moosröschen hinterher.

Epikurs Garten
1995

Ein Gärtchen, Feigen, kleine Käse und dazu drei oder vier gute Freunde, – das war die Ueppigkeit Epikur's.

FRIEDRICH NIETZSCHE

*Morgenlob*

I

Schnee ist gefallen
Ein Wunder die Wiese vorm Haus
Hand in Hand
Du und ich
Im reinen Schnee
Die Flecken unserer Schritte
Niemandes Schuld
Wozu weinen
Schnee wird fallen

II

Wenn sich die Stunden zu regen beginnen tritt
ans Fenster zum Garten und sieh
Eva den Fuß auf dem Haupt
der Schlange der Apfel
in den tiefen Atemzügen der Wiese.

III

Der Mond ist schon fort die
Dämmerung noch nicht da. Bald
gibt es Licht für alle genug.
Kain so fern wie der Krieg
wie der Mond so unsichtbar.

IV

Sickerndes Licht die Hitze berührt dich von fern noch
schüttere Luft Geraschel im Laub Zeilen
stehn auf gelenkige Mobiles an
ihren mächtigen Nabelschnüren
Trost alter Gedichte
aus einer stilleren Welt.

V

Die jungen Blumen umsponnen vom Licht
eines Junimorgens leichthin hoffend
auf immer höhere hellere Himmel.
So viele Wörter ungeöffnet noch.

VI

Aufsprudelnd am Morgen im Anflug
kaum deine Schultern berührend so leicht
perlmuttern fließend strömend das Wort überschwemmend
die Explosionen der Schoten
Rosenblatt das auf den Kies schlägt sein Echo.

## VII

Leichte Wörter leichte Luft leichter Sinn
ein Punkt im Raum und einer in der Zeit
Die Linien des Lebens sind verschieden
Behalt deine Wahrheit für dich von selbst
legt sich der erste Schatten auf die Sonnenuhr
so viele Linien ein wunder Punkt
Ich sag dir heute noch blüht die Luzerne.

VIII

Weiter Erdkreis die ewige Wiederkehr der Farbe Grün
meine kleine Spanne darin Tomaten hochbinden
den Rittersporn stäben Fliederwind
Teichwasser Phloxduft verschlingen Schnecken
wildern mit Plastikbechern und Bier.
Schau mich an. Spränge ich
jetzt in den Abgrund ich fiele
lichtaufwärts landete in deinen Augen.
Schau mich an. Da der Himmel. Hier
alles was unser.

*Epikurs Garten*

Lied der Amsel

Flieg mit mir hinauf
auf diesen Ast und schau
auf dich hinunter:
Auf dich in den Blumen
auf dich in den Steinen
im Gras am Wasser
auf dich unterm Baum
Du hier oben und
du da unten:
Das ist alles.

Pflanzen

Setzlinge drücken aus Plastikcontainern
ins Erdreich. Vaterlandslose Gesellen. Taufen:
Jeden auf seinen Namen. Gruppen bilden
Brüderschaften und Kolonien.
Boden suchen und Sehnsucht
wandeln in Wurzelwerk.

Hoher Mittag

Calendula Goldlack vom vorigen Jahr Geruch nach
Pan und noch älteren Göttern Zwielicht am Himmel Getier
Im Sturzflug auf Venus unter der linden
Paradiesisches Koma.

Schaumkraut

Wenn der Sommerwind durch die
Schaumkrautwiesen fließt kann der Verstand
ihm nicht folgen. Windstärken
kann er messen aber weiß er
was Sommerwind ist?
Schaumkraut kann er bestimmen aber
eine Schaumkrautwiese berechnen?
Hilflos erstarrt er wenn
in Natur und Kunst beides zusammenfließt
Du glaubst zu verstehn? Dann glaub
ja nicht das sei von Interesse. Niemand
ist am Wesen der Dinge interessiert
Und der Wind jagt dem Verstand in langen Sätzen davon.

Heckenrose

Wenn ein Mann und eine Frau
einen Garten anlegen nach dem Muster
von Eden wird es einen Abend geben
voller Entsetzen: alles
kann über Nacht vergehen nichts
ist sicher vor diesem Wind der heute
zwischen die Kirschblüte fährt und morgen
zwischen die beiden. Lass uns
sagt der Mann die Rosen näher zusammenrücken.

Kinderspiel

Kinder auf der Jagd nach Schmetterlingen
ihr geschlechtsloses Lachen beim Zappeln
der Beute in den kreiselnden Netzen
Ihr Aufglühn beim Zücken der Nadelspitze.
Und ein waldbeerblauer Mund sagt:
Er ist hin.
Nachts ermattete einsame Körper
Brennnesselzeichen wunde Knie.

## Im Übergang

Immer im Übergang: zwischen zwei Worten
zwei Menschen zwei Sorten wovon auch immer
Winter im Herbst Frühling im Winter nur im Sommer
glaubst du der roten Hitze für ein paar Sekunden
die Dauer und stellst dich tot.

Sprechen

Sprechen im schattigen Wald sprechen
Aus feuchtem Dickicht wo der Pfad im
Laubgebüsch schwindet sprechen wie Hexenkraut spricht
Sprechen wie die Zwiebel der weißen Lilie zur Erde
Sprechen wie der Wind der Regen zum Staub.

*Türkenmohn*

Schlage die Trommel. Komm in den Garten.
Ich werde dich lehren die Trommel zu schlagen.
Ich löste vom Himmel das Rot und den Schrei.
Seither ist es da oben blau für immer und still.
Schlage die Trommel. Komm in den Garten.
Dein Blut klopft. Fürchte dich nicht.

*Himmelsschlüssel*

Die Erde ist wahr und der Wind und die
Sonne ist wahr und ich bin es auch. Oder
Sind wir alle nur wirklich? Gar nicht so einfach
Einfache Dinge auseinanderzuhalten oder zusammen
Zubringen. Zu viel verbirgt sich kein höheres
Wesen und ihr seid gewohnt komplizierte Dinge in
Reih und Glied zu verschnürn. Schau mich an:
Ich kann nicht lügen. Wer keine Worte macht
Hat nie ein Versprechen gebrochen. Was ich sehe
Reicht tief unter deine Füße. Meine Wurzeln deine
Wörter deine Satzjungen, die du ausführst
Tausendfüßler voller Versprechungen.

*Schneeglöckchen*

Nach jeder Nacht
Noch halb im Schlaf
Zieh ich mir zähneklappernd klamm
Den Kinderkörper über.
Dressiert vom Frost
Für euch zu zittern so
Voller Anmut dass
Ihr ganz verrückt seid
Nach dem nackten Püppchen.

*Sonnenblume*

In dieser Stunde erwache ich dreh meinen Kopf nach Osten
Und folge dem Stern meiner Liebe bis er untergeht aber
Mein Himmel leuchtet noch lang von ihm her.

*Herbstrose*

Ich weiß du lässt mich stehen, Schwester, thank you
Mama, sagte der Kleine gestern zu dir. Ich weiß
Wie es ist die Fasson zu verlieren, aufblühen
Nennen sie das, wenn die Sonne dich aufreißt
Wind und Regen bei dir aus und ein gehen. In voller
Blüte nennen sie das, wenn du die Farbe wechselst Rosa Rot Blu
Blut das in den Kopf steigt. Stockt.
Von den Rändern her verfärbt sich das Rot zu Rost.
Innen aber noch immer rot und begierig.
Das erste Blatt fällt und bleibt nicht allein:
Ich bin zu stolz sie zu halten. Du gehst durch die Straßen
Und keiner pfeift du gehst durch den Garten
Siehst an mir vorbei.
Vorbei Schwester vorbei.
Ich weiß wie es weitergeht, wenn du mich vergeblich suchst
Mit deinen oberirdischen Augen. Ich
Kenne mich aus unter der Erde.

*Jungfer im Grünen*

Gretchen im Busch Gretel im Stäudele
Braut in Haaren: Knicks meine Liebe
Dank dir der Namen recht hübsch diese Namen
Die du dummes Ding von mir kennst
Nonnennäglein Ledigblume Wildinet Schabab
Schabab heiß ich Spöttlich heiß ich
Spöttlich bin ich lieg im Korb
Den ich geb
Jedem der mir Lieb anträgt.

*Phlox*

Komm ins Dunkle. Komm an den Ort
Den unser Duft erhellt. Horch
Auf den Ton unserer Zungen
Wie er die Schwingen ausbreitet
Dich zu entführen
Aus deinem Käfig von
Auge und Ohr.

*Rote Rose*

Solange es einen Mann gibt und eine Frau
Die versuchen einander
Die ewige Jugend zu erfinden
In meinem Namen
Endet der Tod nicht aber die Angst vor ihm.

# Reseden

*Für Frau Slama*

Verschollene Zeiten Tage golden und schwül
Menschen in Sommergärten hinter Wimpern und Sätzen verborgen
Komm uns nah wenn du uns erkennen willst unverschämt
Nennen die unseren Duft die sich vor der Liebe fürchten.

*Lavendel*

Wo sind meine Dämchen geblieben knisternd
Wispernd Rosenhändchen Rosenkränzchen
Zwitschernde Füßchen am Abend auf Kies
Jüngferlein fein gesponnen aber mitunter
Witterten sie auch sie
Paradiesisches hinter den Büschen herbduftende
Sünden fürs Album zwischen die Wäsche ver
Blassendes Blau Beinzwickel unter Krinolinen
Gepresste Lippen geruchloses Leben. Ihr Tod
Eine schlechte Laune aus Langeweile hinter Jalousien im Sommer.

## Immortellen

*Für Lene Nimbsch*

Wir sahen Lazarus aufstehn und gehn. Lief los
Und wurde seither nicht gesehn.
Niemand sah ihn zum zweiten Male sterben.

*Schachtelhalm*

Standen am flammenden Dornbusch
Standen im Mannaregen
Ninive Memphis Theben
Stein und Blume aus derselben Kraft
Wer uns berührt
Berührt die frische grüne Ewigkeit.

Hart und anfassbar

Malven dann rosig das Licht
Als sie kamen. Drei
Unfreundliche Freunde oder
Wie soll ich sie nennen. Korrekt
Gekleidet mit guten Manieren
Sauberen Hemden und Händen
Gar keine Frage: Ich folgte ihnen
Unaufgefordert und unauffällig
Wir schritten und sprachen um nichts
Zu sagen und erst recht nicht zu schweigen.
Am Waldrand am Ziel
Hochauf in den Himmel stechend
Gänzlich erhalten in seinem Gefüge
Wie aus vorsintflutlicher Zeit
Zeigten sie mir
Hart und anfassbar
Mein Gerippe.

Krähen

Die schwarzen Äste im Winter beladen
mit noch mehr Schwärze wenn
diese Vögel sie zu Zeichen machen
Kalkül und Algebra
im Ypsilon der Schwingen. Schnee stäubt
wenn sie die Linie deines Lebens nehmen
zwischen Apfelbaum und Birke
kürzester Weg.

Gelbe Dahlie

Augenlider aus Sonnenwiderschein
Erinnerungen fein wie Nieselregen
Nachlass der Gleichheit verspricht
im Dezember

Geborgter Glanz im Novembernebel diffus
wie die Liebe zweier
die tödlich einander versehrten.

Disteln

Geläutert vom Feuer jenseits
Von Böse und Gut
Zeugen der Sonne
Die nichts vergessen
Und nichts verzeihen
Brennend und kalt und bewehrt.

Sommerregen

Singfetzen der Amsel zwischen die Tränen
güsse der Sonne auslaufende Farbe in
Vieh Vogel Pflanze in Flammen die Kuppeln
der Glockenblume hell zittert die Lilie sieben
farbiges Licht von Wolken umfangen vom Wind bald zerrissen
Nest voll Gezwitscher erschüttert die Luft.

Va banque
Ein neues Spiel ein neues

März verstreut seine Zückerchen: Glück
Liebe Not Rote Rüben Knochen
Häschen verrückt Hündchen verrückt
Jägerchens Flinte schießt Zimt übern Milch

Reis auf Reis keimt auf in den Hecken
Stecken die Knospen sich grünrotblau an
Den Wiesenurnen drängen sich Schlangen voll
Kommen wildgewordener Pflanzen mit durch

Aus gültigen Voten fürn Türchen in die
Verse Glücke – oder ein Tütchen
Heilkräutertee.

Christrose

*Für Roman Opalka*

Unsichtbares Kind des Mondes
Verschwiegenes Gleichnis
Weißes Wort zwischen Zung und Gaumen
Zerbrechlich wie der weiße Leib des HERRN.

Erde

I
Schwer nur ertragt ihr meinen Anblick Staub
den eure Hand nicht halten kann woher
ihr kommt wohin ihr geht: Ich weiß es.
Euch alle kriege ich. Zuerst das Weiche dann
die harten Knochen.


II
Bück dich! Tiefer! Fass mich an!
Wie lange hast du keine Erde
zwischen den Fingern zerrieben?
Warte nur und du schmeckst
wie unter deinen Nägeln der Dreck
Küss ihn und leck ihn solange
du Süßes und Salziges spüren kannst.
Eins sind wir verschieden umkleidet.
Warte nur und du fühlst
dich nicht anders an als ich.
Berühre mich
noch einmal wie den
den du liebst. Und geh zu ihm.

Epikurs Garten

Beim Ysop stand er wünschte mir Freude
wie man Guten Tag sagt.
Nicht hungern nicht dürsten nicht frieren.
Das alles ist dir gegeben du darfst
dich selbst messen mit Zeus. Ich notiert es.
Beim Akanthus ließ er sich nieder ich bot ihm Käse
Wein Feigen wir machten es uns glückselig. Der Tod
ist für uns ein Nichts. Keine Empfindung besitzt,
was der Auflösung zufiel. Was aber
keine Empfindung mehr hat – ich notiert es –
das kümmert uns nicht. Wir lauschten dem Ahorn.
Ohne Wissen von der Natur kann man keine Freude
vollkommen genießen. Notiert ich. Wem genug zu wenig ist
dem ist gar nichts genug. Ein griechisch Himmelblau
durchspielte die Reden. Wie notieren? Grün sagte er ist gut
für die Augen Grün ist Leben.
Aber der Sinn fragte ich der Sinn der Sinn des Lebens ist
das Leben sagte er. Ich notiert es.
Wir tranken noch einen Klaren. Lebe verborgen
empfahl er wie man Lebe wohl sagt und verschwand
Madison Ecke 78th wo es die klassischen hamburger gibt. Der
Inopos rauschte vorüber.

*Vesper*

I

*Für K.*

Wenn du mich jetzt das letzte Mal
im Garten siehst mit Bastrolle Schere und Schaufel
weißt du was der Sommer mir bedeutet hat

Wenn du mich singen hörst über den verdorrten Levkojen
weißt du dass ich das Rätsel des Lebens
in meiner Schürzentasche trage

Wenn meine Lippen sich zu schnell bewegen
stellst du dich einen Fußbreit hinter mich

Ginge mir jetzt mein Schürzenband auf
du würdest es binden stolperte ich
du hieltest meinen Arm

Wenn meine Lungen flattern vor Angst
wirfst du ein Brett ins Wasser packst mich und
trägst mich auf deinem Rücken davon

Und wenn du mich das Blatt hoch
in die Sonne halten siehst
weißt du dass ich noch immer meine Wurzeln suche

## II

Es bleibt noch lange heute abend hell.
Viel später von weit her wird Sonnenstaub
der Wärme sucht auf unserer Erde
ganz leicht auf unsere Nacken sinken.
Lass das mit dem Gewehr!
Es bleibt noch lange heute abend hell.

III

Unser Atem angefüllt mit dem Licht der ersten Sterne von weit
her kommt die Welle die uns durchzieht
mit Tag und Nacht Himmel und Feste Erde und Meer
mit Gras Kraut Samen Getier das wimmelt im Wasser
gefiederten Vögeln Vieh Gewürm und Tieren des Feldes
von weit her kommt die Welle
die sich mit Wucht an uns bricht.

## IV

Zerschlissen mein Amselkleid
Das mich durch diesen Sommer trug.
Noch atme ich aus warmer Erde die Luft.
Einen Baum geliebt und einen verloren
Einen Namen geliebt. Der blieb.
Bald wieder Tee im Kreise schein
Toter Dichter Trakl im Schnee.

V

*Für Wendell Kretzschmar*

Goldfarbenes Heimwehlicht Meere
aufstrahlender Erinnerungen in unserem
Gärtchen die Stimmen der Freunde
wärmen die Luft der Wind nimmt
den Klang mit ihre Gestalten die Dämmerung. Später
das Klirren der Gittertür in ihrem Rücken.
Jetzt sind sie für immer bei mir.

VI

Immer anspruchsloser die Stimmen der Vögel
immer länger liegt in den Wiesen der Tau
auf Heuschrecken und Michaelisblume

Kleine Mädchen waschen Altweiberfäden
aus ihrem Haar trocknen es in der Sonne
zum zweiten Mal sausen die Sensen.

VII

Am Ende des Tages steigt die Fieberkurve der
Wörter: sobald sie tot sind darfst du
sie lesen. Alle Hitze verschollen im Schall
von Gedrucktem. Sprachmagie Sprachmarie
Unordnung zähes Leid Leid Leiden jederzeit
Klipper Klapper Kasten aus Leidensleid. Leiden ’S
etwa net?

VIII

Zwischen den Fragen
wachsen die Pausen
Antworten ziehen sich
hinter die Fragen zurück.
Es kommt
nah kommt näher es raschelt
ins Haus die Schlange
leibhaftige Schwester Weisheit
auch so ein Wort das
hinters Licht führt unmöglich
gegen weiße Haare anzukommen.

IX

Angst haut ab in die Bücher das helle
Blinzeln der Silben verspricht
Linien im wirbelnden Chaos der
Lieferungen von Auge Nase und Ohr.
*Ich*
macht mich unsichtbar
zwischen *Blüten* und *Staub*
schmerzloses Zeichen.

X

Am Apfelbaum lehnt eine Leiter im Laub
reife Bilder beschirmter Authentizität.
Bis in die feinsten Haargefäße
verteilt sich der Text aus meta
physischem Brennstoff.

XI

Wörter rollen sich auf
werden brüchig
fallen ab
Ihr schwebender Schatten

Wind ohne Widerstand
im Wipfel des Skeletts
Große leere Bäume

Darin sich immer weiter
die Stille verzweigt

XII

Müde das Licht blättert ab. Viel
Weg schon unterm Fuß. Sich nicht mehr
vorwärts nicht mehr rückwärts kämpfen.
Nur kleines Handgepäck. Darin
dein Lächeln von vor zwanzig Jahren.

*Den Garten verlassend*

Für Gertrud Kolmar

Kinder geliebt und erzogen zur Welt gebracht
keines. Abgetrieben. Die Mutter hat es gewollt.
Etwas wie Kinderweinen ist seither in deinen Gedichten
und deine Fruchtbarkeit ungebraucht durch die Jahre geschleppt
in kunstreichen Genitiven überbordenden Bildern Metaphern
gegen die Trauer immer die Andere nie die Eine zu sein.

Was blieb dir übrig? Du hülltest dich in Sonnenuntergänge
trugst Grün und Gold in blühendem Geschmeide
*Garten im Sommer* wo die Zeit sich festzusetzen schien
hast du gelebt *umtönt von Bienenchören*
mit dem *großen plündernden Buntspecht*
mit Reiher Eichhorn Ottern Hummeln dem Specht der Kröte:
*Ich bin die Kröte und trage den Edelstein …*
Weltversunken im Schneckenhorn. Von draußen kaum vernehmbar
das Sausen des Fallbeils. Für kurze Zeit

hast du in meiner Nachbarschaft gewohnt. Zu Aal und Sprotten
hätt ich dich geladen zu braunem Brot mit Korinthen gefüllt oder
mit Salz und Kümmel bestreut wie du es gern aßest.
Hier gingst du durch *die Stadt* zum letzten Mal vielleicht
mit einem *Hand in Hand.*
*Drunten am Uferwege* sitzt noch immer
einer und malt *die blattlos hängende Weide* und der Bootssteg
ist noch immer glitschig und algengrün.
*Drei Schwäne über den Wellen* ich breche wie du das Brot
werfe es *weit in die Flut.* Auch er ließ dich los.
Zu finster dein Haar zu düster dein Auge. Dein Stern zu nah.
Ein Flicken.

Als es keinen mehr gab der dich liebte lerntest du
dein *Volk im Plunderkleid* zu lieben.
Als es keinen mehr gab der dich hörte schriest du
der Nacht ins Ohr dein Gedicht
Kalamattasprache Jerusalemitisch.

Fassade

Außen perfekt und mit ausgewogener Miene
zu jedem Spiel von oben
bis unten gepflegt: das Glas in der Gold
randfassung getönt und entspiegelt im Ohr fest
fast echte Karat zahnweiße Mundfertigkeit vor
schriftsmäßig im Takt das Warndreieck
links in der Brust
aber
hinter den Augen
knallt der Vater besoffen die Stirn
vors Büfett knallt sie wieder und wieder
hinter den Zähnen
stottert das Mädchen noch
immer am hochdeutschen Alphabet
hinter den Ohren
hört das Zischeln der erziehungs
berechtigten Zungen nicht auf
Und
hinter dem Herzen
wächst
gegen die in der
ersten Reihe auf ihren fest
reservierten Ärschen
zu jedem Spiel von oben
bis unten vorgeburtlich perfekt
in der Wolle gefärbt
das Gelächter

Verräterin

Weihnachten schenkt mir der Bruder
dreibändig die Sprache der Heimat
ihre Wurzeln bis zu den Indogermanen hinab

Meine gekappt von den Kanten
geknallter Türen irgendwo
luftgetrocknet im Wind

Tief in die Stirn den Hut
spioniere ich ihnen nach
mit verstellter Stimme.

# Geschichtsschreibung

Fortgegangen um Käse zu kaufen oder
waren es Bratheringe, wir werden niemals
erfahren was war. Es steht nirgends
geschrieben. Die Haustürschlüssel das Porte
monnaie mit kleiner Summe die Tasche aus Bast
In Turnschuhen und Jeans verliert sich ihre Spur
zwei Ecken hinterm Bezirksamt.
Einer trug Schmerz wer weiß wie lange
Wir werden es niemals erfahren
Viele wiegten den Kopf oder lachten erleichtert
Schnell gingen die Jahre vorbei
Jetzt wo der Herbst durch Blätter und Bilder fährt
eure Augen tränen von scharfen Winden
glaubt ihr sie in mir zu erkennen
als wäre ich nicht längst fortgegangen
war es um Käse zu kaufen oder Heringe
das Portemonnaie die Tasche der Bast
ihr werdet es niemals erfahren.
Es steht nirgends geschrieben.

## Straßenbekanntschaft

Ich sah die alte Frau zum ersten Mal
auf einer glatten hellen langen Straße
ihr Leib verschwand fast hinterm Horizont
Ich hätte sie beinahe übersehn. Sie kehrte
mir den Rücken zu und schien zu warten

So eng so dunkel rauh die Straße jetzt
die alte Frau so nah hat mein Gesicht
und wenn ich nach ihr fasse fass ich mich
und höre meine Stimme
Ich will dir nichts Böses tun.

Älterwerden

Zögern mitten im Satz

Nachfragen wenn man glaubt
es verstanden zu haben

Es nicht mehr eilig haben
mit dem Wissenwollen

Einen Stein ein Glas eine Hand
länger festhalten als nötig

Den Ärmel des Gegenüber beim Reden berühren
zu spüren man ist noch da

Ein Buch einen Blick eine Haut verlieren
und nicht mehr finden wollen

Erinnern statt sehnen

Den Gedanken: Das alles ist nach mir noch da
trainieren wie einen Muskel

Gefühl als wäre jemand im Zimmer

Vorsorge

Wenn's soweit ist soll es
in einem warmen Backsteinhaus geschehn
auf einer Wiese ohne Weg dorthin
Amselgelächter funkelnde Narzissen und nur
in meinem außen unversehrten Leib.
Er spränge durch den Schornstein
wie ein Held mich an ein
kühner Fallschirmjäger zwischen Brust und Bauch
in das Gestrüpp der Knoten. Ah dieses
viel zu späte Blaulicht in
den gelben Blumen.

Fragen

Ist Älterwerden sagen: Wenn er jetzt
im Humphrey-Bogart-Look im Eingang
stünde mir lächelnd auf die Lippen
drückte seinen Hut und in die Rippen
eine abgesägte Mauser und fragte: Na?
Ja endlich!

Ist Älterwerden sagen wenn's zu spät ist:
Kein Kind aus meinem Bauch kein
Vogel und kein Nest. He Alte
schrumpf dein Herz ein bis
das Restliche verwest.

Sandstein

Aufglühte einer
bis er brannte
weiß und leer
in dieser Vielfalt
schöner alter Gräber: auf Sand
Steintafeln Marmor Not
gedrungene Erinnerungen zwischen
Stern und Kreuz
verkappte Residenzen so gut
gemeint und doch
durchsickernd die Erbärmlichkeit
sub specie aeternitatis

An Epikurs Schwester

Glücklich zu leben versuchst du nun
ja Stabhochsprung ist eine feine Sache. Muskel
kater -krämpfe -risse bleiben
nicht aus bis du den Absprung gelernt hast
ohne dich zu verheddern in Topflappen Staubsaugern
der ökologischen Trennung des Hausmülls. Bist du oben
lebst du wie immer wenn du Glück hast
in besserer Luft und der Absturz nun
ja man gewöhnt sich
an alles und Wunder weißt du
sind eben schneller als wir.

Reflex

Golden sein Käfig hoch
elastisch die Stäbe süß
auch das Brot drin der Faden
an seinem Fuß endet
in einer Hand nach der er
hackt voller Erinnerung an
seine Beute im Flug.

Fleischfresser

Tage wie diese
kraftvoll sauber und klar
als hätte dich gerade
die frohe Botschaft erreicht

Aufrecht überquerst du die Straße
überzeugt von der richtigen
Seite des Windes
für deinen Mantel

Kaufst Fleisch beim Metzger
kraftvoll sauber und klar
hängt es an leichtem Gebeine.

## Hamburger Sommer

Zentaur aus Sonne und Wind
wasserschnaubend die Nüstern Volldampf
voraus im Galopp an die Küsten
aber die Teetasse fein
balancieret zwischen den Hufen.

Zerfall

Wo doch von allem auch
dein Leben abhängt wenn
aus dem Eichmaß deiner Lügen
dir die Wirklichkeit gerät

ihr Urteil fällt und dich
aufs Rad streckt
bis sich dein Rückgrat reckt
aufsteht und geht

von dir zurücklässt
ein klein Häuflein Haut
das kaum zusammenhält
Fleisch ohne Knochen.

On sale

Gewissen am Band? Oder doch lieber
ein Brillant mit sechs Nullen
Sieh nur wie schön
die alten guten Gefühle
und so exquisit restauriert.
Noch und noch Tote und noch
mehr Unrat: Wie's aufstrahlt!
Heiß heute. Weiß
weißer am weißesten wenn
schwärzer am schwärzesten Schwarz.
Haben Sie schon reserviert? Wir halten auch Ihr
ganz privates Kontingent B
Troffneit am allgemeinen Desaster zwecks
Aufstockung Ihres Gewissensvolumens
für Sie bereit. Weihnachtszeit!
Whisky mit Eis? Leisten Sie sich
wenigstens eins. Schlicht gefasst
funkelt es am schönsten am
Ringfinger links.

Hin

Februar Monat für Pläne wir säen
schwarze Vögel über die schrägen
Felder halten Gleichgewicht und die
Schießhunde fern.
Proben auf Blättern
blanken Papiers die Ernte: Lerchen wo
möglich mit Tauben gekreuzt wo
möglich es trägt im Schnabel wo
möglich eine die blaue Blume wo
hin

Befähigung

Ohne Pflicht ohne Auftrag ohne Recht
ohne Kompetenz in der Sache:
Wer will was von mir hören?

Früher einmal gab es Wesen die Musen hießen
Meisterinnen des Schmerzes und des Entzückens

Wer ihnen folgte drang weit
vor in sein Herz so viel Wildnis
drinnen war keine Welt mehr
Bewegung nur einen Ort zu schaffen
aus Selbst- und Mitlauten manchmal ein Wort

Heute ödet uns jeder beschriebene Weg
und jeder erklimmbare Gipfel.
Wer lehrt uns Wörter
gewichtiger als das was weiß bleibt
auf dem Papier. Und wer
bringt uns ein Schweigen bei
das die Welt nicht enger und leerer macht

## Sätze schwenken

Ja muss denn das schon wieder sein:
diese Papierfiedelei dieses Geschrei
erregter Pelikanminen im sicheren
Schatten der Wörter
auf der Suche nach Bildern für etwas
das wirklich Hand und Fuß hat
Tacheles redet zum Lachen bringt
zum Weinen. Adieu Leb wohl die Welt
sticht auch ohne Dichter in See über
stäubt sie mit Gischt und Silben.
Von der Schreibtischrampe aus
sieht man sie vereinzelt noch winken
Sätze schwenken wie Mützen und Fahnen.

Vorbei

Der befreite Prometheus schweigt.
Jetzt
könnte er sprechen
wie jeder andere auch.
Wird er es tun?
Wenn er eine Weile gelebt hat
wie jeder andere auch.
Und singen?
Auf einer Flöte aus Knochen

Die Elbe runter

Die Elbe runter ihr graues Wasser
schön Hühnchen schön Hähnchen und du
ach so schon verendet du
schöne bunte Kuh

Den Rhein rauf frischauf und gesungen
die Lindenwirtin weint. Das hat
so schön geklungen fis moll in allen
Zungen die Engelein stiegen vom
Himmel herab

Dilldapp Brentano lässt grüßen und der
Jungfrau zu ihren Füßen sitzt die
Mutter Maria rein zum Lachen
ist das und die Linden
wirtin wieder so jung

Hereinspaziert. Wer schneidet
ihr das Lied von der Zung

Fortschritt

Auf eine Lampe. Ja. Und ein Sonett. Es ist
meine Kommode. Nicht
der Sonnenauf- der Sonnenuntergang
sind schon in dem Gedicht

von Mallarmé vorbei. Es ist
für Wort und Spiele keine Zeit
schreit nach Brot und Katz
buckelt vor Sekundenseligkeit

zählt Silberlinge aber
keine silben mehr auf eine lampe
nein und kein sonett.

## Mutmaßung

Wirklich aufstieg der Vollmond über den
Gipfeln wo sonst und der
Kritiker hatte gesagt: Ein Gedicht. Aber da
taumelte mir eine dreckige Fledermaus in die Bilder
und dem Kellner fiel vor Schreck das Tablett
aufs Parkett stellten die Liebenden Mut
Maßungen an über Glück und Glas
und die Qualitäten derselben. Aber da
war der Mond schon untergegangen hinterm
Gedicht.

# Ars poetica

*Nomina si pereunt, perit et cognitio rerum.*

Carl von Linné

Ja. Nein. Verantwortung. Gott
so viel Worte. Zu haus sein wo
man hingehört der große Weltatlas
finale Störungen Erlebnisdichtung die
rose is a rose is a rose

An dieser Stelle nur noch Ich Erleberin
Adresse weltweit unbedeutend und beliebig
die Sonne scheint geh diesen Weg entlang
was täglich abfällt ist dein Material
Erzähl mir nichts vom Gehn steh auf und geh

Der Garten wartet Ostermelodie wo es sich dreht
gefiltert sublimiert schön tief und hoch
prozentig destilliert Bewusstseinspoesie der alten Art die
Rose is a rose est una rosa
und würde ohne jeden Namen duften.

schloss umschlungen
1996

Stadtgeschichte

Ein Schloss im Wind und eins im Sinn
schwarz wie ein Komma zwischen
war und werden der Strom
im Tal der Markt Kastanienhänge

Kirchen      ein Spiel
der Sprache alle längst geworden
wie jeder der durch
diese Stadt in ihre nächste

Zeile geht die Augen ausstreckt
nach verheißnen Brücken Brunnen Plätzen
Um was zu finden? Sich in dieser Stadt

Geschichte zwischen Souvenirs und Pergamenten
Die Augen schließen. Den Dingen gegenüber
liegt diese Stadt. In einer weißen Stille

zwischen Satz und Gegensatz in
DEM LEBENDIGEN GEIST

Die Stadt im Tal am Strom

Mindestens zehn Anzüge übereinander trägt
die Stadt ist behaart wien homo heidelbergensis
mit Glaube Liebe Hoffnung und spitzen Ellnbogen
Geduld auch
        sieht manchmal wie Schimmel aus

Was lebt nicht alles
        vom Vergeben Vergessen
Was küsst sich nicht alles verborgen unter Perücken
aus rosa Neonlicht Einkaufspassagen Videothek

Wo hat ihr Geburtsherz geschlagen
        Im Tal am Strom
Ist sie denn nicht tot? Schnalzgeräusche
ungläubiger Zungen überm Placebo aus
dieser Versenkung aus dieser Schublade

Nicht doch
        sie hat nur die eigene Seele
zeitweilig verschluckt braune ätzende
Klumpen gespuckt
        Im Tal am Strom
wieder neu geschöpft Hoffnung und Atem
frisches Grün auf die Teller
die nächste Perücke aus Schnittmessernarben
über die Namenwurzeln
überm dritten Auge überm
sechsten siebten achten Herzjahrhundert

Neue Lippenformen orangefarben
für neue Wörter im Stil der siebziger
drückten die Exkremente aus dem Kopf
in Beton
            Säuberung der Staudenrabatten
von ostrotem Faustball Hartriegel – Fibeln

Sphinxe plötzlich mit geflügelten Füßen
besetzten die Straßen
Köpfe aufgeschlagen wie Bücher wie Transparente
                        ins Licht im Tal am Strom

Schleudernde Jahre peitschen kreischen der Zungen
wurzeln sich nähern aufstöbern was
knospet
                Sich nahekommen
ohne den Schutz der Ferne der Frage
Vision oder Wahnvorstellung

Der Nächste bitte. Nicht drängeln. Nichts bleibt
immer so stehen.
                    Alles im Tal am Strom
fließet aufwärts oder hinab
Verwandlung Magie Scherzo im Rosengehege
wo man schunkelnd vergisst was doch nicht
zu ändern
            das Heizgerät dringend und
dringender noch der Waschvollautomat der Schneisen
schneider von Kopf zu Kopf
dichter Flor darüber Kastaniengerüche
Rauschen Vergangen Verwachsen

II
Die Stadt ins offene Fenster gelehnt
Ganz Auge   ein zwischen
                              dem Strom im Tal
und Bergabhang auf und niederschlagendes
Auge schlägtn Loch in die Wolken dünn
wie eine Seite aus der Manesseschen Handschrift
feinnetzige Sätze hinterzeilige Lieder
Gesänge wie segelnder Vollmond Dichter
auf rollerblades – Figurinen zwischen
Seelen und Leibern mitten ins Herz
Terzett herbe Zwitscherpuppen wortsicher mit
einander vernäht die Welt zu erklären oder
dem Mann was eine Frau und der Frau was ein Mann ist
Oh Handschrift mit Nachtigallen
Schlag und kirschrot der Dichter im Halbprofil
lippengepaart ohrenversaust
zungenredend in Völker hört die Signale
auf rot glühende Kohlen rot rosenblättrig
unter den Haaren rosenblättrig
                              im Tal am Strom
alte Bilder Wörter schwimmen ans Ufer
betteln um eine Geschichte aus den Scherben
der Geschichte eine neue Geschichte
zu bauen aus Pausen und Zeichen
eine Stadt die auffliegt unter dem Läuten
von Petrus und heiligem Geist zieht der Sommer
fortissimo über das Blatt eintausendneun
hundertsechsundneunzig

                    ach Tal am Strom
blickst du auf dich hinunter von den
Kastanienhängen
                    drückt dich dein Schuh
Werk schwer von soviel Staub und Marsch
ob ein Sinn sich einstellt aus soviel
Hin und Hergeschobenem
mit den Tastaturen der Zeitmaschine
                    Nur nicht fragen
ob wir das nicht
alles schon einmal    Nur nicht vergessen
den Fuß zu heben zum Gehen als wäre
es vorwärts oszillierend ins nächste
Jahrtausend wo noch immer am Abend der Mond
und Hölderlin schlossumschlungen und die
Romantiksirenen losgehn
                    überm Tal der Stadt am Strom.

Heidelberg: $\sqrt{800}$

*In dütschen Landen ist ein gegennis:*
*in den ingengen der berge,*
*nit fern gelegen von dem Rhyn*
*des konigs der wasser:*
*der selben gegenis uff beyde syten*
*zwey hoche berg uff gespitzet*
*bis in den lufft*
*Dar in ist gelegen ein stat mechtig kriegs*
*vnd uberflußikeyt des ertrichs*
*stetlich geziert von ußluten*
*vnd von heimschen:*
*die do genannt wird von den bern*
*eines kleynen gewechse*
*heydelberg von den Deutschen.*

Peter Luder, 1458

*I*

*In dütschen Landen ist ein gegennis:*

Ich rüm dich, Haidelwerg
Lob, oben auf dem perg
Neccarus Heidelberga pisce Bacchus
Lohnet der Winzer Fleiß mit reichlichem Lohn
Dort wo der fischreiche Neckar
Zwischen zweigipfligen Bergen herausfließt
Die schöne ummauerte Stadt
Der lieblich gewundene Nicer
Brunnenwölfe in kleines heiliges Wasser gesperrt
Heidelberga vocor. Oder nennt mich etwa
Panoris oder Eitelberg Edelberg auch
Dass ich von Böcken den Namen hätte oder
Von Heiden. Falsch alles. Heidelbeerberg
werd ich unsterblich machen für immer

Bey dem Neckar bey den rauchen
Kestenbäumen Oepffel lesen
Liebe Galathee mit dir
Hier will ich mein Leid vergraben
Galathee in deiner Schoß
Und das Bergschloss ist die Burg
Wo die Kunst bei Weisheit wohne
Ruprecht, wert ein Volk zu leiten
Schaaren deutscher Söhne zogen
hin zur Schule Heidelbergs
Als die lichterlohen Flammen
Schlugen überm Schloss zusammen
Lacht und füllt das Deckelglas
Meistern Euch nicht strenge Schlüsse
Lehrt Euch's Heidelberger Fass
Zwerg Perkeo ward begraben
Und der aff von heidelbergck
wie das Standbild der Minerva
Luft zugleich kühl und erquicklich
an Verhältnissen die schönsten
schöne Brücke kleine Häuser Lauben
artige Partien große ernste Halbruinen
steht das Schloss alt und verfallen
Schicksaalskundige Burg
Lang lieb ich dich schon
deine fröhlichen Gassen
Die von Wagen und Menschen tönt
leicht und kräftig die Brücke
Aus den Wellen ihr lieblich Bild
wie von Göttern gesandt
Ländlichschönste so viele ich sah

## II
### *In den ingengen der berge*

Euch grüß ich weite lichtumflossene Räume
an der Terrasse hohem Berggelände im
Zauberkreis und Verse in den Sand
durch eine Horde jubilierender
Studenten und Soldatenvolk gestört ach
es ist in Staub gesunken
All der Stolz die Herrlichkeit
Um des Pfeilers dunkle Trümmer
Efeu schlingt sich traurigflüsternd
Ahnenbilder seid gegrüßt
Und die deutschen Würden blühen
und dem Welschen Schimpf und Trutz
So
Hatten sie's in Träumen wohl gesehen
Deutschland wieder deinen Platz
Himmlische Aussicht
unendlich schimmernde Ebene
Sittsam und zahm
Alt-Heidelberg Ehrbare Feine
ein bisschen zu lahm     Verwaist
verlassen öd und leer     Erinnerung
kletternd hinauf
Rauschende Brunnen und Quellen hervor
fröhlich Gesellen beim duftigen Wein
Herzensfrau hab eine schöne Wohnung gemietet
Einsam den heiligen Berg hinauf
an den Mauern jenseits am Neckar hinab
wimmelte darin heut nackend die halbe
Universität   Wir wohnen hier

in der Vorstadt bei den Kühen den Pferden
der Scheune    Seit ein paar Tagen
wird Korn und Dinkel eingefahren und
im linken Knopfloch die Nelke
in einer langen roten Kapsel
das pergamentene Doktordiplom
So selig geworden hier    Man kann
sich hier leicht gefallen weiche
Seelen und Kalbesbraten weißer Burgunder
sanfte singende provencalische Tonart
Studentenkinder läuft alles in Fetzen
herum unehelich und Kanonen
dicht unter meinem Fenster
Licht und Heizung dreißig bis vierzig Gulden
des Sommers helle Glut
Polen Griechen und Russen
selbst Mohren zuweilen
Frauen und Jungfrauen einbegriffen
Arbeiter Arbeiterinnen auch
Gaudeamus igitur vom Balkon


III
*Nit fern gelegen von dem Rhyn*
*des konigs der wasser*

Bierkönig wird wer den Krug an einem Abend fünfund
siebzigmal leert    Stichblätter
zum Schutz der Hände Rapiere am Schleifstein gewetzt
zweischneidige Klingen
anmutges Abnehmen der Mützen Schwertfunken
hochroter Hieb zwei drei Zoll überm Kopf

blutdurchdränkt
von Kopf bis Fuß Seelen
Ruhe Zigarre eine hässliche Wunde
am Kopf die Unterlippe gespalten
weder Stöhnen noch Schmerz
im zerfetzten Gesicht
Wilde und Willen
sstärke weder Grimassen noch Seufzer Kampfeslust
Kampfeslust noch wenn schon mit
strömenden Wunden bedeckt deinen Freund
umfahe traulich noch einmal
Karl Heinz Ja Käthi
zum Herbst geh i fort
Saustück    das deutsche Herz    ein dickes Käsebrot


IV
*Der selben gegenis uff beyde syten*
*zwey hoche berg uff gespitzet*
*bis in den lufft*

Der Geist von    erdumfassend    noch einmal
tat die Tür sich auf die Ferne
des Südens tieferer Ton und
Silhouetten Schattenspiele Sommeraufenthalt
abgöttische Verehrung Kreis Bann Meister
Gestade Gott gar schwebend wie beflügelt
im Schatten alter Bäume Gnade Reife sieghaft
Gedichte lesen auf dem Königstuhl
Weltgeist in großer Zahl und Meter
über diesem Boden schwebend
Fremde aus aller Welt lebendiges Feuer

Funken in alle Welt
Wagnis Geborgenheit
Zog das Gefährliche an    Zog das Gefährdete an
Entfernt wie Moskau oder wie das alte Spanien
Wohl wert dafür zu bluten und zu sterben
Doktorfabrik Einpauken und das Richtige verkaufen
Studenten Krüppel Kranke die der Krieg freigab
das gute Bier in Strömen jetzt das Blut und jeden
Pfennig zweimal umgedreht
Kriegstee aus Lindenblütenblättern
Kriegskeks aus Kleie und Kartoffelmehl
Wortschwall und Tatenlosigkeit
Im Zimmer ist es still    Wo du auch merkst
dass es noch Bäume gibt    Platz der Turniere
alter Pracht und aus dem Fenster eine rote
Fahne ins Freie und Matrosen vor der Universität
Abriss der Achselstücke wie ein
Körperteil verletzte Uniformen
Die eigene res publica    Und alle nach Berlin
Die Vorlesung beendet


V
*Darin ist gelegen ein stat mechtig kriegs*

Groß hell und gut beheizbar im Palazzo in
Liebe Treue stets in schlicht
graugrüner Jacke goldgrüne Seele Wimpern
aufgeglänzt    Geist der geschwängert werden muss
vom edelsten und immer wieder neu aus allen
Knospen platzend explosiv das Marschmotiv
aus Mahlers dritter Sinfonie

Im Krieg im Kriegs im Kriegs und
Teilnehmerverband
Weltbild Epoche
Gastmahl Symposion halbmast für Rathenau
ein Körbchen mit Mandrinen
neben einem Manuskript zu Kleist
Oh Schicksalsraum der alten deutschen Kraft
geschmiegte Altstadt Schicksal Nibelungen
Draußen die Welt    Hier Glashaus Schutz und Butzen
goldene Brezeln und zum Kotzen zwei
Finger in den Hals Hand an den Hinterkopf
Füchse chargiert bisweilen doppelt schön an klaren Tagen


VI
*vnd uberflußikeyt des ertrichs*

und Trümmer für die Ewigkeit
ins Tal lieblich gebettet murmelnd
und plätschernd sterben fallen
Ein Held sein
trägt dir der Abendwind ins Zimmer
Kosend
die künftigen Führer der Nation    Ich hasse
dieses sanfte Heidelberg    So oft und gern
besungen Volksgenossen Haken
neues Deutsch Bewusstsein Kreuz
überm trauten Neckartal Parteigenossen Braun
Braunhemden und vergangene lebenswerte Zeiten
ein weißer Kasten Universität amerikanisiert
harte Geschichte deutsche Freiheit
braune braune braune

Kampf Kampf Kampfhund für deutsche Deutschkultur
rings um den Marktplatz wo bereits der
                    Scheiterhaufen
hoch Bücher aufgetürmt und rote Transparente
Kapellen Fahnen Fackeln Schaulust Freude
Pfälzer Ausgelassenheit    In schönen großen Feuern
Drängte sich die Menge    Unübersehbar
der Bücherhaufen lodernd funkensprühend
ein nächtlich schönes Bild
Was ist im Tal entbrannt    Wo mich ihr Geist umweht
Herrlich der Held!
Zähne aus    Harmonie aus
Kunst und Kultur
Gummi und Knüppel
Cimbern und Teutonen
Thing Thing am Heiligen Berg
samt Künderin und Priesterin
vor allem seiner Jugend
und seine Frau war Jüdin
Wohnung versiegelt ewiglicher Frühling
durch die Gestapo    Koffer packen
mittels Extrazug der Abtransport


*VII*
*stetlich geziert von ußluten*
*vnd von heimschen*

Obstblüte Apfelbäume Aufgehängt Erschießung
Standgerichte Flüchtlingsfluten    Ein Neger
der sich auf dem Panzer seine Zähne putzt
Begattungen in Eintracht und auf Stroh

Ganz wie zu Zeiten Hölderlins
die Brücken nur im Wasser
unversehrt die Kirchen und die Gassen
Zauber Zauber Zauber der
Vergangenheit und Panzerspäh Spähwagen
Flüchtlingsbehörde Herbst Besatzungszone Sonne
Ernährungsamt Konzerte Bibliotheken
Das Studium    Das A me ri ka haus
Die Wandlung
Und Marken Buden Asta Nebenbeschäftigung
Zehn Köpfe auf dreizehn Metern im Quadrat
Gierig nach Stille Buch
eckern Kaffee Schokolade Brennmaterial
So sanfte Tröstung einem
zu tröstenden Volk    Und nichts
empört sich gegen finstere Erfahrung
Wahrheiten wohl zu weh
Vielleicht verklärt schon


*VIII*
*die do genant wird von den bern*
*eines kleynen gewechse*

übergrünt    stadträte
die du nicht gewählt hast
wieder sesshaft
Strafantrag
didaktische Autorität
Kulturschändung
Polizei und Parolen
Herrschaftsmechanismen

Sexualität
Rädelsführerschaft
Kommilitonen
die Solidarität
Manipulation
parlamentarische Illusionen
Kapitalismus Imperialismus Faschismus
Aufklärung der Massen
Strafbefehl
Im Fotoalbum braune Klebestreifen
geh näher ran im Fernsehn massig Arbeitslose in den Kisten
der Supermärkte Zwetschgen Plastikbecher
Scherben ein umgekippter Rollstuhl Bratwurststand
und frische Blumen vor dem Muttergottesbild Bikinis
Badehosen aber schwer und schmutzig von Metall der Fluss
saniert blitzsauber aufgeräumt big mäcs pommes frites
und braungebrannte Burschen schöne Frauen Spekulanten
Makler Junkies splitternackt

was alles früher anders war und schöner war
Wie eine Heimat an Alt Heidelberg sei Dank
Sie ist doch schön
Zieh weiter wer da kann    Gnädiger Efeu
als gäb es nichts Gemeines auf der Welt


∞

*heydelberg von den Deutschen*

Es gibt Städte, die leben im Stein, andere im Bild.
Heidelberg lebt im Wort.
Achthundert Jahre Heidelberg sind achthundert Jahre
Schrift.
Im Werden und Vergehen fixiert die Schrift den Augenblick;
es ruht der fliegende Pfeil.
Diese Collage ist ein ästhetisches Zeit – Messer, mit dem
die Schriftpunkte ausgeschnitten werden, und sie ist der
ästhetische Zeitmesser, der die Zeitpunkte neu zusammen-
fügt. Aus der Spur der Worte, aus Zeugnissen verschiedenen
Ursprungs und Stils leuchtet die gleitende Bewegung des
Lebens dieser Stadt: ›Heidelberg: $\sqrt{800}$‹

Es schrieben:
Oswald von Wolkenstein 1377 / Robertus Gaguinus 1433
(1499) / Sebastian Brant 1458 / Konrad Celtis 1459
(1485) / Petrus Lotichinus Secundus 1528 (1576) / Jacob
Micyll 1503 (1564) / Paulus Melissus 1593 (1686) /
Martin Opitz 1597 (1621) / Joachim von Sandrat 1606
(1680) / Anonymus 1630 / Friedrich Hagedorn 1708
(1752) / Johann Wolfgang von Goethe 1742 (1797) /
Johann Karl David Paul Reinold 1757 (1786) / Friedrich
Matthisson 1761 (1786) / Max von Schenkendorf
1783 (1814) / Ludwig Uhland 1787 (1804) / Friedrich
Hölderlin 1770 (1800) / Joseph von Eichendorff 1788
(1855) / Clemens Brentano 1778 (1806) / Elisabeth von
Österreich 1837 (1885) / Marianne von Willemer 1784
(1824) / Achim von Arnim 1781 ( 1808) / Friedrich
Hegel 1770 (1817) / Jean Paul 1762 (1817) / August von
Platen 1796 (1822) / Heinrich Voss 1751 (1817) / Robert
Schumann 1810 (1830) / Nikolaus Lenau 1802
(1819) / Friedrich Hebbel 1813 (1836) / Gottfried Keller

1819 (1849)/Wilhelm Pinder (1864)/Neue Badische
Landeszeitung 1867/Cosima Wagner 1837 (1877)/Mark
Twain 1835 (1878)/Max Halbe 1865 (1883)/Martin
Greif (1895)/Wilhelm Meyer-Förster (1901)/Bertolt
Brecht 1898 (1920)/Kurt Tucholsky 1890 (1923)/Adolf
Schmitthenner (1907)/Max Weber 1864 (1907)/Richard
Benz 1884 (1902)/Alexander von Bernus (1907)/Edgar
Salin 1892 (1913)/Karl Jaspers 1883 (1961)/Ernst Bloch
1885 (1975)/Ernst Jünger 1895 (1915)/Ernst Toller 1893
(1917)/Gustav Regler 1898 (1918)/Friedrich Gundolf
1880 (1919)/Percy Gothein (1919)/Carl Zuckmayer 1899
(1919)/Hermann Glockner 1896 (1920)/Gertrud von le
Fort 1876 (1956)/Karl Mannheim 1893 (1919)/Harry
Domela (1921)/Walter Benjamin 1892 (1928)/Joseph
Goebbels 1897 (1920)/Heidelberger Tageblatt 1933/Carl
Neihaus (1934)/Hermann Lenz 1920 (1935)/Anonym
(1934)/Alfred Mombert 1872 (1936)/Alexander
Mitscherlich 1908 (1980)/Helmut Kranich (1945)/Walter
Görlitz (1954)/Walter Helmut Fritz 1935 (1975)/Hans
Bender 1919 (1969)/Arnfried Astel 1930 (1962)/Hilde
Domin 1912 (1974)/Sozialistischer Deutscher
Studentenbund (1968)/Volker Müller (1969)/Erica Jong
1937 (1976)/Jürgen Theobaldy 1938 (1976)/Charles
Bukowsky 1920 (1978)/Jörg Burkhard (1978)/Michael
Buselmeier 1938 (1978, 1986, 1996)/Ulrich Greiner 1945
(1982)/Albrecht Seufert 1956 (1978)/Oliver Fink 1972
(1996)

Liegt in der Luft

Kein Foto keine CD. Alles nur
Luftzug und Nase. Frisches Brot
der erste Zwiebelkuchen vom
Blech Hefeteig fedriger Wein

Nüsse schwer und nass
aus den Schalen gebrannte Mandeln
Rostbratwurst mit Senf Eternity
aus der Drehtür der Parfümerie

seidener städtischer Regen vornehm
befeuchteter Staub Reifengummi
reibt sich auf nassem Asphalt Reizungen
aus den Antiquariaten verdorrtes

eitel Papier Laich und Kastanien
Kerzen von den Hängen vom Fluss in
unsere Nasen unsere Phantasie
unsere Umarmungen nachts wenn es der

Tiefe entströmt den Dingen
entweicht und aus Zerbrochenem
stärker drängt aus Zerriebenem
Zerstörtem uns mit äußerster

Leichtigkeit und von allen Seiten
umhüllt flüchtig gestaltlos kosend
beißend durch alle Masken des Leibes
unantastbar ungreifbar verborgen

Galileo und zwei Frauen

1997

The Apostle tells us that in the beginning was the Word.
He gives us no assurance as to the end.

GEORGE STEINER

*In fremden Häusern*

Immer in fremden Häusern gewohnt
und in Wörtern. Angst
etwas könnte mir einmal ganz gehören
Bloß keine Bilder aufhängen
bloß keinen Herd um das Feuer
Flüssig halten die Zeit und dazwischen
Schlaf mit dem Kopf auf dem Koffer
voller Lebnzerschmissn.

## Schlafende Muse

Keines der Bücher die jetzt in Druck sind
wird sie noch lesen können und den Trost
der Bäume nicht mehr erfahren     nicht einmal
aus den Spitzen der Knospen     und der
schöne Augenblick – der ohne Schmerzen –
versteinert sich immer
schneller und liegt dann
unverrückbar einer nach dem anderen
schwer auf ihrer Brust     und ihr Stückleben
gleicht immer mehr einer harten Sache einem
harten Porno     obszön und voller Gewalt und Erniedrigung

Wäre nur nicht so vieles
an ihr noch honig und golden     das spitze Gesicht
unterm Kopftuch     das Gesicht einer kleinen Muse
Warum
liest man sie aus dem Leben mitten heraus
wie einen faulen Apfel aus einem Fass?     Mein Hass
ein fingerloser Ehering der keinem passt

Der Morgen kommt     Ich bin die ganze Nacht
bei ihr gewesen     an ihrem hohen Bett
Sie hat so gern gespielt
ein neues Spiel ein neues Glück va banque
mit sich     den anderen     nach ihrem Kopf nach
ihren Regeln     Alles geht     und jetzt     geht alles
nach dem Kopf des Lebens und seine Willkür
ist Gesetz und alles ächt jetzt alles
fest umrissen     alles     ganz sicher     Niemals

mehr eine Chance das eine oder andere
jetzt oder bald zu wählen
nicht einmal zwischen Kaffee oder Tee    Der Morgen
pfleger kommt    Sie schläft    Ich werde gehen
können    Ich kann gehen
sogar übers Wasser solange das Eis hält oder
im Zimmer bleiben wo die Februarsonne schon wärmt.

Die Witwe meines Vaters

wartete bis die Frist um war
und man sie auf den Gatten
betten konnte. Das sparte
die eine Hälfte von dem Doppelgrab.
Da
neben lag die Mutter mütterlicher
seits auf ihrem Mann. Das hatte
die andere Hälfte eingespart. Ich
ledig floh in eine andere Stadt.

Kölner Bucht

Kölsch Kappes und ne halve Hahn Jupp klüngelt
mit Schäng der mit dem Marie die mit dem
Sozialamt der Bürgermeister mit Düsseldorf
der Kardinal direkt mit IHM große Freude
daselbst über neunundneunzig Sünder – der eine
Gerechte – Jesus soll hier nicht umsonst
gestorben sein. Hl. Ursula hl. Barbara hl. Gereon
hl. drei Könige bittet für mich. Hand in Hand
zwischen Klatschmohn und Margeriten Blumenkohl
in der Luft Porree und Dicke Bunne hinterm Damm immer
hinterm Damm unter der Weide der erste Kuss das
erste Mal immer mit Sand in den Schuhen Kiesel
steinchen zwischen den Zehen den Rhein rauf
bis Bingen im Müllemer Böötsche op
die schäl Sick Reibekuchen mit Krücksche am
Büdchen vorm Hauptbahnhof. Die Großmutter
starb in Pantoffeln und Schürze kartoffelschälend
das Messer in der Hand war schwer
ihr da den Rosenkranz reinzuzwängen. Von 33–45
hängte sie die Kirchenfahne aus dem Fenster.

Spartakus im Rheinland

In Bussen immer in Bussen vom Domplatz
durchs Bergische Land den Rhein rauf
und runter zu den Schau Kampf
Plätzen der Revolution Streuselkuchen
vom letzten Besuch bei der Mutter harte
Eier Kartoffelsalat ab und zu ein
Kottlett paniert ein Lied
auf den Lippen immer ein Lied Maria
zu lieben   wir schützen   Christus   die
Sowjetunion   mein König   der Rosa
Luxemburg   dir allein   reichen wir
schwör ich die Treue   die Hand
lilienrein   bis in den
Tohot dihie Troihoije
unter Spaniens Himmel und unserem
seine Sterne und unsere
Schrebergärten Misthaufen fein geharkte
Parzellen Garten und Zwerge rot um
randet was war nicht alles so rot um
Rand Stein Kante Eternitbauweise Beton
Mischmasch Ine   Ich   war das Arbeiter
Kind und wusste wos lang geht
zu den Beseeligungen der Absolution Leidens
Druck Reifendruck Plakette vom TÜV bis an
mein Lebensende. Ach wie aufgeräumt
winkten wir den Müllmännern Post
Männern Nonnen Putzfraukolonnen unsere
Frohbotschaft zu ließen dä Dom in Kölle
die Kirche im Dorf aber den Kinderglauben

nahmen wir mit Kommune statt
Kommunion Hammer und Sichel anstelle
von Brot und Wein aber Fleisch und Blut ja
und die Auferstehung des Fleisches als Aufstand
der Massen und über allem im Anfang:
Das Wort. Alle hießen wir Holder fragten:
*Leben die Bücher schon?* Und wenn
im Osten nach Regen Donner und Blitz
die Sonne durchbrach nannten wir
ihre Strahlen das Auge Gottes und ahnten
*wo die Gesänge wahr.*

Turnier

Mein Vater der Riese spannt seinen Bogen und lacht
Luftspuren im Kopf meiner wehrlosen Mutter
Nichts nachzuweisen    Blut    sieht wie Erdbeermarmelade aus
Die Sintflut    Becken im Wettkampfformat
Du weißt    Ich kann nicht schwimmen Vater    Hilf mir
Jetzt ist die Reihe an uns.

Lernprozess

Also da bin ich mal wieder
                              unter Wasser Salz
Wasser das alle Wunden
                              aufbricht Salz
des Lebens
               Brot auch
vier Wochen alt
                    Verlangte Tinte
dies zu notieren
                    man stieß mich aber
unaufhörlich vorn Kopf
                              Blut aus Mund und Nase
Reine Lüge
nannte man das
                         als ich schrie
Gutgutgut ihr habt recht
                              Einfach umdrehn
die Bilder
                    schon sind wir
dem Lachen so nah wie dem Weinen.

Hinter den Rosen

frisches Grün an den Spitzen der dunkeln Eibe
Wörter anrühren mit Erde zum Geheimnis
des Weiterlebens bis mich der Tod zwingt
ihn zu verstehen
                          hinter den Rosen    Hitze
in der sich die Silben wie
Kletterpflanzen durch die Dinge
verschlingen    Wirrsal von Wort und Ding
Echo und Schatten    rasend    dass kaum
noch eines den Boden berührt hinter
den Rosen Musik ohne Töne Wörter
buchstabenlos die einzige Form
mich zu wehren.

Für Dorian Gray

Das Herz der letzten warmen Tage das
Zerreißende im Norden dünner Lichtschein
all die schönen Toten weiß über weiß der volle Mond
geht in den Birken auf   Wie sehr
vermissen wir schon jetzt das Unerträgliche
das wir Die Hitze nannten
Rascheln von Schlangen   Schwalben
davongeflogen wie Wörter
aus einem kranken Kopf.

Pfingsten

Niemand hat Lust mehr
die Türe zu öffnen
niemand klappert mehr

mit den goldenen Geräten
zündet Maria zu lieben
die Bienenwachskerzen an

Alte Frauen und Kinder
versuchen mitunter durch die
Ritzen ins Innere zu sehen

verstreun fromme Liedchen
wie Krumen als lockten sie damit
das große Magnifikat wieder zurück.

Für

Gott und alle Engel sollten ihn schützen
Wen   Den der da liegt   Wo liegt   Wo
Gras wächst   liegt er wie man so
auf Wiesen liegt   die Beine ein wenig
gespreizt entspannt   die Sprache
eines Körpers der schläft   die Täuschung
einer Sprache des Körpers der da liegt   Wo
sein Helm liegt   blau   in den Blumen
von denen ich nicht einen Namen weiß
wunschlos traumlos
nie wieder ein Verlangen nach weichen Versprechungen
nie wieder auf roten Tigern über die Champs-Élysées
liegt er
unter dem hohen Warnruf des Vogels
den er nicht hört   In seiner Mulde
zwischen Schlüsselbein und Schulter ein Körperchen
von einem Zoll gebundene Füße
ausgestreckte Arme männlich nackt
auf einem Sterlingsilberkreuz   liegt leicht auf dem
der schwer im Gras liegt   die Augen   weit offen
als suchten sie den Himmel ab   Stechmücken
fliegen hüfthoch auf in einer losen Wolke
zerstreun sich im Gestrüpp   purpurn orange violett.

## Die Hand die streichelt

*Viele versuchten umsonst das Freudigste freudig zu sagen,*
*Hier spricht endlich es mir, hier in der Trauer sich aus.*

Friedrich Hölderlin

*Für Hans von Dohnanyi (1902–1945)*

Wem war Antigone nah? Ihrem Vater
der seinen Vater erschlug? Ihrem Bruder
der seinen Bruder erschlug? Wer sprach zu ihr
mit stimmloser Stimme?
Wem war der Reichsbeamte nah? Der Frau
die leuchtete wenn er sie ansah
Den Kindern wenn er sie vorm Schlafengehen küsste
Wer sprach zu ihm?

Die Hand die streichelt
folgt der Form des Körpers, ihr Liebkosen

Hilfloser als die Frau zu Hause und der Sohn
der älteste der eben in das zweite Schuljahr kam
Vierzehn Gesichter: nackt ohne Deckung Maske Macht
Forderten nicht und drohten nicht. Versprachen
keine Belohnung.

Die streichelnde Hand bedeckte den Leichnam
des Bruders mit Erde vor den Toren von Theben
Die streichelnde Hand fälschte vierzehn Pässe
für vierzehn Reisen nach Zürich

Was dachten sie? Antigone die Braut
kurz vor der Hochzeit. Der Reichsbeamte
der sich so gerne aus der Stadt ins Freie schlug
und mit den Kindern durch den Wald ans Meer

Es war im Sommer. Wind in den Zedern Pinien
den Eichen Linden. So ungestalt wie ein Gewölk
am Himmel dachten sie. Sie dachten nicht.
Weil man zum Denken Wörter braucht

Die sie nicht brauchten. Sie taten ihres wie
vom Stern getroffen ihr Wesen aufgelöst
im Hütersein des Bruders ins Offne strömend

Man mauerte Antigone in eine Höhle vor der Stadt
September lagerte mit reifen Früchten roten Beeren
schwer überm Hügel drin sie sich erhängte
Den Reichsbeamten trugen sie beim Morgengrauen
im April auf einer Bahre unter den Strang
Zwei haben ihn gehalten. So krank schon.
Ein Dritter legte ihm die Schlinge um den Hals.

Die Hand die streichelt löst in uns die
offene wehe wortlose rauhe Liebe
und ihre Asche klopft auf unserer Brust.

# Gedicht

*Für Proteus*

*Denn bald hat man dich als Mann, bald als Löwen*
*gesehen, bald warst du, grimmiger Eber, bald –*
*entsetzlich anzufassen! – eine Schlange;*
*bald machten Hörner dich zum Stier; oft*
*konntest du wie ein Stein, oft auch wie ein Baum*
*aussehen.*

Ovid: Metamorphosen VIII

Schwer zu erklären dass ein Gedicht
keinen Gegenstand hat wie ein Schiff
seine Container eine Jahreszeit ihre Blumen
Unteilbar wie eine Primzahl
Dass es flieht wie du vor der Zeit
und vorbei ist
wenn du zu schreiben aufhörst zu
lesen aufhörst wenn du dich nicht
mehr erinnerst was du gerade noch
warst in einem Aufblitzen
einem Moment lang ein Wort lang
Schilfrohr Flamme Staub Komet
der vorbeizischt ein Schwarm
kleiner Vögel zwitschernd über
uns    alle hinweg    nichts Greifbares
nicht einmal schwarz auf weiß
Höchstens Kindermalkasten
springendes Wasser an dieser
Erde festbinden    Hostie
unter der Zunge Vertrauen

gelassen und blind    Gespielt
auf Syringen    hart wie eine
Brise    so wie an den Hut getippt
Jetzt und Vorbei    Oh
du Angst vor dem Ende endlose Angst
dass alles vorbei ist bis alles vorbei ist
solange wir schreiben
solange wir lesen kann es
kein Alles geben    solange du schreibst
solange du liest sind nur die anderen
für dich gestorben wenn du es liest
wenn es dich liest aus
setzt unter wuchernden
Himmeln Fallobst Septemberäpfel
das Rohe und das Gekochte
das Leere das Gestillte der Überfluss
Hand und Fuß mit Schuhen und ohne
Mann und Frau mit Sehnsucht
und ohne Brotsuppe mit Bier    Jetzt
und Hier    sag was du willst was
willst du    mehr als alles    zurück    und
Für    Immer    Nichts hört auf
wenn du aufhörst zu
Sein    oder?    Nichtsein kann es nicht geben
im Gedicht nicht geben und nicht im Leben
Nimm das Holz aus der Glut    Keiner
den Asche erfreut    Gib Namen Prämissen
Gib Namen    Kleine Unterkünfte über
dem Abgrund gegründet    All die Musik
aus der Stille in Beethovens Ohr.

Abgestellt endgültig abgestellt    Irgendwann wirklich
das letzte Gedicht    Darf keine Trauer sein
Fangzahnordnung für ein paar
Leichenteile kross schwimmend in Katastrophen
und frischer Wäsche
Rosen regnen herab keinerlei
Messersschneiden Ziegelsteine
Mag sein
                    Gefaltete Hände von einem Fräulein
                    die anno Nero schon
                    Bravo Da capo Bravissimo rief.

Nah liegen die Höhlen leicht zu erreichen
Wasserläufe Nester und Schluchten viel
dichtes Schilfversteck Libellenflügel von ferne
Wolfsgebell dringt nicht ins Bild.

Wiedersehen

Ein Blatt aufheben gegen
die dünnste Stelle in den Wolken
in die Sonne halten Rückwärts
erscheint die Mutter scheint
ihr kleiner dürrer Körper auf
hoch oben Kirmeszelt so
trocken wie ein jahrelang
gestorbenes Kuchenherz Lebkuchen
Herz mit abgebrannten Mandeln
gesprungenes Glasur Gesicht noch
immer schönes Haar ganz rot
im Abendlicht als obs der
Heimweg wär so hoch da droben.

## Zittern

Du wirst zittern das macht nichts du wirst
wieder zittern und wieder jeder zittert
zuerst du wirst zittern du kannst
deinen Augen nicht trauen deinen Ohren
zwischen Zischeln und Schielen zittern
zurücktaumeln immer weiter zurück über
alles Zittern hinaus ins Ende keimfrei und kahl
du wirst zittern

Nervenbündel

dass etwas aus dir heraustreibt
was du noch nie gesehn hast
wofür dir ein Wort fehlt
und du das was du von dir erkennst
was du für dich hältst daliegen siehst
ein kleiner ziemlich abgenutzter
Körper Larve im Strickkostüm
aus der heraus eine Bewegung
glänzende Steigung Aufstieg
leuchtendes Driften
dazwischen darüber darunter dahinter davor
berauschender Überfluss strenge Notwendigkeit
Nervenbündel alias Seele
an einem dünnen Faden aus Atem.

Schöne Hände gehabt jetzt
wuchern die Knochen das hängt
nicht von aktuellen Ereignissen ab
Niemand lindert deinen Verstand
am Ende kriegt dich die Erde der Rest
fährt in den Himmel auf so
schöne Hände da oben.

## Über Bord

Der Tag an dem sich die Rose ausdehnte
zusammenzog dehnte in meinen Atemzügen
an dem ich in Gerhard Richters Bilder
hineinging und bei de Kooning wieder
herauskam an dem ich ein schillerndes
blau metallisches Hühnerherz kochte und aß
an dem ich die Schwalben auf einem
Draht in meinen Hinterkopf fotografierte
an dem mir die Sonne am rechten
der Mond am linken Ohrläppchen hing
ich mich mit Rameaus Cousin zum Lunch
traf er mir das Alphabet schriftlich vermachte
wir Kiesel in ein rundes Becken warfen
dass es platschte was einen Schiffbruch
auslöste im südchinesischen Meer
wo sich die Wasserschildkröten jagen und hin
und wieder ein Matrosenfinger der
über Bord gegangen ist    ganz anders als wenn man
in 'n Wald geht mit seiner Liebsten so arm
in Arm und ans Küssen denkt so ganz
anders ist das wenn wer über Bord geht
Musik von weit her weht    du sollst
ja nicht weinen sagt eine Musik
wenn man über Bord geht am Himmel
die Sonn steht überm Kiefernwald all die Nadeln
kreisend krächzend auf dieser alten
Schellackplatte    du sollst ja nicht weinen
Konzert von Mozart Klavier e moll nie
wieder weinen musst du mal über Bord

gehn im Kiefernwald sehr bequem
keine niederen Äste kein Unterholz kein Gestrüpp
schwingender schmeichelnder Teppich gesunder
Duft gesundes Harzherz Nadelsausen diskrete Musik
hoher Vogellaut lüsternes Zwielicht wenn du
über Bord gehst ins südchinesische Meer
tauchst weg von den Schäften der
Schiffe Masten aus toten Kiefern    Haut ab
gezogen weg von den Wurzeln gehauen
und von ihren Kerzen drei Kerzen tät
ich anzünden    Wer leuchtet dir    wenn du
über Bord gehst weder Lianen noch Seile
kein Nordlicht kein Stern    und bei de
Kooning wieder herauskommst.

*Penelope am Webstuhl*

I

Ich bin die
die wartet und webt
den Faden zwirnt
die Fasern färbt
die Farben des Fadens nach meinem Gesetz
die Farben der Klage die Farben der Lust der
Leber der Niere der Liebe des Darms
des Erbarmens der Trauer des Sonnengeflechts der
Zirbeldrüse des Neides des Hasses des Harns
der Raserei und der Demut
Die Farben des Menschen
Meine Farben Penelopes Farben
in die Oberfläche des Stoffes


II

Das Muster farbiger die Fäden reicher
Das Reiche fester wie das Feste weicher
Nichts für ein teutsches Kostüm
Was die Substanz verbirgt der Stoff verhüllt
soll sich im Muster zeigen
als verberge es was es enthüllt
So groß die Angst DAS MUSTER zu versäumen
Ins Leere springen
immer Männer und Frauen
schön wie Frühling und Sommer unter Pflaumenbäumen
Ulmen umwerben erobern umweben winden
den Löwenzahnkranz für ihr Haar
warm schon die Luft grüne Blattspitzen
bohren durchs feuchte Erdreich warm

schon die Luft Vogelruf trächtige Muttertiere
Saftschächte in den Stämmen der Bäume
Das Sausen des Wassers zwischen Borke und altem Holz
Roter Faden in die Verheißung der Fülle
Nur nicht aufdecken all das Prunken
mit dem was nicht ist
Noch nicht ist


III
Ich bin die
die wartet und webt
Webe nicht weil ich warte
Verkleidet in Warten webe ich
Solange ich webe lebe ich
Weben ohne Taktik Kalkül Weben
blind wie das Leben im Frühling
Und immer
auf der Jagd nach dem
was ich noch nicht gewebt
Immer größer die Gier
nach dem Nicht-Gewebten
je mehr ich schon webte
Und jedes Weben ist Vernichtung
des Nicht-Gewebten

IV
Darum
darf kein Fertiges sein
Kein Telos kein Endzweck keine Vollendung
Daher
ich jede Nacht das tags Gewebte
mache wieder nicht gewebt
Hörte mein Weben auf
Penelope wäre nicht mehr
Nicht Anteil habe ich an dem Gewebe
Ich bin Seinteil
Und während ich es webe webt es mich
Macht' ich es fertig
Macht' es fertig mich
Darum
aufreißen alles
mein Ich aufreißen zerpflücken zerfasern
und neu zusammenzwirnen
immer wieder neu
Und jede Nacht die Stimme die mir sagt
Verzweifle nicht du wirst es
schließlich finden: DAS MUSTER
farbiger die Fäden reicher
Und die Vollendung auf den Knien
vor der Muse der Zerstörung

## Die Hirtin zu Penelope

War eine Zeit da hüpften die Wörter wie Lämmlein ins
Haus wie auf grüne Weide lachend und scherzend auf
ihrer Reise durch Nacht und Sterne ans Messer – ich
Hirtin sie lässig zu drehn und zu wenden und wieder
hinaus zu Spiel und Braus und in hübschen Paketchen in
Strophen wien Stückchen Schocklade zartbitter mit
Nüssen und Mandeln voll
Milch schleckte man sie als Nachtisch zum Leben

Dann kam der Trott. Sie kamen in Scharen im mittleren
Alter süchtig nach ihrer Versklavung was sie für
Verewigung hielten Schlachtschafe mit schwerem Tritt
und Gehirn. Dann wurde das Wasser knapp Seuchen
untergruben ihre Moral

Eine Zeitlang blieben sie fort. Jetzt kommen sie wieder
schleppernd umkreisen mich suchen in Fußnoten
Unterstand scheinen genügsam und scheu. Locken
lassen sie sich wie verlorene Söhne aber struppig und
grau unterm Pelz witternde Rudel verhaltenes Geheul
Zähne Wolken zu reißen


V
Manche lassen sich hören:
Komm hinunter. Längst
gibt es Gewebe genug. Komm hinaus
Iss und trink mit uns, Frau.
Tun besorgt mir die Mühen abzustreifen
von den müdgewebten Armen

Andere schmeicheln mir: Lass uns Schöne
dein Schöngesticheltes sehn
rotes Kitzelgewebe verliebter Versesfuß
Distelkuss Erdenkugelgewebe
Nein sag ich kein neues Gewebe
Mich lockt kein neues Gewebe
Ich sorge mich nicht um
mein neues Gewebe. Aber
Weben will ich. Weben muss ich. Weben
All die Fäden in mir mit ihren
Schatten Flecken und Schlacken
All die Fußstapfen Kohle- und Kreidespuren
Stadtpläne Kindergesichter
aus nächster Nähe Hyänen und Hypothesen
aus lebendigem Perlmutter Scherbenschnitte
Weben. Weben bis es nicht mehr weh tut
und nicht mehr die Erinnerung daran. Weben.
Den Knebel lösen in Muster
voller Schnäbel mit Gesang


VI
Und wenn er nun käme? Er
diese himmelblaue Chimäre
dieses Blaue vom Himmel herunter
erzählte Gespenst?
Um dessentwillen
ich die bin
die wartet und webt

wie alle Welt glaubt
Wie ich mich fürchte
vor seiner Wiederkehr
dem Feuerkleid seiner Hände
Vor seinem Mund auf meinem Puls
seiner liebeskranken Nacktheit
Nicht länger wäre ich die
die wartet und webt
Nur noch Seinweib
Und tot Penelope
die Weberin


VII
Er kommt er kommt
Mag sein wie eine Hand
in meinem Haar so zärtlich unverhofft
Er kommt er kommt
Mag sein wenn meine Fäden aufgezehrt
mein Muster nur noch
Stückwerk Schemen Mumientuch
brautfarben endlich leichenfarben
narbenweiß
Er kommt
Bis dahin aber
mein Schiffchen frei über Kette und Schuss

*Nietzsches Wette*

Verloren

Warum ich nie von Liebvaterland singe    Lieb
Vaterland träume statt Bäumen Blei
stifte pflanze Seifenblasen ernte im Herbst ach
einst trug ich Zöpfe glaubte der Himmel
stünde links von der Mitte Engel in Blau
Männern vollgetankt mit unverbrüchlicher Wahrheit
dass kein Herze mehr blute. Auf höheren Befehl
strich ich die Adjektive dann das Objekt endlich
das Prädikat allein das Subjekt hielt
sich bedeckt    Später
mit Lüge gebrandmarkt schlich es davon
Ich floh in die Luft hangelte mich
in Vierzeilern durch und unregelmäßigen Rhythmen
ins offene Auge    Seither Sprechversuche ohne
Versprechen die Faust geballt um ein Alphabet.

## Augenblick im August

Schreiben was soll ich schreiben
Heiß heute – Keine Gewerkschaft die für
mein Kaltgetränk kämpft Trauermantel
auf Purpurhut klingt gut steht aber
in keinem Bezug zum Weltgeschehn
wenig soziale Rellwanz
in Zitronenmelisse und Majoran gehört
eher inne Leberwurst als innen Gedicht
Also halt doch die Klappe oder nimm dir
was vor zum Beispiel Staatsdiener
geben immer was her. Tusch. Oder
Wald vom deutschen bis Regen. Oder
irgendwas Aussterbendes Blumen
Tiere Bäume. Tusch. Hunger
am besten in Ländern mit A. Kinder
Sterben in Großbuchstaben Kaposi Syndrom Haupt
Sache zur Sache die Sache
kritisch gesehen die Erde ein Jammertal aber
mit Wasserspülung Lohnfortzahlung Klimakonfrenz
Zeilen Zeilen Zeilen durch das Leid auf Kredit. Mensch
Heil statt den vor der Haustür oder dieses
Gekröse in der eigenen Brust bloß nicht
zu nah bloß nicht Schreiben mit einer Hand in
der Wunde oder auf Messers Schneide.
Bloß keine Verse mit der Hand in den Sternen
oder auf Taubenfüßen. Gestern hast du den ersten
Leuchtkäfer in diesem Jahr gesehn? Gestern küsste
dein Mann das Fell einer anderen Frau? Gestern hast du
die Stiche im Arm deines Sohnes gesehn?

Sahst wie Abel den Bruder erschlug Kleider und Pässe tauschte?
Gestern brachte deine Frau ein gesundes Kind zur Welt?
Tut nichts zur Sache. Der Menschheit. Halt ein
lautloser Augenblick im August ausladender Mittagsbaum
über den späten Rosen und der Himmel
da droben wie ist er so weit und verborgen.

## Lob des Konjunktivs

So als ob das Licht so als ob die
Wärme als ob die Farben so als ob
das Ganze noch einmal als ob das Ganze
für immer und immer noch einmal so
als ob es nichts Trennbares gäbe den
Trennschnitt nicht gäbe von einem
zum anderen Blick als ob von so einem
zum so anderen als ob so wie ewig so als ob

Nietzsches Wette

Leichter Schneefall setzt ein nahezu
Mittag verdüsterte Himmel die Baumwipfel
Flüstern die Krähen schrein ein Gespräch
Das sich fortsetzt Elstern
Für immer in jedem Augenblick
Schwirren Flugs

Mit einem Buch

              sich immer weiter aus der Welt
heraustasten heraustexten
Erst   die Fenster verdunkeln
dann   das Gesicht   vor allem die Augen
die nicht auf dem Weg sind
als sei niemand zu Hause
Dunkel und still   Innen aber
erleuchtete Fenster und wie
einer mit dem Leben   davonkommt
die letzte Seite glatt überflügelnd

Mann im Mond

Und du
zu kostbar um als Zeugnis
einzugehen in Dichtung erster Hand
als wärest du ein Ding der Phantasie
geschmeckt gekaut hinabgeschluckt
verdaut verwandelt wie der Mond
so hell und klar und kalt so worte
fern nur noch mit Schutzanzug Raketen
Helm Grammatik zu erreichen
und in den Ästen überm
Dach vorm Haus so saftig anzusehen
dass jederman reinbeißen möchte wie
in 'n frisch gepelltes Früchtchen Poesie.

Abendländisches Preislied

Komm auf die Schaukel Luise Sils
Maria und Golgatha da ist es ja
wieder das Lyrische Ich es ist ja immer noch
oben und drunten und plötzlich da mit

lautem Aufschrei und ohne
Ablass nur für Sie
im Schlussverkauf das Ende des Ex
Hopp gehts weiter im Text von Bethlehem

den Preis verleiht die nächste
Zeil – new style passé fini –
schenkt man sich Rosen in Vichy
Rosen vom Pakistaner.

Im Kopf

Es beginnen die Finken zu schlagen
Hast du gehört? Wieder mehr als fünfzig Tote
Der Täter sprengte sich mit
in die Luft. Wo? Jerusalem

Es wird Frühling. Darauf kannst du
dich verlassen. Wärmer auch.
Im letzten Jahrhundert durchschnittlich
0,7 Grad. Wo? Auf dieser Erde

In Hamburg räumt man jetzt
die Bettler aus der Innenstadt
Die Ziele sind in Sicht. Hast du schon
eins gebucht? Ist aber nur mit Rückflug

zu haben ohne festes Abreisedatum. Sprich
lauter. Du bist schlecht zu verstehen. Ein
guter Mensch ist schwer zu finden. Sagst du.
Der Neffe zweiten Grades hat sie

mit seinem Taxi zweimal überrollt. Sie wollte
kein Kopftuch tragen. Wo?
Ist doch egal. In England irgendwo. A.
ist schon wieder schwanger. Neun Teilchen

Anti X Materie sind schon gefunden. Du kannst
nicht jedem nächsten besten in die
Augen sehn. Der Mann in Kyoto der
dir folgte ins Hotel. Unschuldig. Du

musst mir glauben. Wo? kämen wir
da hin? Da um. Du kannst dich drauf
verlassen. Still Still. Und immer schneller
die Windmühlenflügel in meinem Kopf.

Tortenguss

Wohl dem der eine Sache hat gerade
so groß dass er drin aufgehn
kann und da und von und unter
der Hand ihn in Bewegung setzt
so dass er andere mit sich fetzt rein
in die Sache aus der Sache bei der Sache runde
gute Sache große Sache feine Sache Torte.
Viele mitreißt nur die Sache dient der Sache
wer sie hat tut nichts zur Sache sagt
der eine Sache hat. Oben
guckt er aus der Sache
raus wien Sahnehäubchen.

Manche freilich

Dass sie dir deine Wörter im Mund umdrehn bis
dir die Zähne rausfallen dass sie dir
deine Wörter zerreißen bis du sie nur noch
auffegen kannst in 'n Müllbeutel
weg damit dass sie drauf rumtrampeln
oder sie in einen Käfig am Kirchturm hängen
bis sie verdorren dass sie dir deine Wörter
biegen und brechen aufknüpfen wie Galgenvögel
dass sie das alles treiben solange bis sie
glauben dies alles sei ihr gutes Recht und
dass sie mehr sind als ausm bisschen Druckerschwärze Scheiße.

Grüne Bohnen

Gruß an Cicero    Haben Sie ihn schon geritten    Zaumzeug und Sattel
straffe Metaphern Metonymien präsentiert wie eine Opferschale
auf oder ab    steigender Ast mit blauem Damast überzogen
zur Seite weichen    gewinnen    sich verdrücken    Staub
Sonnenschein ein singender Vogel    die Erde ein Monstrum
aus roten fleischigen Herzen pulsierendem Blut
ihr sinkendes flutendes Haar
ein dumpfer Knall    und noch einer    Hundegebell    wir sind
raus aus dem Schneider    jetzt hätte ich fast
die grünen Bohnen vergessen.

Hymne

Manch Trennendes im Weg dem
was ein einig Liedchen werden will für tausend
Zungen. Pfingstwunder März und eine neue Rundschau Inter
Pret a Port Ionen alter Grenzgebiete täglich von neun bis
siebzehn Uhr vertreten wir die Jugend die Heimat und die
Nationalität. Carefree. Heut abend großes
virtuelles Feuerwerk. Naturgemäß. Noch
Sätze frei. Bewerben bei Frau Föiton. Sektion
Texturschrei Halleluja Allah Om.

So eine weiße Schulter angesichts
gesellschaftlicher Überreiztheit kann
nicht ohne schöpferische Reize sein Ekstase
so eine Süße deren Motor Wille ist und
was die weiße Rasse angeht weiß
ich nicht warum ich immer noch ein
Fotograf bin der für euch die
Schultern und das Weiße knipst zusammenstellt
als wärs ein Stück von mir.

Mein linkes Auge träumt. Das rechte
wacht. Das Ticken in der Stirn
nimmt zu. Die Zungen Messer
scharf trennt von der Liebe

Not bleibt da
wo es mich zerkratzt hat
weiße Narben. Das Seil reißt
ab. Der Aufschwung steht bevor.

Herzfressen Soroh

Jetzt bist du dran mein Herz zieh
deinen Trenchcoat aus und mach
die Lippen auf weit auseinander Knie
auch und Knöchel helles nacht

langes Licht Getümmel wie
aus Apfelsinenmarmelade so zer
stückelt und so zähnesüß zerrieben rie
sige Achselhöhle Schutz und Schelter

Runddach so kuppelig so blond
und blank so schweifend wie ge
schlossen so baldachinen thront
dein Bauch so Rippenbogen hochbe

lohnt Durchreise drunter krauses Haar
wie Draht fleischrote Herzenssaat so
hier in mir und nicht in mir paar
hufiges Zweirückentier am liebsten so und roh.

Gut Kirschen essen

Wenn wir die Frucht mit Zunge und Zähnen
zerstören Zerstörung genießen zerstören
müssen wo wir genießen bis alles
versehrt ist verzehrt ist in fremde
Essenz überführt ist feindliche
endliche Kernsiege und wir
verzehrt sind restlos verzehrt sind
oder mit so viel Kraft noch unser
eignes Verzehren uns zu besingen zweite
Natur Melodiengespenster Perücken
aus Lebendhaar überm Leierkasten
der sich langsam dem Ende der
Sackgasse nähert dem Wasser wo er
sich spiegelt mit Kurbel und Rädern
unstetes Häutchen oberflächlicher Farben
und Formen beinah ein Menschengesicht
und wieder die Frucht vortäuschend
das Essen der Frucht und das Singen
solange die Töne nicht stecken
bleiben im Hals wie ein Kirschkern aus
spucken wieder beginnen immer
leiser? immer? bestimmter?
aus dem Mund? aus der Leier?
dem Kasten?

*Ballade von Galileo*
*und zwei Frauen*

Ballade vom Mann daneben

Wunderbar schöner dicker Mann – neben blauer Hortensie
Kümmel zwischen den Zähnen aber mit Haltung
Und Zweigangschaltung in der Gebetsmühle so
Stell ich mir die Liebe vor im Eichamt

Bevor dies Nagen und Lecken beginnt dies
Nagen und Lecken der Wellen am Strand dies Jagen
Und Feuermachen am Herd Zahnlücken und
Haarausfall. Es war einmal ein schöner Mann
Ein dicker wunderbarer Mann so fangen alle
Märchen an – neben blauer Hortensie.

## Ballade von der Prinzessin

Sie pfeift auf den Prinzen es lebe
Der Froschkönig Tritt in die Eier Verwandlung Sein
Strohblondes Grinsen ihr weißes Gesäß Liebes
Fall untern Hollerstrauch. Schwanger.
Sie wurden in Düren getraut. Später
In ein seiden Tuch
Knöchlein sein fein abgenagt Machandelboom
Da drunten.

Ballade von Kleopatras Schlange

Eine schöne Seide   Fühlt sich gut an   Das
Sterbebrüstchen ist schon aufgedeckt.

Ballade von den Füßchen

Klimpern trippeln ruckedigu Riemchen
Kreuzweis und weibliches Wesen
Kirschrot schöne Fesseln    Knie    Kichern
Unter den Wimpern lila und blau
Kommt die Stunde sie kommt zu
Ihm kommt eine geschlagene Stunde
Mit rosigen Füßchen die Erde betritt von
Hinten wippend beinahe lautlos schmerzlos
Röcheln huschen vertuschen sie kann
Kein Blut sehn Finger Flügel Füßchen
Spuren nie.

Ballade von der Frau am Meer

Tritt vor die Tür vom Wienerwald und schüttelt
Geruch nach heißem Öl Geflügel und Pommes frites
Aus ihren blond gefärbten Haaren

Sie reckt die Arme aus den Schultern übern Kopf
Und teilt die Luft wie eine Schwimmerin

Gelb ihre Haut und um die Augen Schatten
Sie lächelt aber ganz wie eine Braut so

Auf dem Asphalt die Autoreifen rauschen
Als führen sie am Meer entlang

Wolken ziehn. Ein Sonnenstrahl genügt
Ihr einen ganzen langen Sommer vorzumachen

Sechs Wochen ist es her dass man den
Knoten unter ihrer Zungenwurzel wegschnitt

Jetzt schmeckt die ranzige Luft wie
Fichtenduft nach einem warmen Regen ihr.

Ballade von Mutter und Kind

Kurz nach dem vierzigsten Geburtstag
Hat sie es erfahren. Ihr Sohn ist acht
Und seither bei der Tante. Erst hieß er
Mehmet. Dann verschwand der Vater. Jetzt
Heißt er Johannes. Die Chemotherapie
Ist abgesetzt. Beim ersten Wiedersehn nach Wochen
Riss ihr das Kind im Spiel die Mütze runter.
So weich die eine Schädelhälfte
Wie ein Säuglingsgaumen und spitz abfallend
Bis zum linken Ohr. Oh hier rief er und strich
Der Mutter übern Haarkranz hinten. Hier fühlt sich alles
Ganz wie früher an.

Ballade vom Existentiellen

Als wüsste man wenigstens diesen Vormittag noch
Zu deuten vorm Fenster die Eiche links Fax rechts Telefon
Orangenförmig angeordnet die Welt im Internet press enter
To continue der Briefträger bringt ein Paket mit Lyrischem Ich

In fünfundzwanzig Bänden schlamasselförmig angeordnet aber
Das Gesamtregister fehlt. Die Wissenschaft hält sich
Noch ein paar Seiten. Dann wird es spät und Wissen
Ist gewesen ein Spitzel mit Perücke und Pro
Thesen Gras drüber Contra nichts als Gras
Handcoloriert Glasur.

## Ballade vom Schriftsteller

Er hat es wieder getan. Bei Brot und Wein im Monden
Schein im Sonnenschein. Allein. Kann nit
Verstan. Das wahre Sein. Pfingstrosen Asylanten
Heim die Augen gingen ihm über
Die Schreibtischkante hinaus und zurück ins
Als ins Nichts ins Kinkerlitz mit Kraft Süß Spreng
Stoff Aberwitz. Er tut es immer wieder.

Ballade von dem meisten Mann

Der meiste Mann hat eine Frau
Im Haus und in der Hosentasche
Eine Schachtel: Drin kleiner
Tisch zwei Stühle Bettchen und eine

Kleine Frau. Die holt er
Manchmal raus und haucht
Sie an bis sie
Lebendig wird mit ihm

Zu spielen so
Lange bis der meiste
Mann ganz nahe dran ist
Dass er weinen muss.

Ballade von der Komtesse

Ertrinken Mondschein Liebeskummer
Sie dürfen dreimal raten. Die Komtesse
Ein Mensch begibt sich in das
Und versinkt. Die Strömung wälzt
Ihn um und zieht ihn weg
Kadaver. Obduktion. Zwei Tote
Das soll die süße Frau Ball
Königin gewesen sein?

Ballade vom Opferlamm

Schlag mich
Hauptsache ich spüre dich
Töte mich wenn ich nur lebe
Du brauchst keine Bomben
Dein Lächeln von Schläfe zu Schläfe
Dein Schweigen
Mach mit mir was du willst
Solang dein Totschlag mich am Leben hält
Komme ich wieder
Jede Nacht.

Ballade vom Eingewiesen werden müssen

In eine Nervenklinik eingewiesen werden müssen
Bitte Warten – Der Teilnehmer meldet sich nicht
Die Ergebnisse der Untersuchung sind noch nicht bekannt
Mal Hier mal Dort im Hier und Jetzt
Wenn's das bloß wäre – Pass doch auf!
Zusammenhalten – beißen – stehen – schlagen. Lüg nicht!
Niemand in diesem Haus hat je auf dich geschossen.

Ballade von Angesicht zu Angesicht

Erst als es durch die Tür stank
Die Schurwolldecke bis hoch unters Kinn
Gelbbraun karierte Filzpantoffeln
An den aufgestellten Füßen

Ihr Kopf auf einer grellgeblümten Nackenrolle
Jetzt sah ich ihr Gesicht
Zum ersten Mal. Ich hatte
Ihr nie ins Gesicht gesehen

Sie roch nicht gut
Wenn sie die Treppen hochkroch
Ich rannte immer schnell
An ihrem krummen kümmerlichen Leib vorbei

Keinerlei Zeichen äußerlicher
Einwirkung von Gewalt.

Ballade von Galileo und zwei Frauen

Der Job der Mann das Kind das Schreiben alles
Unter einen Hut – es geht nicht mehr.
Drückt eine Zigarette aus und macht
Die nächste an. Noch ein Glas Wein.

Wir sitzen im Da capo. Das erste
Teleskop zeigte die Zacken an den Rändern
Des Mondes – kein schönes Muster
Vielmehr wüst zerklüftet. Verlassen

Sagt die Freundin will sie ihn und reckt
Die Gabel vorwärts. Frei sein. Ich habe
Auch schon einmal einen Mann
Verlassen. Die Sonne

Nicht die Erde ist das Zentrum. Er
Weinte. Und ich konnte ihn nicht mehr
Berühren. Chianti Saltim bocca ein Salat. Goldenes
Licht durch hohe Fensterscheiben. So junge Arme

Eines jungen Mädchens am Nebentisch um
Einen jungen Mann. Hat eine Frau wie meine Freundin
Einen Arm zuviel einen zuwenig? Sind
Wir denn Monster? Sind wir unersättlich?

Die Priester gegen Galileo verweigerten
Den Blick durchs Teleskop, beriefen sich auf Gott
Und auf die Ptolemäer. Dort waren Teleskope
Unbekannt. Die Nähe des Geliebten. Unser Haus

Milchflaschen vor der Tür. Die Erde eine Scheibe
Schwarzbrot mit Heidehonig. Holst du
Das Kind ab? Bring die Zeitung mit. Das
Und das andere – das mit

Dem dritten Arm. Am Schreibtisch. Alleine
Mit dem Ungeprüften. Besessen selbstvergessen
Hielt Galileo seine Augen in die Finsternis. Jupiter hat
Vier Monde. Schlug jede Warnung in den Wind.

Als er alt blind verstummt war fragte ihn
Ein Schüler ob er wirklich widerrief: Ja
Sagte er, sie zeigten mir die Zangen und
Meinem Körper graust vor Schmerzen. Ich kannte

Eine Frau die hörte mit vierzig auf Klavier
Zu spielen: Pillen Elektroschocks zum Schluss
Ins Wasser, die Tochter nach fünf Kindern
Fing zu malen an. Krebs und mit fünfzig tot. Ich

Bin ihre Tochter. Mein Körper fürchtet sich. Die Sonne nicht
Die Erde steht im Zentrum: So Galileo am Ende. Und:
Jupiter hat drei Monde. Dies als Gefangener
Im Kerker Kerzenlicht und immer

Schneller erblindend. Zahlen. Und sie
Bewegt sich doch. Es wäre schön gewesen
Er hätte diesen Satz wirklich gesagt. Draußen
Am Firmament der gute Mond. Von

Klüften keine Spur.
Ganz weich ganz
Wie eine runde Sache.

*Wer sagt dir ob*

Wer sagt dir ob

nicht ein leichtes Winken der Hände
ein leichtes Murmeln der Lippen
ein Augenzwinkern aus dir
ein Grasbüschel macht einen Vogel
der aus den Sternen auf dich herab
scheißt oder ein anderes gottähnliches Wesen

Weiter Weg

        übers Feld    Kluft zwischen Fuß und Fuß
Kraftfelder voller
Bedeutung   Du denkst
du kannst noch einen Satz errichten
Solange du noch bei Bewusstsein bist
den stummen Augenblick nicht überhörst
solange noch
kannst du Isolde Tristan anvermählen
und viele Kinder Enkelkinder schenken
und wenn sie nicht gestorben sind so haben
sie nie gelebt um eine Nacht
der Liebe sink hernieder   und immer
herrischer die Pausen zwischen Ton und Ton

Frau in Blau

Fernes Beben der Erde der Hand    der ganze
Körper bebt in feinen Pinselstrichen
Beben gebahnt durch Sehnen
und Muskeln Gewebe
Samtmieder Halsband Spitzenhäubchen
schwer wie der Weg
den sich das Wasser aus den Steinsgeschichten
bahnt    ins Blau    aus reinem weißen
Schweigen leinenblassem Schweigen
in blaue Erscheinung blaue Fluchten
aus Kindertagen ins dreißigste Jahr
innerlich von Weinen geschüttelt müde
von so viel Form und Befreiung.

Dichter frischer Regen

Geist bewahren ruhig und frei leicht
wie dein Haar aus dem Halbschlaf weht am Morgen
über die Seite wo du gerade
im Leben stehst    wieder von Anfang an
Deine Wolke regungslos unterm Wind
senkt sich herab    jetzt keine Bewegung
der erste Tropfen    jetzt möchtest du weinen
oder eine Stimme hören die sagt
dass es anders nicht werden kann.

Eichenduft    Leichtigkeiten
von alldem was an den Schlaf rührt
Spitzen der Sonne zugekehrt
aus der Erdenge Luft atmen silberne
Spitzen scharf wie aus
Stahl gestochen
Ahorn ein Einzelgänger    seine Samen
Flugkörper weit weg

## Satz am Bau

Wer aus dem Kopf geht wo
kommt der an? Zerstückelt
die Wege zu den Festen unter
der Hirnschale. Scharfe Einlass
kontrollen. Nur für geladene
Gäste die keinen Satz mehr
zu Ende bringen bei Tisch
dann endlich ein Gespräch
über Kunst aus dem Kopf.

Wie schnell

ihr euch zufrieden gebt
mit meiner Echthaarperücke
Echthandprothese meinen
hautechten Berührungen
während ich ununterbrochen
bei den Buchstaben bin
die Nuancen alles
Lebendigen immer genauer
umzingeln zu lernen
Nur meine rechte Hand und
höchstens so weit
aus meiner Höhle
bis auf dieses Papier.

Zwei mal eins

Dann endlich treffen Ich und Du im
dritten Band der Evolution zusammen. Ein jeder
fragt sich wer der Neuankömmling ist
mit den zwei Köpfen ineinanderfestverhakten Köpfen
die wachsen wachsen hecken
von einer Seite auf die andere
von einem Ort zu keinem Ort zum anderen
so lange bis im Räderwerk der Schöpfungsmühle
Ich und Du mutiert: Wirtier
mit zwei Gehirnen und zwei Herzeleiden.

Stückwerk

Vorwärtsstoßen immer
ein Stück weiter vorwärts bis du
die Trophäe erreicht hast ein Stück
das in dein Mosaik passt
buntes Zeug aus allerlei
Vorwärtsgestoßenem. Vorwärtsstoßen
immer ein Stück
weiter vorwärts bis du
das Stück erreicht hast das
letzte Stück in dein Bild passt
wo er auf dich wartet
dich vorwärtszustoßen
das letzte Stück

## Hypothetisches Sonett

Wenn wir tiefer atmeten langsamer
gingen ruhiger führten unsere Augen
von einem zum anderen nur noch leise
sprächen und selten: ewig lebten wir

nicht aber ein bisschen ewiger doch
wie das Meer vielleicht oder sogar
wie Worte und Sätze vom Meer
oder dieser eine Nachmittag heute

an dem wir einander vergessen machen
was anderswo auch geschieht
dauerte sagen wir drei bis vier Wochen

die wiederum ein paar
doppelte dreifache Jahre oder
wenigstens: Jetzt.

Exponat

Meine Erinnerungen kreisen
in deinem Kopf meine rechte Hand weiß
um das Tun deiner Linken ich habe deine
Wörter erfunden und du die meinen Wörter
des Traums der Kindheit des Todes Codewörter
große und kleine des Tages der Nacht.
Was ich dir versprach hast du gehalten von
deinen Wunden die Krusten lösen sich
von meiner Haut. Wenn wir uns
nicht mehr wehren können
werden sie uns präparieren studieren etikettieren:
Paarwesen. Ausgestorben. Nicht artgerecht.
Ein Fehlschlag der Natur.

Alpenglühen

Weißt du noch
auf dem Abstieg ins Tal
nach diesem Nachmittag
über den Höhenweg
Schritt für Schritt wie
in alter ehelicher Gemeinschaft

Und wir hatten beschlossen
uns Lebewohl zu sagen

Als der Pfiff eines Murmeltiers
diese Explosion auslöste
unsere scharf umrissenen Ränder auf
zackte dass wir fühlten etwas
rieselte unaufhaltsam aus
unseren Eingeweiden wie Katzengold funkelnd
Und die glühenden Bergspitzen
sich in unsere Herzen verkrallten

Bis es sich wieder zurückzog
Die Ränder sich schlossen
Die Gedärme wieder in ihren Schlingen gesichert
Und wir nur noch darauf bedacht waren
den Abstieg hinter uns zu bringen
als hätte uns jemand
ganz gewaltig über den Löffel balbiert.

Ausflügler sein

                              nicht zu weit von zu
Haus im Gehege und heiterer Luft
unter anderen    Stimmen vielfach
undeutlich freundlich    Lachen
losgelöst von den Lippen wie fliegende
Ameisen spazierengehende Füße Arme
auf Lehnen auf Bänke gebreitet
bummelnde Grüppchen zielloser Aufschwung
von Möwen und Gänsen müßig
gängerisch wir unter Hüten aus Stroh
Trinken auch und Essen aus Körben
auf Steingrasplatten da wo der Boden
sacht abfällt im verlässlichen Schatten
des Ahorn Kinder mit Bällen und Hunden
in Wollgrashöhlen verschwindend
malerisch landschaftlicher Bewuchs soweit
unser Auge reicht
Später zurück über kleine waldige Hänge
im dünner werdenden Licht
spüren wir wie sich unsere Träume
vermengen wie zuvor unsere Stimmen und Blicke
und wir alle zusammen Einlass begehren
dorthinein
wo die Erzengel jauchzen und Beelzebuben
abklatschen wie Fliegen.

Wie sie es nennen

Zwei Blätter an einen Baum geklammert
ehe es kalt und schwarz wird    Winter
wie sie es nennen    Und eine Stimme ruft
von der Zinne    nach dir    nach mir
in einer dunklen Sprache    Sprache
der Krähenschwärme    Sprache aus Schnee
Sprache die in deine Ohren und meine der Wind bläst
Sprache die löst dich von mir
Sprache die löst mich von dir
ehe wir sie verstehen oder den blattlosen Baum
oder wie es im Winter ist oder sogar danach noch.

Tee

Erste Ahornblätter trocken und braun verbogen innen
nach innen außen nach außen und ungleichmäßig
auf eine Terrasse mit roten Platten viereckig
und sauber gefugt keine Stelle ausgelassen zwei
Risse darauf die Blätter gekrümmt wie
beschrieben treffen auf Platten und Fugen drei vier
Sätze macht jedes Blatt wie wild geworden wie
lebenskräftig wie in ein anderes verwandelt nach so
langem Blatt am Baum jetzt Heuschreck oder
Amsel in Hecken drei vier Sätze dann starr
auf einer Platte oder zwischen Platten und Fugen bis ein
Windchen ganz kurzfristig kurzatmig über sie her
geht sie hin und her legt geschwätzig schnell
umdreht sehe ich neige ich meine
Tasse zum Mund was noch am Baum
steht im rotbraunen runden Tee.

Drachensamen

Jeder braucht einen Ort wo er hingehört
stecknadelkopfgroß im Weltatlas
das Stöhnen der Wörter
die ihre Dinge verloren oder ihre Bedeutung
Wörter die alle Hoffnung aufgaben fortgingen
oder in Körbe verfrachtet in Kellern lagern
strenge Formen reimverschnürt wie manche Dinge
auf die wir uns keinen Vers mehr machen können
keinen Vers mehr aber ein Verb vielleicht
etwas das mich über dem Felsen festhält
oder mich vorwärtsschubst
wie ein Kind: Sieh zu dass du weiter kommst

Brief aus Arkadien

Wir alle leben hier mit jungfräulicher Kehle    Kein Wort
in dem Schreckliches steckt von dem was dahinter
Hinter all dem Zitternden Zugeschnürten Unterirdischen
Sich Regen Rumoren    Ein Wort mehr    und es küsst
Noch eins    und es tötet    Auch sonst
geht es hier zu wie im wirklichen Leben.

Frucht in der Farbe der Luft

Aufschrein Magnifikat
reines Hinausschrein was unterm
Himmel abbrennt blitzender
Augenblick lauschender Augenblick
duftender Augenblick – die Hand auf
eine Blüte legen ein Blatt und die
Hand vibriert füllt den Körper mit
Wellen Gesängen sinnblinden Silben
Schwingungen Mischungen runde sich
überlagernde Linien auflösend das
harte Wort auspressend das harte Wort
wie eine Frucht Saft eines Augenblicks
schlürfen wie man einen fremden
Mund schlürft den Speichel Rohstoff
unsinniger Harmonie Energie der
Erde in sich hineinschlürft der
Erde verschrieben das Offenbare täglich
neu registrieren    und die Kämme knistern
in den magnetisierten Haaren funken
sprühender Jubel Zehen
spitzen die kaum noch den Boden
berühren lebendig und flimmernd
schrilles Vogelgeschrei blaue Fliegen
glitzern um einen Teller voll Kirschen
Pflanzen über Pflanzen Farben
Pracht erfüllt von Erwartung
zitternd berauscht vom Mädesüß träger
Lauf der Dinge (das Leben von einem)
Garten im Sommer (aus gesehen) Schlupf
winkel fast mich erstickend wenn ich nicht

Wort fasse mich ins Wort fasse fürchtend
mich nach und nach zu verwachsen in
Blätter in Blüten in einen Ast am Zweig
am Baum Grammatik fernab vom Menschen
fernab von Zeichen und Formeln fernab
von meinem Wort mit dem die
Geschichte mich ködert zwischen den Zeilen
fängt und sich einverleibt    Nicht-Wort im Auf
Prall mit Wort umringt von dem
was wuchert und schreit vor Leben vor
Wildnis in der sich das Wort versteckt
bebend vor Angst im falschen Moment
entdeckt zu werden ins Licht gezerrt
wo es schmückend verdorrt traurige
Frucht in der Farbe der Luft viel
weiter weg als alles Lebendige das sich
die Schnauze leckt wenn es das Wort
verschlungen hat wie die Katze
die Maus    grüne Hände grüne Köpfe
furchtlose Vegetation fragloses
fleischiges Grün über
sprudelnde Unmenschlichkeit Welt
mit den Zähnen zu essen die Rippen
eines Kinderkörpers in den Armen fühlen
innehalten sich die Stirne wischen
wie vormals ein Landmann    Ich
auf der Flucht in die Hand
hinterm Kopf fünf Fingernägel
fünfmal weißer Halbmond
im unteren Bereich.

So

eine Weste aus all diesen Sommertagen    so
etwas Wärmendes für den Rücken    meinetwegen ruhig nach
alten Mustern und Meistern    in den paar Millionen Jahren
hat sich die Mode nicht sehr verändert    Stockt
der Saft schwarz im Holunder noch immer
hebt der Mond das Meer aus dem Schlaf
stottert die Amsel an ihrem Namen weithin so
viel offenes Geheimnis
Kugelfest bitte wie die Erdkugel so    bis es uns
allen gelingt    ein wenig zarter zu werden
hauchzart wie das neue Häutchen überm aufgeschürften Kn

So offen die Welt
2004

Die Zeit ist ein sonderbar Ding.
Wenn man so hinlebt, ist sie rein gar nichts.
Aber dann auf einmal,
da spürt man nichts als sie:
Sie ist um uns herum, sie ist auch in uns drinnen.
In den Gesichtern rieselt sie, im Spiegel, da rieselt sie,
in meinen Schläfen fließt sie.
Und zwischen mir und dir da fließt sie wieder.

DIE MARSCHALLIN IN:
HUGO VON HOFMANNSTHAL, *DER ROSENKAVALIER*

*I*

Fang

Mit Dichtung musst du was an
fangen können eine Reise
um die Welt einen Fisch
aus dem Meer – anfangen
wie eine Liebe mit vierzehn
fangen den Ton aus dem Jägerhorn

Mit Dichtung musst du was an
fangen wollen die Fahrkarte
musst du schon selber kaufen
oder die Angel den Engel
nicht leugnen wenn er dich ruft
trau dich ihm zu folgen

im Flug ohne Angst
vor dem Absturz oder
der anderen Welt
in die er dich führt
als wärest du dort
schon immer zu Hause gewesen

Ehe

    paar

weise und frei

willig in diese Arche

getrieben vom Verlangen

nach Vollendung nach

endlosem Anfang

wie die Ringe an unseren Fingern

Und wir halten einander

die Hand

vor Augen einander

verbergend

vorn am Bug

den furchtbaren Steuermann.

# Weil nicht sein kann

*Il n'y a pas d'amour heureux.*
Louis Aragon

Glücklich Liebende liegen einander
auf verschwiegenen Zungen sind sich
lebenslange Erzählung
keines Lauschers bedürftig.

Glücklich Liebende bauen kein Haus
in Romanen Opern Gedichten
Glücklich Liebende fliegen im Wind
der haftet nicht an Papier.

Glücklich Liebende tauchen
zweisam auf ruhigem Kissen
tief in ihre Kinderzeiten hinab
pflücken sich Satz für Satz von den Lippen

all diese hungrig vertanen Jahre
– Umwege Irrwege falsche Spuren –
vor diesem ersten Augenblick
da sie einander füreinander erschufen.

Glücklich Liebende scheuen wie Katzen
das Wasser das Licht.
Amtlich beglaubigt statistisch erwiesen:
Glücklich Liebende gibt es nicht.

Ach bleib
       doch stehen
diesen einen Augenblick nur ohne Druck
auf diesen Knopf oder jenen. Halt ein
überwältigt vom Ansturm unscharfer Bilder

und schöpfe ein wenig Mut
aus dieser Quelle
in der sich unsere Hände berühren.

Fahren auf Flüssen

Willkommen an Bord! Es ist nur
ein Floß, handgezimmert aus Holz
wie ich's gerade fand – aber solide.
Es trägt mich schon
einen ganzen Tag lang
und ist längst
über fünfzig Jahre breit.

Für Flüsse ist es gemacht
vertrauend auf ihre
strömende Tiefe auf
rettende Ufer und Hände
gelenkt von Sternen und
erleuchteten Fenstern.

Willst du
aufspringen musst du mit mir
Tag für Tag
die Balance halten – der Lauf
der Zeit macht es ganz schön
kipplig.

Dreh ich den Kopf
nach rechts solltest du dir
die Hand aufs Herz legen
Schau ich nach hinten
siehst du am besten nach vorn.

Manchmal treffen wir uns
in der Mitte – dann steht
der Fluss fast still.

*Winterstürme wichen /dem Wonnemond*
Siegmund in: Richard Wagner, *Die Walküre*

Sei fröhlich, Geliebter,
schon hat die Sonne
die östliche Hemisphäre durchdrungen
Die Stare kehren zurück mit südlichen Tönen

Venus am Rande des Siebengestirns
liebäugelt mit dir du
mein Stern mein Star mein Lenzlied

Mann, hol den Mond aus der Tasche
putz ihn und häng ihn
zwischen die kahlen Bäume: Und dann

lass die blassen Farben
von deinen Lippen fallen und
sing mit mir und den Staren den Sternen

bis die Knospen platzen
im zaunkönigflinken Gehölz.

Im Frühling erwachen

Das geheime Licht schleicht sich ran
und wir fühlen den frischen Wind
in unseren Hirnen. Lernen wieder die Sprache

der Zunge der Augen der Nase tauen
das Grün aus den Wintereisen verwünschen
den düsteren Himmel ins Blau. Dreist

versuchen wir uns an den Noten der Drossel
stottern Amselvokabeln: Viel Glück! Viel Glück!
Immer weiter und blauer der Himmel

je länger wir üben: Wundern
Wunden entgegen offen
halten beides

Lotterie der Wünsche

Alle nehmen teil. Ziehung
ist jeden Tag. Du wachst
morgens auf: das hattest
du dir doch sicher gewünscht.
Schon gewonnen!

Du bewegst die Zehen: gelenkig
bis rauf zum Hals zum Kopf: alles
was drin war noch da
und die Wörter dafür passen ziemlich genau.

Alles gewonnen – in einem Nu! Du
öffnest die Augen: diese Erregung der Netzhaut
über die Sehnerven hin zum Sehzentrum des Großhirns!
Im Zusammenspiel der brechenden Flächen
von Hornhaut und Linse:
dieses niedagewesene Bild deiner weißen Kommode
umgekehrt auf deiner Netzhaut
und das Bild vom Bild von der See und vom
Vorhang (müsste mal wieder gewaschen werden)
Du blinzelst zum Fenster, deiner Sehstäbchen
Sehzapfen deines Sehpurpurs völlig gewiss:
Sonne Schnee Regen, ist doch egal: Du hast
deine klare Sicht: Hauptgewinn Volltreffer
in jedem Augenblick (auch mit Brille)

Manche haben sogar
das Große Los gezogen: es liegt
neben dir und – ja, es atmet, ist
warm und sieht aus
noch genauso wie gestern. Wenn du
dir das nicht gewünscht hast!
Und dann erst was losgeht
wenn du es einlöst,
das Große Los, und
es dir die Sprache verschlägt…

Ein Gedicht
        für dich?
So einfach ist das
nicht. Jetzt
wo du wirklich da bist.
Kein Mann: mein Wort
Mein Mann: kein Wort
Gingest du fort so
fort gäb es wieder ein Wort
für Wort und eines
das andere.
Bleib!
Ich versprech dir
dich nie zu zer
reib
en
zwischen den Zei
len
in
ein Gedicht
für dich
sind sie alle.

Liebeslied neueren Datums

Leg dein Genom auf mein Genom
Komm Liebster lass uns eilen
ACTG – GTCA
Leg an die alten Meilen

Die Stiefel, komm, und gib den Sporn
Den neurohormonellen
Den Schleifen, die das Molekül
In deinen Schaltkreis schnellen

Wo Zellkern sich mit
Zellkern paart im Maienkleide
Mein DNA dein DNA
Auf immergrüner Heide

Entschlüsseln wir uns Gen für Gen
Mit schöpferischem Triebe
Mit evolutionärer Kraft und
Großem L@iebe.

Ferne Sonnentage
                    hat es vorgestern noch und gestern gegeben
Wir zerrten die Liegestühle auseinander
tranken Eistee in dem Limonenscheiben schwammen

drängten uns unterm Leinenschirm in den Schatten.
Lasen die Sonntagszeitung mitsamt den Rezepten
sogar das Kreuzworträtsel lösten wir fast

Bis uns der Kopf auf die Brust sank
Weißt du noch, sagtest du, im letzten Jahr…
Und ich sagte: Ich hoffe im nächsten…

Dein Haar
          wird weniger
          und meines weiß

Du siehst mich immer öfter an
wie eine Rarität

Du fasst nach meiner Hand
als wüsste ich den Ausweg

## Schneezeitslied

Jetzt komm schnell Schnee
fällt und bleibt liegen
Zwei gehören zusammen
den Weg zu stapfen. Nimm

mich bei der Hand und
mach den Schirm zu
der nächste Schritt
ist doch klar Mann:

Zwei Flocken ein Paar
weißes Hochzeitsgetümmel
Es schneit es schneit und
der Schnee bleibt liegen!

Jetzt

Als sie zu Ende ging in dieser Nacht die Welt
und wir die Explosionen hörten nicht weit weg
Lautsprecher über Feuersbrünste informierten
verseuchtes Wasser letzte Lebensmittel weggeschwemmt

als sie uns immer wieder warnten
im Haus zu bleiben ohne Laut zu geben
da standest du am offenen Fenster
im Zimmer hinten brannte eine Kerze

Wir zogen hohe Stiefel an bereit
wohin auch immer fortzugehen
Wir setzten uns an unseren kleinen Tisch
Du holtest einen Apfel aus der Hosentasche

und teiltest ihn in viele dünne Scheiben
die fütterten wir uns – zuerst mit unseren Fingern und
dann von Mund zu Mund bis auch der Apfel weg war
Wir standen auf und tanzten rundherum

langsam im Kreise ohne Lieder rundherum
Nach einer Weile fingen wir zu summen an
als diese Welt dabei war jetzt zu enden
all diese Jahre all diese Nächte auch.

Versuchen wir
            noch einmal jene Liebe zu feiern
die einst unsere sterblichen Knochen mit
Ruhe und Aufschub durchtränkte

Legen wir
noch einmal Häute um Häute offen
die Poren und lassen sie offenstehen
als wehte der Wind nicht kalt
um die Mülleimer hinterm Haus
unter ledrigem Efeu verborgen

Pfeifen wir
unsere alten Lieder vom Wandern der Steine
nackt mit dem Rücken zur Zukunft
und nach Noten die wissen
wann eine Sach ein End hat

Ruhig

Du bist nicht da aber ich
bin ganz ruhig.

Pünktlich fahren die Züge
heben die Flugzeuge ab
legen die Dampfer an

Ich bin nicht da aber du
bist ganz ruhig

Noch müssen wir es
einander nicht antun
dieses eine einzige
Nimmermehr

Wenn nur eines
meins oder deines
weiterschlägt.

## Verbesserte Auflage

Nur noch wenige Schritte dann
wird sie ihm wieder gehören hören
beschwören sein Lied das ohne sie
ihm versiegt. Hals Nase Ohren
die Augen die Haare den Mund
und so weiter wie
will er sie preisen allein
zu ihrem ewigen Ruhm.
Als eine Stimme anhebt.
Orpheus hört:
die zum Lauschen Bestellte fällt
singend ihm in den Rücken.
Da
dreht er sich um und
da
gleitet aus seinen verwirrten Händen
die Leier. Die Eurydike aufhebt
und im Hinausgehen schlägt in noch
leise verhaltenen Tönen. Hals Nase Ohren
die Augen die Haare den Mund
und so weiter wie
will sie ihn preisen allein
zu seinem ewigen Ruhm.
Ob Orpheus ihr folgte
lassen die Quellen im Trüben.

*Herz über Kopf,* 1981

Eurydikes Lied

… er folgte mir.
Und als ich weiter sang
so sang als wäre er mir nicht gefolgt
da sang auch er.
Was mir wie Weinen klang
zunächst doch dann
– als hielte ich die Welt
wie eine Muschel an mein Ohr –
wie See wie Mond.
Ich seine Sonne.
Die er umkreist wie ich umkreise ihn,
der mich umkreisen und
Tiere Bäume Steine singen lässt.
Er folgte mir
Und als ich weiter sang
so sang …
da sang auch er …

Leben beginnt

Im Frühjahr bekränzen wir unsere Stirn
mit der ersten Vogelmiere Pestwurz
Huflattich ganz egal. Hauptsache grün.
In den Vorgärten brechen die Küsse durch

ihre winterfeste Verschalung
und die jungen Frauen ziehn aus der Hüfte
Kinderwagen und maln sich die Lippen
Hei ho hol über Sommerjungs Mondmann um

Mitternacht Augen gradaus und ringsum und gehn
über. Verrückt? Aber nicht doch. Leben beginnt
mit Taschenspielertricks. Nur wenn du
das Ganze von hinten liest heißt es Glück.

Auswendig lernen

Auswendig lernen möchte ich dich
wie ein Gedicht.

Immer wieder lesen
Silbe für Silbe Wort für Wort und
zwischen den Zeilen
strophenlang jahrelang lebenslang
dich buchstabieren
mit dem Gaumen des Herzens.

*II*

*Für Hilde Domin*

So
gerne beginne ich ein Gedicht
mit einem
So
als wüsste ich wie
man die Welt hochwirft
So
dass der Wind dazwischenfährt
und die Scheiben putzt
So
dass der runde Mond durch
scheint in alle Ecken
des Gedichts und die Wörter aufdeckt
Motten und Fledermaus wachgeschreckt
schwirren jäh in sein Licht
So
dass die Glocken läuten
zwischen den Zeilen
und ich schwing das Seil.

Zwei Seelen

Da gibt's eine in meiner Brust:
hübsches Gesicht helles Haar
blauäugig freundlich gewandet
und sanft. So sanft und sauber
zufrieden und fein

Und da gibt's die andere:
mondbesessen verdreckt
strähnige Haare Chiffon zerfetzt
die Lippen zerbissen Füße zertanzt.
Sie kennt die Lieder.

Nänie
oder
Kirschen Pfirsiche Pflaumen

Ach du mein lieber Maßstab wohin
bist du entschwunden? Wer hat
dich zu Schanden geschunden? Ach du
mein lieber Einziger Keinziger – Ach

Wohin ging die Wahrheit der Dichter
aus rowohlts deutscher enzyklopädie
Ins grüne Akkordeon? Odeon?
Zeter und Mordio? Maßstab Maßstab

neidliches Schwert – Bilanzen Vakanzen Kadenzen
(und alle Bereiche geschieden für immer)
Lebensessenz starke Bilder in leere
Köpfe – ach lieber Maßstab – nichts

von Natur aus – zu viele Ziffern da
heutzutage, Ziffern und Zahlen die
meine Wirklichkeit schrumpfen – kein
Blick mehr aus dem eine Seele

bricht, Maßstab, nur klägliches Wirrsal
der Dinge zu fern zu nah
Augen zu Wörtern geronnen da starr ich
hinein immer tiefer hinein in das Leere

zwischen den Lettern Zerfall. Du lächelst,
Maßstab? Schiebst mir ein Glas
übern Tisch. Schenkst ein. Gehst.
Drehst dich nicht einmal um.

In deiner Spur viel Stroh (von Worten)
und ein paar Kerne (von Kirschen Pfirsichen Pflaumen).

An Madonna Laura anno 2004

Wäre es deine tastende Hand
dein süßes Gesicht nur gewesen – Zeit
hätte längst beides verzehrt deinen Atem
verweht wie ein Blatt das sich regt

auf dem Herzen – wo er sein Paradies
gewiss hätte gefunden –
all die Rundungen deiner Haut warm
von der Liebe bewegtem Blut

Wäre es Liebe gewesen sie wäre mit dir
zu Staub zerfallen – so aber gefällt
sein Verzehren nach dir noch immer
– Worte dauerhafter als Erz.

Für RMR

Ich sehe den Jasmin im Hinterhalt
nicht mehr. Der Wirrwarr in den Bäumen
hat sich gelegt. Der Mond

setzt seine Segel für die Wolkengaffer
die unter unseren dunklen Linden stehn
nicht hören wie die Engelsflügel krachen

bei ihrem Sturzflug auf die arme Erde –
sie fallen mit verneinender Gebärde
wie Laub vom Baum der längst geschrieben ist.

Danksagung

Nachts
wenn sie alle grau sind
ein paar Gedichte
wie schwarze Katzen rauslocken
mit einem Vollmond
wie ihn einst Goethe sah
oder der mit dem kranken Nachbarn
als hätt' der Himmel die Erde still…
aber
schon untergegangen der Mond
und die Plejaden
Ich liege allein.

An den Mond

Füllest wieder Busch und Tal …
und bist doch selbst schon seit
Raketen-Ewigkeiten Grund
besitz der NASA – real estate

Meine Augen aber noch immer
die der heidnischen Sappho
und des frommen Claudius
sehen dich als runde beleuchtete
Scheibe oder als ◖

Und noch immer
schaust du auf mich herab
(und auf die NASA)
und zwingst mich
wie meine neolithischen Ahnen
die Augen zum Himmel zu heben

und mitunter lösest du
endlich auch einmal
meine Seele ganz.

## Apfelmond

Diesen Apfel am Baum
lass ihn hängen

bis er sich widerspiegelt
im Mond

Dann pflück dir den
saftigen Klang aufn

Stückchen Papier
Und beiß rein!

Dichterlesung

Eine Schulklasse kichernd in den hinteren Reihen
Lyrik Leistungsstufe eins: Bildlich gesprochen
Und nun suchen sie live zu erfragen:
Was will uns der Dichter damit sagen?

Da sitzt sie buchstäblich, ziemlich klein
und schon grau und die Schuhe!

Sonst sind wie immer mehr Frauen gekommen
Kinder ausm Haus und jetzt musenverliebt leib-
und seelenvergnügt, fühlen sich viel zu jung
für ihr Alter und gehen in erdnahen Schuhen wie ich.

Auch Herr E. Litère ist da. An seinem Mangel
an Muskulatur erkennbar, bebrillt und in höhere Bildung gebettet:
Hätten Sie den zweiten Hyndekasyllabus nach dem dritten
                                        Hendiadyoin
nicht onomatopoeitisch transferierend transzendieren müssen?

Nah der Tür – damit sie's, wenn's sein muss, aufs Klo schafft –
das alte Paar: so ähnlich einander so innig verschmolzen
wie Wort und Ding im Gedicht.

Hufe scharren. Ich setze mich gerade: auch mein Pegasus
ist nur ein Pferd unter Engeln.
Mal hören, ob er heute abend fliegt.

In den Abend hinein
oder
Leserliches Vergnügen in fis Moll

Wer den ganzen Tag im offenen Buch
in den Abend segelt – wo
landet der an?
In Moskau? Paris? In Schmerzen? Im Glück?
und zum Glück in fremden Schmerzen
aus Buchstaben auf den Papieren Hekubas
Gibt es Schöneres als
so zu leiden    so   sich zu weiden
                    am Leiden
                so
zu genießen wenn Tränen fließen
                da
zwei Liebende sich für immer
trennen
auf Seite zweihundertzehn
und sie stirbt an gebrochenem Herzen
dabei ist er zwei Seiten weiter
schon auf dem Weg zurück
zu ihr    im offenen Boot Buch
– oh Bächlein liebes Bächlein –
in den Abend hinein

Erfindung

Eine Geschichte erfindend mit Gras
finde ich einen Grashüpfer mittendrin
Ich kann ihn einfach nicht festhalten
er ist schneller als Finger und Augen

Und er ist frei, seltsam, ohne mich.
Sein Körper hin und her im Grünen
hüpft er aus der Wiese hinaus
in die helle Sonne dieses Gedichts

auf meine Hand und davon.
Ich finde mich tief in meinem Leben
fühle von Augen- zu Augenblick
wie es mir auf die Hand hüpft und weg.

Blick
          der mich trifft, als stieße man ein Fenster weit
auf – Lichttrauben Landwein übergrüne Bäume –
Blut contra Tinte – Räume in der Zeit
Blick, der mich ahnen lässt, was ich versäumt

auf dem Papier kahl schreiend weiß vereist
vor Schicksalslosigkeit geklammert an ein Alphabet
erbarmungsloser Zeichen und keines das beweist,
dass ich noch lebe, dass noch etwas geht

durch mich hindurch wie dieser Blick,
der mir die weiße Wolke aus dem Himmel holt,
mir kühl auf meine Stirn legt und zurück

verlockt die Hände auszustrecken, bis sie nur
noch begreifen, was sie schon verloren
den Blick die Spur.

Schreiben I

Ich spreche die Sprache der Toten
Wörter beladen mit fernem Leben
ferne Lieb ferne Lust fernes Leid
und doch mir so nah und so eigen
wenn ich sie unter der Zunge erwärme:

Extrakt aus den Knospen wilder Rosen
ihr scharlachroter Geschmack
Rund und kühl wie
Kiesel im Bach hart
wie Kristall so zerbrechlich.

Eile und Verspätung

Traum von
            Namen nackt wie die Dinge
die sie verhüllen

Körper schreiben und einsgeworden
mit ihnen die Kleider

Centaurus schreiben aus Satz
und Gegensatz Mann und Frau

Albtraum vom
            Wasser schreiben das steigt
hoch an mir wie die Jahre
darin immer mühsamer
vorwärts zu waten oder auch nur
zu den anderen

## Schreiben II

Pack alles zusammen was du tragen kannst.
                        Es ist wichtig
der sinkenden Sonne entgegenzugehen
                        sich abzuwenden von allen
mit kalten Augen.
Ich geh jetzt. Ich weiß nicht warum. Ich weiß nicht wohin.
(Sag nie: Auf Wiedersehn) Nimm mit was du willst
Sind doch nur Kleinigkeiten, immer nur Kleinigkeiten.
Jetzt bist du aus dem Haus wo alles zu viel bedeutet.
(Schmeiß weg, was du glaubtest mit dir nehmen zu müssen)
Du wirst unrein vogelfrei je weiter du gehst du vergisst
dein Passwort du gehst  tanzend  sprichst ohne Bedeutung unter
aufgehendem Mond mit einer Stimme die du noch nie
                        oder lang nicht gehört hast
Weiß   Zeilen   Stein   Baum
Lampe und Mond fließen in einem Erinnern zusammen
Etwas riecht richtig etwas zuckt ruckt flattert
etwas fällt runter bleibt liegen
Da ist die nächste Haustür gleich da
Es ist wirklich wichtig in die sinkende Sonne zu wandern
Und nie zu erzählen    wo du gewesen bist
                        was du getan hast.

Das verborgene Wort

Nicht größer als ein Daumen
dieses Früchtchen in meinem Herzen
aber
blutsverwandt meiner Hand
die zum Stift greift
wenn es sie zwingt
den Stift zu greifen
und wieder zu kämpfen
mit ihm bis es sich
sehn lassen kann
hören und singen.

Creation

Mein Kind
hat die Hüften vom Vater
Rhein das Haar
von Gold gesponnen
märchenhaft Müllerstochter
Die Augen von mir und auch
meine Hände besonders die Rechte
die hält die seine mit ihrem
Stift fest. Den hab ich von mir.

Wetter für Wörter

Wörter im Sommer die dir das Eis
aus den Zeilen lecken dass es dir
zwischen den Fingern davontropft
süßes Rinnsal Lippengerinnsel

windige Wolken und Wellen
Rote Welten hinter geschlossenen Lidern
Duftjagden wortlos alles Benennen
von Hitze erstickt    nur die

Würstchen vom Nachbargrill
setzen sich durch die reine
Dichtung einfach hindurch und
drüber hinweg wie der Hund der

jetzt in die Holzkohle jault
Schnauze verbrannt
wohl noch nie was von Gnade gehört
die diese späten Junitage segnet

tief in die hellen Nächte tief in die
Atemzüge der Wörter im Sommer
Brot und Oliven Käse Tomaten
Honiglicht in den Bäumen

etwas knallt
und noch einmal der Nachbar
macht seine dritte Flasche auf
oder die vierte im Kreis der Familie

auf seinem Betongussplateau
unter flackerndem Glühbirnenlicht
stellt er das Radio an: O sole mio ...
Wörter im Sommer

jung und frisch und wie neugeboren
waren sie noch als sie morgens
über den Himmel plapperten und
übers Wetter für Schwalben

gab's noch keine rote Karte
nichts als Geburtsanzeigen
in Beeten Spielfeldern Bibliotheken
vogelfußförmig gedruckt die

neuesten Gedichte auf gekräuseltem
Nelkenpapier Krähengelächter fern.

Metamorphose

Viele Vögel flogen vorbei bis endlich der Heilige
Geist in Gestalt einer Taube versteht sich
seinen Ring vom Bein herunterstreifte und vom Himmel hera

warf der Wunderliche. Nun war er frei. Ich
hielt den Ring in der Hand, einen von dreien, versuchte ihn
überzustreifen durch Nase und Ohren zu ziehen. Vergeblich.

Der launische Draht wollte sich mir nicht beugen.
Sehr hoch kreiste ein Täuberich über mir
kaum zu erkennen. Kam näher. Verschwand

irgendwohin. Mir im Sinn blieb der Ring. Da
ließ ich ihn liegen. Später im Jahr
wie gurrte in all meinen Sinnen ein Taubenpaar.

Und so fort

In Texten und Bildern begibt
sich das Leben einfach und besser wie
stille Post in Texten und Bildern
noch einmal leben und immerfort immer
fort von Texten und Bildern leben
die Bücher schon auf den Sinn hin    du
lächelst    du lebst    jetzt    nicht morgen    sofort
das einzige Wort für Leben ist: Hier.

*III*

Ja Früher

Ein schöner Mund ein Schleier
der sich hebt an einen Baum gelehnt
dem Bächlein lauschen und überm
hohen hehren Wolkensaum ein Küsschen
mit dem Alten Wahren tauschen

Ja Früher als wir saßen lang und sprachen
auf kalte Nebelbänke niedersanken
und dann und wann ein weißer Elefant
und Königssöhne durch die Wolken brachen
den Becher Weines in der kühlen Hand

Das war ein Singen in dem ganzen Heere
so grün die Weide und so kurz die Frist
Die Fackel nimm und geh bis in die Nacht
am Vordachpfosten hängt das Sternenzelt
und hinter tausend Stäben keine Welt.

Altern lernen
           wie Kisuaheli oder Suoskrat

Eigenschaftswörter zuerst
weiß für die Haare
welk für die Haut
kalt für Blicke und Lippen
bitter hart allein

Dann die Wörter fürs Tun
vergeben vergessen dulden sich beugen
zurück
blicken gehen denken sehnen
zurück
lehnen auch

Hauptwörter zuletzt
allen voran: die Geduld
Der Verlust. Der Abschied. Die Trauer.
Demut.
Altern lernen
wie Muttersprache
das ABC des Verlernens.

So offen die Welt

Wenn der Baum seine Blätter verliert
seh ich gern
seine wahre Form erscheinen

Deine und meine Augen so klar
(Skelette beginnen zu weinen
nach Fleisch und Drüsen nach Haut und Haar)
Wein so rot und Brot so weiß

aus dem Körper fährt der geknechtete Geist
formt sich Lippen und Küsse
aus purem Eis
Wörter so schwarz wie vordem so weiß
Weiß beim Öffnen und schwarz beim Schließen

Dass so offen die Welt wie
das Ende sei wie das Ende am
Ende ˘ ˘ – Kunst:
den Verlust zu genießen.

Pfeifen

Es beginnt so um die Dreißig
wie Kinder pfeifen, wenn sie
in den Keller steigen
die Treppe hinab
immer tiefer hinab
voran abwärts voran
Von Dreißig nach Vierzig
Von Vierzig nach Fünfzig
Alle pfeifen und gehen
lustig voran
schwungvoll voran auf
federnden Stufen rotgoldenem Teppich
voran abwärts voran
immer tiefer hinab
Von Fünfzig nach Sechzig
Von Sechzig nach Siebzig
das Pfeifen wird schriller
Hört her! Wir
sind noch da,
pfeifen noch immer
gehen noch immer
voran abwärts voran
auf glattgehobelten Stufen
immer tiefer hinab
Von Siebzig nach Achtzig
Von Achtzig nach Neunzig
immer dünner das Pfeifen
unsicher das Tappen der Füße
voran abwärts voran
ohne Geländer die Hände
zucken von schmierigen Wänden

zurück wo sich Bewurf löst
voran abwärts voran
tastet der Fuß auf glitschigem Stein
immer tiefer hinab
und du glaubst
hier sei noch niemand
vor dir gewesen    aber du bist
immer der erste immer
der einzige   ganz   allein
auf deiner letzten Stufe
torkelnd
der Finsternis ins Herz.

Die Sense

           wird in aller Ruhe geschliffen
Obwohl die Sonne schon sinkt
wird sie noch immer geschliffen
Rück- und Vorderseite fest eingespannt
das Wetzwasser ausgetauscht
wird sie wieder und wieder geschliffen.

Als wüsste er nicht, was er tut
konzentriert er sich,
allein auf diesen Augenblick des Schleifens,
glaubst du
hinter grünen Blättern versteckt vor ihm
wie er vor dir.

Kapitulation

Wenn mir der Sommer allmählich bis dicht
ans Papier wächst    rote Lupinen und Mohn
und Meisen im rostigen Flieder: außer Sicht
geraten mir dann Siege und Siegesbeweise. Schon

gehn die Patiencen auf. Alles ist schön
und beständig wie ewiges Leben. Keiner mehr
von Belang. Nichts kann mehr verloren gehen
wenn alles verloren gegeben. So sehr

gewaltig das Winken der blühenden Zweige
die Silhouetten der Amseln ihr Locken
holen mich ein in den großen Bogen ich neige
freudig mich dahin woher er kommt.

Noch keine acht

Immer wieder dein Blick
zur Uhr wie
auf einem Bahnsteig als
hätte dein Zug Verspätung
oder die Uhr stünde still
Der Zeiger ruckt die Sekunden
vorwärts. Es regnet.
Es schneit. Schon sechs.
Du kommst aus
der Schule: Du schaust
auf die Uhr. Sonne
scheint. Halb sieben.
Es regnet. Es schneit.
Sonne scheint in die
Fenster der Städte
die an dir vorbeisausen
als säßest du im ICE.
Es ist sieben. Du siehst
in den Spiegel: dein Gesicht
ein Spiegel der fliehgenden Zeit.
Deine Kinder gehen
aus dem Haus in den
nächsten Zug. Halb
acht. Grau wird dein Haar.
Die Sekunden rucken. Du
schaust auf die Uhr. Fast acht.
Keine Zeit mehr – du
schaust auf die Uhr –
den Zug zu wechseln.
Die Sekunden rucken.
Es hört auf zu regnen.

Es hört auf zu schneien.
Noch keine acht. Die
Sonne hört auf.
Die Sekunden rucken

Einmal noch

Weißt du noch
fragen die Freunde von damals
damals: als wir zum ersten Mal
als wir zum letzten Mal

als wir noch
als wir schon
und so weit entfernt
vom Maul dieser Krake

der wir jetzt so tief
schon im Schlund stecken
Weißt du noch
damals damals

Als ließe die Bestie sich
mit schönen Tönen betören
uns noch einmal herauszuwürgen
bevor sie uns vollends hinabschlingt.

Verfallen

So viele schon vergessen
denen wir schworen:
Ich werde dich nie vergessen
und glaubten, dass »nie«
wenigstens reicht bis zur Rente.

Dafür stößt uns jetzt immer öfter
plötzlich und unerwartet
(wie es in Todesanzeigen heißt)
was wir vergessen wollten
was wir vergessen glaubten
als wäre es nie geschehen
wieder ins Hirn und die Haare
an Armen und Beinen
stellen sich wie unter einem
kalten Windhauch auf.

Und wir kneifen die Augen zusammen
um im Kind im Mädchen dem Mann
uns selbst zu erkennen
und der Herzschlag steigt in die Kehle
und die Hand holt nach einer
längst verfallenen Zärtlichkeit aus.

Standort. Bestimmung.

Kosmischer Reigen zeitgemäßes Weltbild
Formen von Algebra erfasst
und fest: Koordinaten: deine
meine Augen und ein Gehirn zur Rast

dich ladend in Begriffe Zeichen Formeln
wie in ein mittelalterliches Kirchenschiff
Da bist du sicher. Relativ. Solange
dich Zeit und Raum als ihren Gast

bedienen: dich in den Netzen
der Gesetze halten. Tägliches Leben
dich erleben lassen als sei es nicht

im Satz so gut wie auch im Gegensatz
zu Haus, Veränderung verändernd und ergeben
dem Alles fließt und Nichts an seinem Platz.

Ledig weiblich Ende dreißig

Eine Frau zieht sich aus
im durchsichtigen Nachmittagslicht
der Geruch ihrer Haut
wie nach leichten Verbrennungen

Blaue Flecken bringt das Licht
zum Vorschein, reife Abdrücke
überall auf ihrem Körper: Spuren
von Händen, die sie berührten im

Vorübergehen wie man
Früchte berührt in den
Auslagen der Obstläden
– und liegenlässt.

Eine Frau zieht sich aus.
Tauscht ein Sommerkleid gegen ein Herbstkleid.

Kanal

So entspannt das Wasser
am Abend wenn es sie alle

heranholt und einlässt:
die dunklen Böschungen

durch Gestrüpp und Wasserrosen
weiße Bänke aus ferner

gelegenen Gärten schwerfällig
schwankende Villen

sickerndes Licht die Simse
der hohen Fenster hinab

Und darüber der Mond
im Spiegel so nah

seine kühle stille Maske
dahinter all die Gesichter

der Toten dringen durch
die Wasser des Vergessens

schwer werden die Schritte
auf meinem nächtlichen Weg.

Mitten durch

Helle Abende noch     gnädige Zünd
Schnüre   schräge   mitten   durch Kronen von Laub
Licht verdickt sich in Sirup von Äpfeln und Birnen

Trächtige Schatten Blätter und Beeren süß und bunt
wie alte Heiligenbilder
Wir aber ohne Vertrauen glauben dem Unsichtbaren

Es ist der Wind der die Zeit bemisst
sein heuchelndes Fächeln
Oh Sanftmut der hohen Topinambur unterm

Wind der schon Winterkeit mitführt so
eine winzigfeine Winterkleinigkeit     Jetzt sing
von den Tränen der Dinge.

## Mitbewegen

Königlich bewegt sich mein Herz
füllt mir die Segel zur Fahrt
durch den weiten gekrümmten Raum
der sich bewegt und bewegt wird
den ich mitbewege meine Ewigkeit lang
meine Spanne unendlicher Freude
Neu zu entdecken von allen
denen nach mir das Segel gesetzt wird.

Tag im Herbst

Zerstreut kratzt der Wind
letztes Laub aus den Zweigen
Melodien zersplittern in
schrille Lieder vom Weggehen

Aus der Sonne umzingelt
von Wolken fallen Licht
stücke von den Dächern
schlagen auf den Asphalt.

Alles heute ist schwer:
buntes Glas in
Blei gefasst für ein
Bild aus der Bibel.

Schön
    auf dem Bahnsteig in einen Apfel zu beißen
        Durchreisende unter durchreisender Sonne.
        Zurücktreten bitte.
            Zeilen schließen selbsttätig.

*IV*

That's life

Meistens kommst du dir vor
wie 'ne Fliege
mit einem Bein
im Leim.
Fünf Beine frei – aber
das eine!
Entweder
du opferst es
und hinkst voran
oder
bleibst kleben.
That's life seit Adam und Eva
vertrieben wurden aus dem Paradies.

## Ermutigung

Hier ruft keiner mehr an und du
bist gezwungen nach eigenem
Code zu leben. Allein gehst du
hierhin und dorthin. Zu trauern

ist dir erlaubt. Umdrehen
darfst du dich auch deine Schritte
am Himmel verankern
kopfüber rollen die Straße entlang

leben nach deinen Gesetzen
der Schwerkraft. Angst hast du
zu zeigen dein wahres Gesicht?
Nur ruhig: Sie erkennen es nicht.

Der Himmel der Tiere

Hier sind sie. Die weichen Augen offen.
Lebten sie in einem Wald
ist es der Wald.
Lebten sie in der Prärie
wogt das Gras unter ihren Füßen für immer

Für manche von ihnen
wäre das nicht der Platz
der er ist – ohne Blut.
Diese jagen wie immer
aber mit Klauen und Zähnen

jetzt perfekt: Tödlicher
als sie es je für möglich hielten
Stiller und stärker schleichen sie
in den Wipfel des Baumes
und ihr Absprung

auf die lockenden Rücken der Opfer
ein Strom äußerster Freude
dauert Jahre
Und die Gejagten
erfüllen sich selbst ohne Schmerzen

erfahren entrückte Vollendung.
Sie beben sie gehen
unter den Baum in der Mitte des Kreises
sie fallen sie werden zerrissen
sie stehen auf und sie gehen erneut

Kinderzeit

Über roten Ziegeldächern
krähen die Hähne. Mein Fuß
streift durch rauhreifweiße feuchte Wiesen

In meinem Kinderdorf bin ich
wo der Tag sich weit aus
in den Abend streckt und

›morgen‹ ein leeres Wort ist
wie ›gestern‹ oder
wie ›Ewigkeit‹.

Landunter

Weiden – am schönsten
an den Ufern träger Flüsse
die im Frühjahr ihre Fasson verlieren

bis nur noch die kahlen
Köpfe herausschauen
wie auf alten Gemälden aus Holland

oder auf verblichenen Ferienfotos
grüngrau und im Vordergrund
Tanten und schwarzweißes Vieh.

Aber nirgends laufen sie so
frei herum wie in
unseren Kinderspielen

Verstecken am Rhein
wo unsere Augen weidengrün
und zu Möwen wurden fernegeil

schaukelten auf den Wellen
nach Rotterdam und weiter zu den
Wracks im Meer ihren Schätzen.

Nach Hause

Eines Abends kommt
aus der Kirche in seinem Stadtteil
ein hübscher kleiner Junge, macht sich
auf den Weg nach Hause

Es wird langsam dunkel
und er drischt seinen Ball
steilhoch Richtung Himmel
auf dem Weg nach Hause

In der ruhigen Straße
halten Menschen und Bäume die Luft still
und der Himmel fliegt vorüber
und sieht einen Traum.

Beredt

Die Unschuld verloren das tropft
in den Zuber Cyber space Spaß
muss sein hats gemacht hab mich
ka putt putt ge lacht und da
lass ich keinen mehr
rein zum Lachen ist das hab ich
das schon gesacht Verzeihung
das sollte nicht sein der rote
Fortschritt im Schritt zu eng und am Ende
ein hinkendes Bein.

Für gewisse Realisse

Utopien
sagt er als spuckte er
eine Gräte aus
seinem büroklammerförmigen Mund.

Alles schon immer gewusst
und das besser
– wie und wer
wird Millionär? –
Immer schon feste
auf dem Boden der Tatsachen
– wo sonst? –
und mit beiden Beinen
– wie sonst? –

Aber am liebsten
breitbeinig singend durchs Flachland
der Beweise und Deduktionen
in die Nähe der Berge wo ihm das Echo
als Antwort auf seine Fragen
so lieblich zurückschallt
und die eiserne Ration
Hab – ich – doch – gleich – gesagt
Hab – ich – doch – kommen – sehen
ihm wie Babybrei
auf der Zunge zergeht.

Alles haben

Angst wird bald alles haben
in Zügen Flugzeugen Straßencafés
bei Nacht und Tag und
den Stunden dazwischen Angst
wird bald alles haben die Jungen
die Alten die Heißen die Kalten
an meinem Finger der Ring
in der Stimme das Wort: Angst
wird bald alles haben Löwe und Laus
die Bösen die Guten Gesunde
und Kranke Sterben Gebären
Kinder und Katzen
dumm und schlau arm und reich
Begräbnis und Auferstehen: Die Angst
wird bald alles haben.
Sie sitzt auf der Bank im Park
in der Sonne im Schatten im Kochtopf
organisiert Konferenzen Kongresse
tritt in talk shows auf in den Bergen
im Wasser verwaltet die Akten stempelt
Leben zum Todeszellenpapier drückt auf die Tube
der Arbeitslosen wühlt sich in ihre Bezüge ein
nistet unter Tischen und Stühlen brütet
in Kniekehlen Büchern Gazetten die Angst
wird bald alles haben.
Sie geht nabelfrei narbenfrei geht
nie zu Ende die Angst
wird bald alles haben.
Spiegel Bilder und Spiegelbilder
die Leichen im Keller und die auf den
Feldern Schlachten und Märchen die

Angst wird bald alles haben
Fakten und Silberpfeifen
Farben und Töne die Höhle
in deinem Mund. Sie hat
meine Stimme und deine
die von nebenan sie hat alle
Stimmen in Stadt Land und Fluss
Nichtsnutze und Weise die Angst
wird bald alles haben. Manna
frisst sie und die Wärme der Wörter
das Licht aus den Kronen der Bäume
Unsere Küsse wird sie erzwingen
unsere kleinen Wege ums
Wasser unsere Geschichten und
die der anderen jeden Ball
den wir zu werfen versuchen
fängt sie in ihren Begräbnisarmen.
Die Angst wird bald alles haben. Auch
den Mut zur Angst vor
der Angst die Angst wird
bald alles haben die Angst
die Segel zu setzen
die Angst wird bald alles haben
auch
unsere Angst vor dem Wind
vor Angst
wird sie bald alles haben die
Angst    alles nur
keine Angst.

Alles, was du mir gegeben hast, Deutschland

Alles, was du mir gegeben hast, Deutschland
nördliche Meere, Wälder, Gebirge
Hügel und Seen, meinen Rhein
Alles, was du mir gegeben hast,
Gedichte, Musik, die Märchen aus uralten Zeiten
gehen mir nicht aus dem Sinn den Sinnen
sind mir eingeschliffen unter der Haut

Und was du mir aufgezwungen hast, Deutschland
diese Schande der Dutzend Jahre als du
Land der Liebe … die eigne Seele geleugnet
lässt mich gehen
mit einem Schritt wie keine andere

Ich verberge es nicht.
Aber ich gehe vorwärts.

Alles, was du mir gegeben hast, Deutschland
deinen Fleiß und deine Neigung fürs
Eingezäunte – du bist
nun mal ein spätes Mädchen –
Und doch: Jetzt
von soviel südlicher Anmut verjüngt.

All das, Deutschland, hab ich von dir
Woher nur die Angst vor dem Mut,
sich zu freuen, an dem,
was da ist – so ein
unschuldiger Entschluss
und das Pathos der Hoffnung
(als wüsste man nicht Trotz
dem, was fehlt)

Eroberer

Für die Dinge in seinem Kopf –
die narbigen Bäume vor seiner Hütte
im lange verlassenen Dorf
für die staubigen Büsche und ihr
verborgenes Leben für die seltsamen Muster
der Zementflecken überm Bett
für die Spur der Ameisen zwischen den Steinen
und den Wespenschwarm in den Tamarisken
für die rote einzige Heimatsonne –
behält er die Wörter in seinem Kopf.

Manchmal aber,
wenn der Sohn am Abend mtv abschaltet und mit
Jan Kevin Özimir und Friedrich in die Disco zieht
seine jüngere Schwester überm Urfaust brütet
und die Frau schon schläft
fährt er mit der Hand über all die schönen Dinge
all die guten Made in Germany-Dinge
und flüstert, die Hand auf dem Polstersessel:
koltuk, ocak, çamaşır makinası
zieht die Schuhe aus ayakkabı sagt er
und çorap zu seinen Socken
rückt ein Foto zurecht und flüstert
die Namen der fernen Gesichter

Schaut hinaus
aus dem Fenster und sagt: eşek
şarap şişesi, kahve, kestane
Kastanie, sagt er, mein Auto, sagt er
mit einem kühnen Akzent.

Die türkischen Wörter in ihrer Reihenfolge: Polstersessel, Herd,
Waschmaschine, Schuhe, Socken, Esel, Weinflasche, Mokka, Kastan

NYC, 54^{th}, West

Mach das Fenster auf    Hilf dir selbst
draußen

                              die Stimmen der Stadt
werden leiser
Was willst du              der Himmel
wird dunkel und grau
die Geranien vorm Fenster
schnurren wie Katzen
Noch weiter              fröhliche Stimmen
balancieren über Feuerleitern und Firste
Weit auf              Tief atmen
bis in die Fingerspitzen der Hand
ihren Erfindungen hinterher
auf einem fremden freundlichen Tisch.

Ist das dein

        Geheimnis, Leben:

                diese Tage
an denen sich jeder der Liebe fähig fühlt?
In den schönen Schemen haust heute
kein Krebs, die geballten Hände
lösen und streicheln sich, in der Ferne
verwesen die Kriege und der Frieden
ist auf unzähligen Beinen unterwegs.

Im Märzen

Ich dachte sagt sie ich hätte nur die Wahl
die Entbehrung zu lieben
oder gar nicht zu lieben

aber wenn ich den Dingen auf den Grund ging
fand ich nichts Kümmerliches
vielmehr Fülle und

Sättigung: staubiges Riedgras
am Teichrand Tumult
von grauen und grünen Schwüren

ein ganzes Wörterbuch voller
Versprechungen alte und neue
Töne und Farben

erworben in einer langen Geschichte
der Helligkeit. Woher diese
Strenge des Monats März

der um seine Segnung kämpft
wie Jakob mit seinem Engel:
Ich lasse dich nicht …

Der Himmel unentschieden. Grisaille.
Bleiern der Teich vereist
durchsichtige Tiefe

Jakob im Morgengrauen mit verrenkter Hüfte
Aber gesegnet   so wie
die Erde braun wie das Brot.

Training

Mit dem Schlimmsten leben lernen
als wäre es schon geschehen

Weiteratmen
 – wenn im vollgestopften Aufzug alle
jünger sind als du
– wenn du im Schaufensterglas das Gesicht
einer alten Frau erkennst: deines

Dem Sensenmann eine Fratze schneiden
wenn er über die Fensterscheiben leckt

Runter
von der Überholspur

Das eigene Gewissen erforschen
nicht das der anderen

Erinnerungen
füttern wie Vögel im Winter
damit sie noch einmal singen
als wäre es wieder Sommer
und Juni und du so nah
dass ich dich atmen höre
ihrem ohrenbetäubenden Zwitschern zum Trotz

Die Taue kappen, eins nach dem anderen
ehe das Schiff hinaustreibt aufs Meer

Alle Farben der Welt versammeln
im Weiß unserer Haare

Auslösen.
       Warten.
           Auslösen
sich die alten Fragen nach
fragen: Sag: Wem bin ich
gewachsen?
Herausfinden
         aus etwas heraus
         Irrgarten Türen aus
harten Armen
         etwas heraus
finden

## Die Einzige Geschichte

Wenn erst einmal
(manchmal dauert es zweimal oder dreimal)
Gras darüber gewachsen ist
spiegelt der Tau
diese beste aller Welten
auch über den Schlachtfeldern
und der Großvater
bläst seinem Enkel
auf einem Grashalm den Marsch
und ermahnt ihn
endlich
die Flinte ins Korn zu werfen.

Hier
      zwischen den Stühlen
und den langen Korridoren des Nachmittagslichts
den langen langsamen Rosenschatten
vor einer weißen Wand
tastend nach einem Plan einem Ort

Was wäre wenn dieser Ort Hier
wo meine Hand zum ersten Mal
flach auf deinem Herzen lag
– Baumwolle und Fleisch dazwischen –
um es einzunehmen für immer
gar nicht existierte

Nur dieser verrückte Vogel
immerzu lachend
sitzt auf der Hecke vorm Haus
vor den Rosen den Schatten der Wand.

Vogel im Winter

Über dem Schnee
wo sich die Dunkelheit sammelt
schreit er und singt
auf dem Zweig eines
kahlen Baumes
brennt er
sein einziges Lied.

Art und Weise, eine Himmelslerche anzusehen

*Große Gedanken haben etwas Lässiges und liegen wie Kühe auf der Weide.*

Hoch vom Himmel herab
                    Töne immer höher hinauf
Singsang aus voller Kehle
atmest du ein die salzige Luft bittere Erde paar Kiesel
Singe so wie sie sind
und nur das eine Gesetz
kleine Wirbel die Knochensäule hinauf
klappeln die Zähne bleckend
aufgestacheltes Gras
grüne Weidenbürsten im Wind
Singe so wie die Bilder sind
und nur das eine Gesetz
Raum Wunsch und Weisheit
Singe so wie die Wörter sind
und nur das eine Gesetz
das ganze Instrumentarium in einem Vogelschnabel
keine Ziele verkündend
nur Atem und Sehnsucht leicht
vertraut und ohne Bedeutung
notwendig und nutzlos
                    wie eine große Idee.

## Dichtung

Du hörst
den Introitus, die Invocationen
das Kaddisch, die Schahada
pfingstliches Ohrenglück Zungengeheimnis

Du hörst
die Seelenstimme des Menschengeschlechts
wo die Namen Gottes aufgehen
in Schall und Rauch
vielleicht auch
der Glaube an DEN
vor allen Namen
und im Grunde
– wie vor allem Anfang –
sogar das Wort
der Ton

Wiederworte
2011

Die folgenden Gedichte entstanden im poetischen Dialog mit Gedichten aus den ersten vier Bänden der achtziger Jahre. Im Originalband *Wiederworte* ist das jeweils frühere Gedicht der Antwort vorangestellt. Um diesen Dialog auch in dieser Ausgabe nachvollziehen zu können – nicht zu müssen –, finden Sie auf jeder Seite unter dem Gedicht den Seitenverweis auf das frühere.

Will you still need me, will you still feed me
when I'm sixty-four

BEATLES

Es ist Abend um mich geworden,
während ich noch in die Morgenröthe hineinsah.

NOVALIS

Luftwege

Nach Jahrzehnten
          noch einmal gelesen
Gedichte der jungen Schwester
Ant-Worten geschrieben
Widerworte Wiederworte
Luftwege
zwischen Gestern und Heute
und Morgen

*Liebe ist ein Lied mit Strophen*

## Blaue Flecken

Dass wir so uneins sind hält uns zusammen
seit Jahr und Tag. Sing weiter
sagtest du und ich: Sing mit. Und wie
wir sangen! Zweistimmig mal
mal einzeln und zum Ärger unserer Feinde
nur selten trafen wir den falschen Ton. Das Blaue
sangen singen wir vom Himmel uns herunter ein
kussecht himmelblau geflecktes Leben lang.

– 59

Wartend-ende

Ich sitze hier so wie vor dreißig Jahren
an einem Tisch für zwei ein Stuhl ist frei
und frage mich: Was hab ich hier verloren?
Die Zeit der hellen Nächte ist vorbei.

Ich schau mich um. Kaum was hat sich verändert.
Die Stühle noch wie damals unbequem.
Beim alten Kellner mit der Hasenscharte
bestell ich caffè latte seufz und nehm

mein Buch mir wieder vor
versink in seinen liebgelesenen Seiten.
Da plötzlich zupft es mich am linken Ohr

und aus der letzten stillen Zeile unten
springst du herauf und legst
mir einen warmen Sommerabend um die Schultern.

– 145

Endlosschleife

Unter dem Zauberbaum
under der linden sing ich
ein schönes Lied
dir unters Auge zwitschert
ein Vogel Riss
in der Landschaft du
fällst in'n andres Bild
plötzlich von hinten
flattert der Himmel
auf von der Erde lässt
seinen Schnee zurück ach
so viel Winter unter
dem Zauberbaum Krähen
gelächter Reste vom
schönen Lied Scherben
und nun
under der linden
setz ich zusammen
neu Mich und neu Dich
süßer als Honig Haut
auf dem Milchteich Tang
unterm Zauberbaum schwimmt
weit ins Meer hinein
schreib ich dich aus
meinem Lied in
mein Leben wo
du mir treu
bis zum Anfang

vom Ende
vom Lied unterm Zauber
baum sing ich
ein schönes Lied dir
unters Auge zwitschert
ein Vogel Riss
in der Landschaft du
fällst…
…


– 211

Los und gelassen

Die schönen Tage von Hannover von Münster und von
Marbach sind vorbei (Hannover war nicht wäre aber
schön gewesen wie die anderen) Nun stehen wir in
Irgendwo beisammen rauchen eine (du, ich nicht) und
seufzen. Oder? Nein wir seufzen nicht wir haben keinen
– besser: haben einen, jeder seinen festen – Grund.
Du bist – ich frage dich: Du bist zufrieden? Ich bin
– du fragst mich – bin zufrieden auch.
Ich nenn dich Irgendwie.
Du rufst: Für mich ein Bier. Es wäre
schön gewesen und das ist es auch. Jetzt hier.

– 122

# Nicht nur

Abends nicht nur und nicht nur
im März sag ich dir sagst du mir
die glückseligen Vier Silben. Im Kirsch
lorbeer twittern die Amseln.


−301

Ein ständiges Sonett

Du hast dich festgebissen Mann und wie
ich dir so du auch mir hast du's gegeben
(seliger als nehmen?) und gibst es
noch und ich nehm dich

beim Wort und sonstwo
– Wo? – Das bleibt allein
nur unter mir und meinem
Liebsten und auch drüber

geht es so an und ständig und jahr
(r)aus und (r)ein hältst du mich hopp
und ich halt nichts vom Nippen vom

Wippen hin und gegen viel so wie
von allen Seiten genießen wir's und dann
danach die stolzen Müdigkeiten.

–33

Evas Lied

Komm
        nimm den Apfel noch einmal
Adam im weißen Haar
Schmeckt er dir noch wie damals
weißt du noch wie es war:

So viel Mai im August im September
weit in den Oktober hinein
Jetzt stehen wir tief im Dezember
bald beginnt ein neues Jahr

für dich für mich für Unsbeide
Irgendwann
        für einen allein
Komm
        nimm den Apfel noch einmal
Und beiß rein!


–64

Auf Auf

Als ich heute zu dir ging
schmolz der letzte Schnee
und ein Strahl der Sonne
fing sich in meinem Ring

den ich trag seitdem du mich
fragtest ob ich will
und ich sagte: Allezeit!
Starten wir das Spiel.

Heut und morgen übers Jahr
wolln wir uns verstricken
Auf den Reim verzichten wir
Auf zum Frühlings … klardoch.

–41

716

Fakten

Dieser Sommer ist eine Schwalbe
im Haus unter unserem Dach.

Dieser Sommer spielt Rosen
walzer direkt vom Beet.

Dieser Sommer küsst diese kühle Stadt
wie unsere Körper
so zärtlich matt.

Diesen Sommer steckst du mir sogar
schon am Mittag
Glühwürmchen ins Haar.


(Dieser Sommer kennt jeden Dreh
von zremSch auf zreH)


–46

Danke

Heute beim Aufräumen
nach fast einem halben Jahrhundert:
Deine Briefe.
Lesen also noch einmal
den Brief aus Giumaglio.
Verstummt die Stimme
die flehte: Einzige warte auf mich
Moder die Hand die meiner Haut
aufbrannte ihr Zeichen
Erloschen der Blick der mir schwor
Du nur Du.

Tot alles tot. Leben allein
in den Wörtern: Milder Abglanz
verzweifelter Glut. ›Lass deine Haus
schlachtung stehn‹ schrieb ich.
Verzeih mir. Es war nicht so gemeint.
So wenig wie dein: Du nur Du.
Nicht gelogen aber mit krummen
Lippen gesprochen. Papier ist
geduldig. Langmütig. Gnädig. Die Gräten
in deinen Briefen
machen mich lächeln. Wirklich die Zeit
sie heilt von den dümmsten Geschichten.

Du glaubst gar nicht wie
dankbar ich dir für all deine
ungehaltenen Versprechungen bin.

(Und doch: wie weh sie tat diese Zeit
die sich Liebe nannte Sehnsucht und Telegramm)

–36

Von weitem

Als die Zahlen längst
              Schluss gesagt hatten
nach 388 Tagen 4 Stunden
und 722 Sekunden
all das Herzerwärmende längst
weitergezogen war mit
Samt und Traum und Schaum
lungerte in einer Seelenecke
noch lange der Kummer
und konnte bei Gelegenheit
(z. Bsp. wenn einer von weitem
aussah wie du)
ganz gemein zubeißen.


– 118

Komm lieber M.

Ich breche aus ich breche
um ich breche mich
vom Zaun
könig singt sein
Lied er klingkt
die Tür auf und
steht wieder drin in
mitten Mai
nem ♡en


–50

720

Wachlied

Nachts wenn
　　　　　du deinen Arm
um mich legst
gleitet die Welt zurück
in ihre Fugen
alte Narben verziehen sich
zu einem Lächeln

Und dann
　　　　　hebt diese
verrückte wunderbare Welt
auch noch zu singen an
als hätte sie
das Zauberwort*
endlich getroffen.


–52




* (Die Ersten googeln schon
　den Eichendorff)

Den Maistern-Meistern

Liebe ist ein Lied
                mit Strophen
vielen Strophen kurzen langen
immer singt für uns die erste

ganz allein der Lenz spielt uns
raus aus Hemd und Hose runter
untern Lindenbaum auf der

grünen Vogelweide paart er uns
mit Sang und Schalle lässt die Östro-
Gestagene Testostèron Tango tanzen

alle Wesen die da lieben kriegen
ihren Teil davon baun sie Nester Höhlen
Wiegen dass mit ihrer Frucht der Liebe

Sommer Einzug halten kann in die
Mutter-Vater-Herzen hoch und
höher: Sommerhoch

Lange lange mög es währen
lustvoll fruchtbar freudenreich
bis die Tage kürzer werden

Nächte länger Häute kühler
Blätter bunter Vögel stiller
Monat den man golden nennt

›Noch‹ denkst du und schaust mich an
›Schon‹ seh ich in deinen Augen
All die Jahre so vorüber

in Sekunden nur in einer
die man Schrecksekunde nennt. Aber
du musst weiterlächeln weiterküssen

zeigen dass du sie gelernt hast
Lieb' gelernt hast wie ein Handwerk
eine Liebes-Meisterschaft. Sing nochmal

das Lied vom Maistern zeig dass du es meistern
kannst mit dem Gaumen deines Herzens
auswendig die Strophen kennst auch wenn

ein paar Töne fehlen wolln wir aus
geübten Kehlen singen gegen das Verstummen
ein ums andere Meisterlied. – Bis der

Dritte kommt. Sich unmerklich erst her
ranpfeift schriller lauter falsch da
zwischen fährt die Melodien

sprengt die Sänger aus dem Takt
bringt kalte grauenvolle Töne
zwingt den einen zwingt den anderen

in das letzte Lied      allein.
Meister Meinstern lass uns singen
Maistern noch sind wir zu zwein.


– 141

# Schwanengesang in der Johannisnacht

*Für Tannhäuser*

Ich tänzle zwischen meine
Beine einen lohen
grinen Schwanomannomann

(und werde ihn
auf keinen Fall befragen)

der lässt es schwänzeln
gründeln kribbeln
explodieren

Aufreißt mein Maul
Walhallagral

Danach mein lieber Schwan
mein holder Abendstern ver
dufte mir wie duftet
mir der Flieder


– 123

Der Sommer singt

Der Sommer singt der Seele Wiegenlied
      erklingt aus tausend Kehlen regengrüner Vögel
schwingt sich durchs Kieselgrau
      ins goldene Omega ich glaub
ich höre ein paar Obertöne Paradies.


–221

## Gesundgehalten

Früh am Morgen im Park
geh ich joggen ganz ohne
Kind ohne Mann den
Langhaardackel schon
überlebt. Sonne
scheint trotzdem kalt die
LIEGEWIESE ist längst
zum Trimpfad mutiert.
Alle Wege führen Männer
teils fit teils fett
mit Headset und ohne
keuchen sie an mir vorüber.
Ließ ich ein Spitzentuch fallen
keiner würde sich bücken. Komm
zu Mammi ruft eine Frau
ihren Hund. Schneller lauf ich
es lockt der vor Jahren mein
Tempotuch aufnahm mich
mit frischen Brötchen Kaffee und
Zuckerstückküssen
nach Haus. Später
fegen wir die Krumen zusammen
verstreuen bei
Enten und Krähen am Teich
unseren schönen Überfluss.

–68

Wörtlich genommen

*Für John Donne*

Ich herze dich
ich lunge dich
ich haute haare
pore dich

Du baust auf mich
du dachst mich spitz
palastest mich
oasest mich

Du meersternst mich
du landest mich
Ich berg dich
tal dich gipfel dich

Du freudest mich
Ich freude dich
Du sehnsuchst mich
Ich sternschnupp dich

Du brüstest hüftest
schenkelst mich
Ich zunge zaum
ich kehlkopf dich

Ich hauch brauch fauch
du füllhornst mich
Wir atmen amseln amen.

−62

Ssss oooo

Auf der rechten Seite liegen wie
seit Jahrzehnten die Knie
unterm Kinn im Rücken einen
klardoch den deinen
jahressummarisch rund
um so schmiegsamren Bauch.
Beine auch die mit meinen
scharf in die Kurve gehn
zwanzigfach Zeh'n
ganz unten. Schlafversponnen
begegnen sich unsere Hände:
Ja ich bin noch da. Morgens
weckt mich dein Atem
in meinem Nacken. Kein
schönerer Ton auf der Welt
als dieses rostrauhe
Ssss oooo.


–39

Dornenlos

Mein Haus gebaut in den Wörtern und
in deinen Armen. Gehst du
so geh ich mit dir geh ich so
gehst du mit mir. Unser Brot
wir essen es salzig und süß und bitter und
immer gemeinsam. Was wir auch
trinken wir trinken einander zu.
Ist deine Rede: Ja
darfst du mich nicht verneinen
Ist meine Rede: Nein
bejahen will ich dich
Unsere täglichen Rosen
wir lieben sie mit ihrem Duft
und den Dornen. Dornenlos
zwitschert dem Feigling nur
das verstümmelte Glück.


– 19

Gibt es eine männliche Ästhetik

Du hältst deine
Handflächen mir
vor die Augen:
Schau hinein sagst du.
Sieh nur
wie schön du bist
in meinen
von deinem
Leib und Liebkosen
gegerbten Händen.


−40

Himmelsnest

Der Himmel liegt seit Jahr und Tag
knapp überm Meeresspiegel
Mein Himmelsnest
im ersten Stock:
da setz ich meine Segel

Vorm Fenster rauschen
im Lindenlaub
Psalter und Harfe auf
Und aus den Blüten wehen
Pans Gebete ins Haus.

–26

Liebe

Wenn ein Mann seine Frau nicht mehr lieben kann
mit der erigierten Autorität vergangener Jahre
muss er seinen Kopf beugen und ihre Brüste saugen
mit der Zärtlichkeit und Präzision eines Petrarca.

Und wenn die Frau ihre Brüste verloren hat
an den Chirurgen und sein silbernes Messer
muss sie ihr Bein um den Rücken des Mannes
wuchten wie ein Rodeo Reiter.

Es ist der Teil der Reise
wo die Treppe schmal wird
und du dich seitwärts drehen musst
um durchzukommen.

Über der Erde die Wolken rollen und ändern sich
die Bäume halten die Luft an
für einen nächsten Versuch.
Wind streicht durch das dürre Gras und
macht ein Geräusch wie beim Dreschen.

Der Mann schiebt sich unter das Laken
die Frau lässt ihn
Beide widerstehen
von Scham gestoppt zu werden.

Unter einem gemeinsamen Laken
Mann und Frau
die alles tun
einander zu überzeugen.


–49

Mögliches Lied

Im Morgenhauch überm Wasser
atme ich dich im Duft des Weißdorn
wittre ich deine Süße – und
deinen fauligen Widersacher. Zer

beiß ich das Weizenkorn
wie Funken schmecke ich dich
wenn die Tage kommen und gehen
kommst und gehst du mit ihnen.

Legt sich Licht von deinem Licht
mir auf die Zunge liebe ich dich
als wärest du wirklich
wärest du wirklich da in mir so nah.


–56

*Drei Fingerspitzen Sand im Stundenglas*

Wiederwort

*Für Friedrich N.*

Die Welt gewechselt. Und dann?
Fang'n wir wieder von vorne an!

Tanzen Yesterday wie damals
als gäbs kein morgen mehr
Gehn ins Buch das wir
liebten vor Jahren
als ob es zum ersten Mal wär.

Im gläubigen Wieder
holen was uns not tut und gut
lassen wir die Zeit gerinnen
glauben wir Zeit zu gewinnen
wähnen wir der Zeit zu entrinnen
auf der Einbahnstraße zum Tod.

Die Welt gewechselt. Und dann?
Fängt das NEUE Leben an!

–132

## Widerruf

Noch zwei Arme zwei Brüste
im Mund noch fast alle Zähne
die grauen Haare –
Schwamm drüber und extra
starke Deckkraft Multicolor. Aus
gezählt hat es sich längst
verklärt mir die Abendsonne
den Blick in die Linden
aber durchgrünen durchduften
mir die Sinne noch immer
nicht ein Hochziehn der Mundwinkel
jemals zu teuer bezahlt.


–67

Bildnis einer Frau zwischen vierzig und fünfzig

In den Augen versteckte
Schwermut und verschreckte Liebe
Spuren unaufhörlicher Kämpfe
gegen den Hunger so gut
wie gegen den Überfluss
Hinter der Stirn mit der steilen Falte
kündigt sich schon
die Zweitbesetzung an noch reglos und stumm
Um den Mund so viele vergebliche Küsse
Schwüre und Lügen und
das Verlangen nach Reinheit
Das Gesicht von der Stirn bis zum Kinn
überwuchert von Sehnsucht

–275

Reibekuchen

Wie genüsslich mit Kölsch und Schabau
spült die Frau am Fenster allein
ihre Reibekuchen hinab in den
gnädigen Kaftan lacht wirft den
Kopf wahrlich ich seh wie's ihr
schmeckt während dein Blick
fein und fatal mich bei jedem
Schluck Sprudel jedem Bissen
Diätsalat begleitet. Und da kommt
auch noch so 'n drahtiger Typ an den
Tisch von der da knallt ihr rechts und
links einen Kuss ins Gesicht brüllt
Köbes nochmal datselbe für zwei!
Und ich?
Spieß dich auf zum Salat
und verschluck dich.

–150

## Rieseln

Sagt man so: das Leben
                    verrinnt …
Stehst du im Herbst
am Fenster allein
kannst du es hören
das zarte trockene Rieseln.
Drei Fingerspitzen Sand im
Stundenglas. Umdrehen
einfach umdrehen
bevor das letzte Körnchen
die enge Taille passiert.

−20

Spinnen

Wir gehen auf immer schmaleren Straßen
halten einander an Hand und Namen
salben die Füße mit Weißt-du-noch ein
Wir spinnen einander den roten Faden
des Lebens – Komm zwirn dich rein.


–358

## Lilien

Wörter aufgeblüht
            in Duft und Kraft
Staub und Tau. Spinnen flitzten
in stillen Nächten ihre fiebrigen Netze
Grillen feilten die grünen Gräser zu Heu
Bienen summten
vom Innenleben der Rosen (O lala)
Inger aus Dänemark
spielte mir ein paar Schmetterlinge zu
Später prasselte warmer Regen
in meine Zeilen und im Garten
begannen verblichene Lilien
noch einmal zu blühen: O dieser
auferstandene Duft
nach überwundenem Tod!

– 263

Über die Alster

Diesen Sommer liebste Freundin
                ich erlas ihn wieder und wieder
mit seinen vom Sonnenmaul rundgeküssten Kirschen
dem leuchtenden Rauschen des Lindenlaubes vorm Haus
Leidenschaftlich liebkoste der Wind meine hitzesatte Haut
Lust Genuss Wonne und Seligkeit wurden aus Wörtern zu
Spürsinnen Scharfsinnen Fingerspitzengefühlen
Mitunter gelang es mir
                trockenen Fußes über die Alster zu gehen.


–366

Aufgewachsen

I
Kiesel am Rhein

Ins Verhör nimmt dich
der schweigende Stein
in deiner Hand

So viel Gewesenes
Jetzt und Vorbei

All die Linien
versunkenen Lebens
aufgeweckt in deinen Augen

Warten auf deine Antwort.


–278

II
Legenden

Ich ging
          durchs Dorf und alles
sah ich wieder und
wieder nicht.
War dies das Haus
mit Herd und Wasserkessel
Kräuter Gewitterduft
gewürzt geweihter Asche
voller Rosenkränze
(freudenreich schmerzensreich glorreich)
Der Schornstein rauchte
nicht mehr und die Fenster
blickten leer. Ich strich
mit einer Hand die Asche
von der kalten Ofenglut
und sah auflodern
Vater Mutter euch
in feurigen Legenden
nah wie mein Blut.

–357

III
Nachruf

In der vergangenen Nacht
an meiner Hintertür
ein Jaulen Kratzen
wie von einem Köter

Ich wusste: das warst wieder du
mit deinen kleinen harten Pfoten
denen die meinen mit den Jahren
so ähnlich werden.

Der Giftzahn war in deinem Winseln
gut verborgen war dein Auge
das unsere Kinderfüße immer wieder
zum Stolpern brachte.

Bleib weg. Ich mach dir diese Tür
nicht auf. Und keine andere.
Dreh mich nicht um
nach dir wenn du mir
in den Straßen folgst und
in den Nacken seufzt.

Bleib liegen. Du weißt: ich hab
das weiße Laken über deine Stirn gezogen
mit eigner Hand den Sand geschaufelt
auf dein Grab. Bleib liegen
unter der Schwerkraft des Lehms.

Du zerrst mich nicht
wenn ich des Nachts erwache
aus meinem Bett den Flur entlang
vor das kalte Auge des Spiegels
das mich verdoppelt
in dir.

IV
Geboren

In dieser Nacht
erhob sich der Vater
aus seinem ewigen Bett
trat er in meinen Traum

Holte das blaue Stöckchen
hinter der Uhr hervor
holte das kleine Mädchen
aus mir heraus und
legte es übers Knie

Ich – nun älter als damals er –
nahm ihm den Stock weg
nahm ihn in meine Arme
wiegte den alten toten Mann
zurück in den Schlaf
als wäre er mein
ganz kleines Kind.

– 76

V
Staub

So
wie wir uns
von den Gräbern der Freunde
entfernen
wir uns von unserer Jugend
verblassen verlöschen
all die wilden Kinderspiele Himbeer
mäuler aufgeschlagene Knie
lange Nachmittage unter den Weiden
Wolkenspitzen braune Jungenaugen
der erste Kuss der Strom das Boot
werden zu Staub im Staub
der Erinnerungen
wie unsere Freunde im Grab.

–415

748

VI
Karfreitag

Karfreitag nach dem Deutschen Requiem von Brahms
In langen Zeilen geht der Tag voran in langen Stunden
durch dürres Gras in das der Wind der Wunsch hineinfährt
tonlos hineinfährt in die gelben Glocken auf den hohen Stengeln
der Wind der Wunsch
nach einem Wiedersehn mit den geliebten Toten
und wenn nicht Wunsch so doch die
Sehnsucht diesen Wunsch zu wünschen
als könnte einer da sein der ihn hört
und zu erfüllen in Erwägung zieht.


–272

VII
Mein Gott

Ist was? frag ich
die Freunde wenn sie ihn
sehen über meinem Schreibtisch
(neben Schiller und John Donne)
den Mann den jeder
man kennt den
ernsten Mann am Kreuz
den noch keiner lächeln sah
Wie sie da gucken die Freunde
(ein bisschen verlegen) und
die Schultern zucken
(etwas mitleidig)
Ist was? frag ich
Dann fragt niemand weiter

Einzelkind (was den Vater angeht)
reichlich Halbgeschwister
Machte sich aber nicht viel
aus Familie (kleine Verhältnisse
Adoptivvater Zimmermann aufm Dorf)
Kehrte ihr bald den Rücken (säte nicht
erntete nicht und sein himmlischer Vater
ernährte ihn doch) schlug sich
als Wunderheiler durch
mit einem großen Herzen für
die kleinen Leute und einer forschen

Lippe gegen die da oben (Ihr sollt
Gott mehr gehorchen als den Menschen)
Aufsässig furchtlos eigensinnig
praktischer Arbeit abhold

Den hab ich geliebt

wenn ich die Mutter
mundtot machte mit Lukas:
nicht die hauswirtschaftende
Martha vielmehr Maria
zuhörend von Jesu gefesselt
habe ›das Bessere‹ erwählt

und mich mit göttlichem Segen
in meine Bücher vergrub

Hab das gottschlaue Lieben verlernt
bei den Weiden am Rhein
unter menschlichen
Lippen- und anderen Zärtlichkeiten
So viele Vaterunser der Reue und Buße
Vergebene Liebesmüh

Mein Kinderheld fuhr
in den Himmel auf
Ich blieb unten

Da bin ich noch

Manchmal aber
lese ich wieder
in seinen alten Briefen
(die von den vier Kurieren
überbrachten)
oder besuch ihn bei sich zu Haus
(Mit Brot und Wein
Musik und Kerzenschein)
Dann frag ich ihn
Wofür das alles? Dein Leben
Leiden Sterben

Für den
            der fragt
sagt er und lächelt
befreit
von seinem Kreuz
nimmt mich
in seine Arme
flüstert mir ins Ohr:
Irgendwann
stell ich dich meinem Vater vor.
Lass dir Zeit. Ich kann warten.

Und meine Freunde?

Bring sie doch mal mit.
Auch Miriam, Fatima und Ali.
In meines Vaters Haus
sind viele Wohnungen.

Und mit fünf Broten und zwei Fischen
krieg ich alle satt.

*Eitelkeit Staub und Asche     auf einer leeren Seite*

Von den Wörtern

I
Nicht die Verzweiflung bringt
        dich in den Abgrund es ist
die Hoffnung die dich immer
näher an seinen Rand führt bis
du dich frei
willig hineinstürzt.

II
Was führt dich
        zur Verzweiflung?
Ein Wort.
Was macht
        dir Hoffnung?
Ein Wort. Ein Wort
zu wenig. Ein Wort
zu viel. Und schon
übernimmt es
die Führung.

III
Was für ein Wort
        soll es sein?
Eines das den Riss näht
Eines das den Riss aufbricht
den zitternden Riss im Herzen
den Riss von den
wortlosen Schmerzen
O Wort das es
schützen könnte:

ein Wort mein Wort
das den Riss herausnehmen könnte
aus meinem Herzen.

IV
Ein Wort vergessen wie
                    man eine Liebe vergisst
Wissen was dir auf der Zunge lag
und nie wieder schmecken.

V
Die Mechanik des Herz
                    klopfens heißt
noch lange nicht dass
du fühlst was du sagst wenn
du sagst du fühlst.

VI
Wo? In dieser runden
                    Höhle meiner Hand
Liebeshöhle: da
wartet das streichelnde Wort
auf deine Haut.

VII
                    (Grammatik für K.)
Nimm ein Dingwort
                    ein Singwort
Ein Tuwort
                    ein Duwort

Ich schenk dir
            ein Mirwort
Du gibst mir
            ein Dirwort
Wir machen ein
            Wir(r)wort daraus


VIII
Und wenn du sagst
            Ich liebe dich
legt sich eine Stille
um die drei Wörter
dass es ein Leben braucht
einen Satz zu finden
der dazu passt.


IX
Alle Wörter prahlen
mit ihrem Sieg
über das Schweigen
Und das Schweigen?
Hat immer
das letzte Wort
oder
das nächste    erste.


−94

Lebenshilfe

Hand aufgeschlagen das Lebensbuch
Dichterin kannst du uns sagen
Wieviel Herzeleid geht in ein Herz hinein
a) in jungen b) in älteren Jahren?

Stütz den Kopf in die Hände Frau
und denk nach      Ach der Wasserhahn
tropft und die Nachbarn poltern
Deine Dichtkunst kommt nicht so recht voran

und statt Versen klopfen Schmerzen
die Stirn ungebärdige Pentameter
und das Herze ist leid all das
Herzeleid und das balzige Gezeter

eine Sache für unreife Nachtigallen
und fette Nachlasskehlen.

Wenn ihr fühlen wollt was
Leiden sei fasst in eure eigenen Seelen

Ach da ist nichts was schlägt
nicht drauf und nicht hoch
da schlupft nur ein mickriges
Mäuseloch?

Dann ist euch nicht zu helfen ihr allerwertesten
AllerBestenWelts Herren und Damen
Wer ob jung ob alt kein Herz überm Kopf hat:
der lese Bilanzen geh Kanufahren.

–350

Dichterlesung

Da sitzen
        die Füße locker neben
einandergestellt. Sehnsucht
nach der Stimme da vorn. Den Kopf
ein wenig in den Nacken legen das
Gesicht ausbreiten dem Himmel entgegen
(vulgo Zimmerdecke) Die Augen
schließen (unbedingt) Die Ohren
aufstellen ausfahren spitzen
Die linke Hand auf den
Bauch die rechte über die linke legen.
Mutige dürfen die Hände
auch falten (verstärkt die Wirkung)
Furchtsame haken sie ineinander
Feiglinge ballen die Faust

Und dann

Du hörst die Worte und
gibst sie zurück dem
der sie dir zu Gehör bringt
schickst sie mit dem von dir
Gehörten Verschwiegenen
wieder zu ihm.
Alle Hörenden tun das.
Immer strahlender mächtiger unerhörter
werden die Wörter die dich erreichen
zurückschwingen wiederkehren:
Kreislauf der Wörter
Hörender und Gehörter
Sprechender und Gesprochener
Bis du nicht mehr weißt:

Hörst du ihm zu? Hört er dir zu?
Hört es dir zu? Hörst du dir zu?
Hörst du es?

Und dann

beginnt dieses schwebende Verfahren
Wellengang Klartext Gesang
Leinen los und hinaus auf hohe See
Durch Gehörgang Gehirngang ins gute alte Herz
(vulgo: Nucleus accumbens im Striatum)
Zu Herzen gehen
Das Geräusch der Wellen der Wörter
die gegen den Felsen schlagen
Manchmal auch
Meuterei Piraten Über-Bord-Gehn
Kentern an Land gespült werden
raus aus dem Buch
machen die Wörter
den Mund auf atmen lachen weinen
kribbeln dir auf und unter der Haut
nisten sich ein (manchmal)

(Kannst sie auch in die Manteltasche stecken
schön warm im Winter)

Und dann

Am Ende: Stille. Stille
beruhigte Stille.
Rausgehen. Die Jacke zuknöpfen. Das Ticken
der Uhr in deinem Körper vergessen.
Vorübergehend.

In den hohen Bibliotheken

Nachts bei Vollmond
                kannst du es mitunter hören
in den hohen Bibliotheken
dieses leise Knarren und Quietschen
wenn einer die Welt
aus den Angeln hebt und die Tür
nicht wieder zukriegt.


–279

Evergreen

Kommt der Frühling
Macht sich wieder
Breit in Primeln-Tulpenbusen
Öffnet Mieder unterm Flieder
Busch und Tusch
Der Lenz ist da

Lenz und Häns und Chen und Bieder
Meier ja auch der ist Da Da
Erblüht selbst Annas Blume
Neben Rosen Tulpen Nelken
Raus jetzt! Eh die frischen Lieder
Mit der Zeilenzeit verwelken

– 269

*Für wen schreiben Sie?*
*Für den, der fragen will.*

Ballade von Sisyphos' Stein

Hochpressen mit
verdrossener Routine
will er den Stein
da bleibt der

Klotz vor seinen
Füßen liegen und
grinst: Gekündigt.*
S. arbeitslos. Selbst

ständig. Ungelernt. Im
bleichen Mondenschein
im weiten Tal der Stein
S.   schaut

seine Hände an zer
schlägt den Stein in Platten
Quader ziegelgroße Stücke.
Intim bekannt mit

der Materie baut er
das Haus zuerst
dann einen Tisch
und lädt zum Gastmahl ein

(Hat ja nichts ausgegeben
bei der Plackerei)
all jene, die ihn heimlich
hin und wieder unterstützten.

–360

Auch zierde Frauen bittet er
zu sich (Hat vieles nachzuholen)
poliert den Schönen neidliches
Geschmeide dreht für die

Kinder Murmeln schleift
aus des edlen Steines Herz
den Buchstein gar für eine
die ihn lesen kann beinah

so gut wie S. der nichts
als seine Wörtersteine las
jahraus jahrein und jetzt
aus sattem Steineschweigen

Sätze schafft
die er wie schöne schwere
leichte große kleine
wie rauhe harte weiche weise Steine

jedem der fragt den einen
seinen gibt.

*  Das war ein Augenblick!
   Was soll ich Ihnen sagen!
   Als sich die zwei da
   angesehen haben!

He du

He du komm her du
Ich bin das All
Mächtige das
dich liebt und verstößt
frisst und wieder ausspuckt
heiligt verdammt mordet gebiert
mit meinem unerschöpflichen
Vorrat dieser wunderträchtigen Schnörkel
nach abertausendjährigen Mustern
He du komm her du
bleibst jetzt hier
wo du bist von hier von mir
kommst du nie wieder
fort: Du Wort!

–96

764

Einfach auslöffeln

Wir brauchen neue
                Formen sagst du. Werf ich doch grad ma
so 'n paar Zitterzackezeilen aufs Papier (ach so geduldig)
Geb Pfötchen und dazu das Gute Wahre Schöne
Händchen und auf die Fluren
lass die Winde los (Traditionell) Alsdann
versetz ich mal nen Gnadenstoß jed
weh und der poetischen Verfremdung
(Jung wie dat löppt) Schlag eine
Schneisung in verarmte Reimung
und befehl
                den letzten Früchtchen
voll zu sein (1,4 Promille) Lalaleluja
(oijoijoi böser Kalauer)
Und jetzt? Fragst du. Tunken wir mal alle
das Haupt ins heilignüchterne Wasser
und gründeln.

PS. Große Worte einfach auslöffeln.


–92

Alltag im Gedicht

Aus den Dingen werden Gespinste
Sätze zu schweren Brocken da
zwischen kullern paar Hartholz
tränen vom Tisch

Den Müll rausbringen im
Silbennebel verstecken
ganz hinten im Gedächtnis
bei den Erinnerungen

in der Vorratskiste der Wörter
die auf das Schwermuts-Trommel
Feuer warten. – Ich höre sie schon
auf der Treppe tappen: meine Seele.

–347

Übernahme

Gestern kamen dunkle Gäste
ich erschrak und schrie Gespenster
wollten aber sie nicht sein.

Griffen sich mit großen Gesten
Zahlen Namen aus den Schränken
fragten nach vergangenen Festen

wollten sich mit knappen Resten
(Wovon Reste?) Na der
Träume na des Lebens aber

nicht zufrieden geben tasteten
mir in die Brust
in den Bauch nach Herz und Leber

suchten frische Spenderware
sich am Leben zu erhalten
wollten gern ein Ganzes sein.

Ich in Panik drückte Exit
drückte löschen drückte schließen
schrie auch Besen sei's gewesen

wichen aber nicht. Höhnten
Goethe höhnten Schiller
höhnten windows microsoft

krallten sich in meine Zunge
zwangen mich zur Übergabe.
Übernehmen musst ich alle

vom Gewissen ins Gedicht
rein in dieses Ungedicht.

−147

## Alte Freundin

Von Zeit zu Zeit
            dasselbe Buch
wieder einmal besuchen wie eine alte Freundin
(einen Freund, einen Lehrer)
– Schön dich wiederzusehen sagt sie quick
lebendig. Wie ist es dir ergangen?
Mach doch die Tür zu. Nur du und ich. –
Ach deine schwarzen Augen und dann dein Name
Undine wie oft ist mir deine Stimme
entgegengekommen wenn du mir dein Ich zeigtest
wie eine unanständige Wunde (dich mit
Tag und Datum Ich zu sagen traust) wie oft
hast du mir die Angst genommen
vor dem Gespenst des Scheiterns ›das man
herausbeschwören muss um damit umgehen
zu können‹ sagst du.
            So
wie in diesem Gedicht für dich (das gar keines ist)
Tschüss dann bis zum nächsten Mal. Ich werde mich
revanchieren mit einem Körbchen Mirabellen
einem Beinkleid und ein paar Wolkenschnörkeln
vom klaren Wortfirmament über den Narben.


–91

## Stille Musik

Niemand hört lieber Musik
              als die Stille
(Ihr Gedächtnis ist voller Musik)
Wenn du sie genauso liebst und gut zuhörst
(Schuberts Nocturno zum Beispiel)
kannst du sie
mitsummen hören und manchmal
richtet sie sich (nicht selten im Frack)
nach dem letzten Ton hoch auf
und übernimmt das Orchester
– Ah diese weiche weiße Fülle –
oder setzt sich ans Klavier
das ihr mit breiten Zähnen entgegenlächelt
und spielt
mit nach rechts geneigtem Kopf
deine geheimsten Gefühle.

–270

## Elegie auf einen Dichter

Hatte er Kinder? Eine Frau? Hund Vogel Katze? Hatte
sein Haus ein Dach?
War er von denen einer die aus Limousinen steigen
hinunter in die Bar    ins Grab    und
tiefer    dahin    wo Gut und Böse ihren blondgelockten
Unterschied verlieren    Stieg er so weit hinab?

Ein Bauer schaut den Feldern dankbar zu
Was kümmern ihn die Wurzeln    Er sieht
wie Korn die Halme füllt und stellt sich
Mittags in der Bäume Schatten

Tat das der Dichter auch? Stieß er das Fenster auf
wenn ihm nichts mehr gelang und setzte sich dem Schatten
eines größeren Schöpfers aus? Ließ er sein einsames
Gesicht vom Mond bestrahlen wenn er es nicht mehr aushielt
das Geschrei der Toten in den Büchern

Der Jäger jagt sein Wild mit Schlingen und mit Fallen
der Fischer reißt den Haken aus dem Maul zu kleiner Fische
wirft sie zurück und deckt die Augen dem der daliegt zu
im eisigen Bach

Tat das der Dichter auch? Hat er die Folianten durchgestürmt?
Das Leben? Lebte er Aug
in Auge? Oder Wort für Wort? Sprach er das Wort aus
leicht    sprach er es schwer schnell langsam mit Bedacht    Sprach er so
wie man das Korn sät für das Brot? Nahm er
den Wörtern ihre Dornen gab er sie zurück?

Hat er gespart? Für andere? Für sich? Hat er den Hut gezogen? Zahlte
er die Steuern? In frostigen Zeiten raschelte
das Alphabet wie steifgefrorenes Gras wenn er hindurchging
und schnitt in seine bloße Haut

Der Clown verschluckt sein Lachen    Unter der Kuppel
keucht der Akrobat fiebrig und strahlend
auf den Bänken muht die Meute und leckt die Lippen
nach Blut Schlagzeilen und nach Epitaphen

Für einen Dichter? Der die Augen zukniff wenn
er in die Sonne sah    Wie kleine Kinder
die am Fuße eines Sockels stehen auf dem ein Mann
steht    steinern    und auf dessen Schultern ein Kopf
so wie die Sonn am Himmel steht    So

blinzelte er wenn er Großes sah (und groß war
größer als er selbst) Zum Beispiel: Beete
frischer Blumen brachten ihn zum Blinzeln dass
ihm das Wasser aus den Augen trat
Oder am Fuß des Sockels
eine Rose bevor man sie im Herbst
im Dung verscharrt nach dem Gesetz
dass die Materie zerfällt und dass
das Wort ersetzbar ist und nicht die Dinge

Im Sommer lächeln schöne Frauen in den Straßen
wie von Altären oder Illustrierten tief in die Körper
ihrer Männer bis dahin wo man Kinder macht.

Über dem Nacken junger Mädchen
geht die Sonne auf    Es beben
die Planeten von all den Hände-
Füße- Lippenzärtlichkeiten und später
führen Mütter Kinder aller Wege
im Wagen zu Fuß in den Bäumen im Bach    Hat er

da mitgelebt damit gelebt? Ließ er sich fällen
von der Liebe Not? Hat er den Brand gekannt
den Hirnfraß wie von ungelöschtem Kalk? Lippen
aus denen Lächeln abgefeuert wird wie Projektile?
Mitten im Winter den Geruch von Sonne
auf nackter Haut und Heidelbeeren? Geschrei
aus einem Kinderwagen? Oder

ging er   ein schöner Mann   daran vorbei? Schlug
seinen Kragen hoch? Knallte die Tür?
Verkniff die Lippen? Galt ihm
das schwarze Wort mehr als der lichte Augenblick
Hat er am Ende nur für dieses Schwarz gelebt?
Hat er am Ende nur durch dieses Schwarz gelebt?
Nur schwarzes Wort gelebt? Hat ihn das Schwarz gelebt?

Hatte er Kinder? Eine Frau? Hund Vogel Katze?   Hatte
sein Haus ein Dach? Ein Ende?   Glücklich   so
wie im Bilderbuch so wenn der böse Wicht stirbt und wir
leben weiter   Man sagt man habe ihn gefunden
lächelnd   Lächelnd zuletzt   wie einer der zuletzt lacht
Eitelkeit Staub und Asche   auf einer leeren Seite.

– 180

*Keine Zeit für Elegien*

Kneipenschreipen

Wir sitzen in den Kneipen rum
und träum'n von roten Rosen
und allem möglichen Gereim von
Zen bis Tote Hosen.

Die Bierbüchs knallt im Wester
wald sinkts Rehlein in die Knie
und auf drei Silben Eduard
fällt rein die Annemie.

Und wer ist schuld daran? Das
Bier das aus der Büchse schießt?
Dass aus des Rehleins Loch das Blut
beim Mädchen Unschuld fließt.

Das Bier die Büchs das Reh der Wald
wir sitzen in den Kneipen
und wenn wir nicht gestorben sind
– Ja was dann –
so wolln wir weiterschreipen.

–54

Die Sbahn rollt

Die Sbahn rollt
Der Kaffee schmeckt
Die Arbeit lockt
Dito dein Kuss
Du kannst
Suchen Verwerfen
Probieren Verzweifeln
und wieder von vorn.
Keine Zeit für Elegien
Kriege Hunger und
andere Katastrophen
weit weg
ertränkt im Medienfluss

Wie sonst könnten wir
Tag für Tag
auf kein Wunder warten.


–268

## Mal ehrlich

Endlich ausgenüchtert? Mal ehrlich:
Die Landkarte auf deiner Haut
wohin führt' sie dich? Rund um
die Augen die Falten so vertraut
wie am Daumen der Daumennagel
den du wie deine Hoffnung feilst
bis sich der Schleifstein abnützt
und du nicht länger verweilst
in den ausgelebten Runen
deiner Existenz. Dich den
Schrunden Narben Blessuren
endlich überlässt bis in
deiner Stimme der Wind
stirbt          zuletzt.

– 148

Spaziergang

Zieh die Schuh an lieber Vetter
wollen wir spazieren gehn
Straßen lesen Köpfe deuten
Zeit vergeuden einmal mehr

Augenblick mein lieber Vetter
wolln wir Pampelmusen kaufen
in der Menge bei den Waren
liegen sie gehäuft und gelb

Und dann gehn wir ein paar Schritte
weiter gradeaus Herr Vetter
zu den ruinierten Leuten
hinterm Park am Bahnhofsrand

Gebn wir ihnen Pampelmusen
fein mit Lächeln überpudert
kannst sie ihnen sogar schälen
und dann gehn wir wieder heim.


–160

An eisigen Tagen

An eisigen Tagen wie diesen
                    wenn nur der Schnee
die fahlen Stunden aufhellt
und in fernen Ländern
Menschen Menschen
fangen foltern erschießen
tropfen mir
am warmen Schreibtisch
honigduftend und inniglich
lauter humanitäre Wohl
gereimtheiten rein ins Gedicht
die ganz allerliebst
die vakante Nische
unseres Gewissens schmücken.


– 188

Nie

Wir haben den Opfern
Kränze gewunden aus
dunklen Bildern und Adjektiven
Sie in Statistiken verwandelt
und Litaneien in Romane Filme
Museen Denkmäler Comics
Gedichte wie dieses

Vergebens die Suche
nach einem Wort
das sich einen Reim macht
von Leben
auf Mord


−179

## 27. Januar

Wir gedenken Euer
              im Wohlklang
der Verse Paul Celans Nelly Sachs' Gertrud Kolmars
Else Lasker-Schülers Selma Meerbaum-Eisingers
Der Musik Jascha Nemtsovs Louis Lewandowskis
Franz Schrekers Ignace Strasfogels Moritz Deutschs
Hat die Suche nach Schönheit
hat die Suche nach Wahrheit
das Grauen besiegt?
Uns die Wörter entgiftet
Uns die Kehlen gelüftet
für neue bessere Lieder
miteinander zu singen?


−363

Yesterday
oder Rhythm and Blues

Das Gedicht ist keine
                    Notenpresse für faule
Kredite: Wo kommen die Wörter wo
kommen die Scheine her? Wer setzt die
Dividenden in Bewegung? (Good Lord) Warum
sag mir warum soll sich ein Dichter nun
auch noch um Book-Building-Spannen kümmern? Um die
globalisierte Raserei? Renditen Schwundgeld Laufzeit
Null-Kupon-Anleihen Zero Bonds
Leerkäufe Aktienindices Marktkurssysteme
bringen nicht
allein das Gedicht
ausm
Glei          ge
      ch
    wicht
Null Rhythm
nur noch Blues
und usura
die ewig alte Quelle aller Übel
endloser Fluss Geldfluss
Sieh dort:
die schöne Lau Undine die kleine Meerjungfrau
und die Töchter alle des Nereus und der Doris
– Nicht mehr reiten sie auf der Delphine Rücken –
versinken im Cash-Flow ersticken im Ölschlamm
Ein Märchen? Uralte Zeiten?

Die Loreley macht Bankrott findet keinen Investor
wird zerlegt zersungen verscherbelt. Ihr Neffe
sichert sich ihren Namen als brand plus die
Merchandising-Rechte weltweit im Online-Shop
und für Nostalgiker macht er vor Ort
ein wetterfestes Lorley Remake auf
begehbar animation full 3D mit
Lory Burger Pommes Cola
all inclusive.

– 176

Endspiel. Oder so

Nach der dreihundertzwei
und vierzigsten Klimakonferenz
taucht Old God aus dem Abgrund
verseuchter Meere
verröchelnd
winkt uns Jesus Goodbye
bevor er sich von den Resten
des Matterhorns stürzt.
Und der Heilige Geist
in Gestalt einer
(Na Sie wissen schon)
dreht eine letzte Runde
auf dem Markusplatz
und macht den Himmel
endgültig dicht.

Oder?
      Jesus braust
empor aus dem Tal
Old God rauscht
aus Luzifers Tiefe
Darüber schwebend besagte Taube
Und dann
ist Auferstehung.

–261

Für

All die geschundenen Körper zerrissenen Seelen
Gesichter ohne NAMEN ohne Gesicht

Für
die schwatte Hamburger Deern
Mit zwölf große Ferien in Kenia
bei Verwandten auf dem Land
Ach all die schönen Versprechen
von einer Sekunde zur anderen
vom Schreckensmesser verwandelt
in Schrei und Schmerz den
klaffenden Mund das brüllende
Blutloch zwischen den Beinen
Im Blechnapf der Abfall
Kinderschamlippen Mädchenklitoris
Der Beschneiderin Hand mit Nadel
und feinem Faden die blutenden
Lippenränder entlang auf dass
›alles schön glatt‹ wird. Mit
derberem Garn noch viermal sticht
die nadelnde Hand von einer
Seite zur anderen durch
zerrt die Fetzen zusammen
leckt streicht verklebt die Blutnaht
mit Zucker und Honig. Alsdann
steigt die Verwandtschaft von den
gespreizten Beinen des Ferienkindes
herunter die Arme bleiben von harten
Händen genagelt hinter dem Kopf.

Alt ist das Seil aus dem Stall
das die Älteste nun von der Leiste
bis zu den Zehen um die Kinderbeine

784

zurrt und nicht wieder lockert
ehe Schorf die Wunde verschließt
Tropft der Harn liegt das Mädchen
in seiner brennenden Nässe
Beißendem Schmerz fächelt die
Großmutter Kühlung zu pustet
Altfrauenatem auf den verstümmelten Leib
summt singt ein Lied wie es ihr
schon die Mutter sang.
Mami wo bist du? Wimmert das Mädchen
nach der Mutter in Hamburg

Hört ihr das?
Sechstausend Mal am Tag
Zwei Millionen Mal im Jahr
seit dreitausend Jahren

Hört ihr das?
Gedämpft durch Zeitungspapier
verschwimmen die Verstümmelungen
im Nebel der Druckerschwärze:
Events weit weg

Und ich?
Noch ein paar triviale Heldentaten
Resolutionen Kongresse Appelle
Gutgemeinte Gedichte?
Hoffen mit Schrift erstickt
von Schreien
Tod und Leiden umzudichten
in unseren unzerstörbaren Traum.

–178

Liebe wagen

Heimatland sage ich
        schüttle den Kitsch
aus den Buchstaben schüttle die
braune Verbrecherfarbe aus den
schuldlosen Silben und die Müdigkeit
immer aufs neue Geburtshelferin zu sein
für eine (beinah) unbefleckte Empfängnis
Liebe und Leben zugewandt.

Deutschland sage ich
        spüre Blicke
die spotten (töten) wenn ich ein Liebes
licht anzünde in Ebenen und Gebirgen
Die Tonleiter der Begnadigung übe
herzensweh schrill zerreißend die
Totenlaken über der singenden Sonne
die jedes – auch dieses Lied – lehrt.

Heimatland liebes
        Deutschland
drei Wörter die mir
auf der Zunge zittern
nach wirren Verwandlungen wieder
in der Muttersprache zu Haus
leidgebadet liebegetränkt.
Hölderlin feiernd und Alltag zugleich.
Liebe ohne Flaggen und ohne Parolen
aber mit Bergpredigt Kant der
poetischen Mathematik
von: $E = mc^2$

und der praktischen Prosa von Grundgesetz
Recht und Vergebung
Meiner einzigen Fahne verschworen:
dem gestirnten Himmel über mir
in unserem global village.


– 78

*Gibt es ein Wiederwort?*
*Dort.*

Kleine Schwester

Seltsam zu glauben
        dass du Ich bist
dass du in mir steckst wie
die kleinste und einzig kompakte
russische Puppe. Keine Angst.
Ich schütze dich mit all unseren
Schwestern die dich umwachsen
wie Ringe und Rinde den Sämling
des Baums.

Dir zunächst befreie ich
unsere Schwester das Mädchen
von den Händen im Nacken
lege sie dir auf die Wange. Du
riechst Kettenöl und Tabak
aber du fürchtest dich nicht mehr.
Unserer Mutter öffne ich
den Mund für all die lieben
fröhlichen Worte die sie nie sagte
Sieh wie ihr Auge blitzt
als wäre sie eine von uns
endlich hier im Gedicht.

Trösten alsdann muss ich
die nächste Schwester
Studentin und Liebende. Träumte
von einem sorgsam umsäumten Leben
aber der Tod riss den Liebsten
an sich von ihr.
Deine Tränen längst Silben Schwester
in meinen Versen.

Allein warst du nun
eine junge Frau von entrissener
Liebe versehrt
rastlos verlangend
nach vergleichbarer Glut.
Halt still: ich küsse streichle liebkose
all das Eis trainierter
Münder Hände Körper
von deiner Haut All die Jahre
reproduzierbarer Lust verbrämt
unter schönem Herzensbetrug
dürstend nach Blendung und Illusion
unter klingenden Lügen
ins Sentimentale gekehrt

All die Jahre und Menschen
zu Grunde gegangen
und auferstanden weit oben
wo es licht ist wo Sprache ist
im unverstellten hellen
aufrichtenden Wort
im Gedicht.

Viele Gedichte du weißt es
Schwester hast du geschrieben
dir den Einen zu erschreiben
Nicht der Sprache nur zu vertrauen
vielmehr noch einmal
(und diesmal und jedesmal: für immer)
einem unfasslichen Nacken
einer unerschrockenen Haut einem
Geruch nach Schweiß und Geschlecht

dich anheimzugeben. Dein Herz
wollte nur eines:
nach Haus. Deine Sehnsucht:
Warten auf eine Liebe die
Erlösung brachte Heilung
und Wiedergeburt

Dann stand er vor dir
Stand da und war
ein ganz gewöhnlicher Mann.
Aber was ist das?
Ergreift es dich, Schwester
du weißt es, ist nichts mehr gewöhnlich.
Seine Augen in deinen Augen den Haaren
auf Hüfte und Brust Hals und Fuß
nehmen dich bei der Hand und führen
dich weg von dir
zu dir hin.

Deine Liebe, jüngere Schwester
ist heute seit vielen Jahren
die meine. Ich teile
sie gerne mit dir. (Mit euch Schwestern alle)
Sie ist groß geworden gewachsen
gegen Widerstände und Hinderungen
Und war von Beginn eine Liebe
geborgen in Freundschaft verankert
in Achtung Respekt Eigen

Sinn und Humor
Wir hatten die Nächte aber
die Tage auch.
Umarmung Entfernung.
Nie tat der Tag dem Traum
einen Abbruch.
So waren
so sind wir einander
Geschlecht und Gespräch.

Nun kleine Schwestern
rückt die Älteste ins Bild:
eine alte junge Frau
die Erinnerung hellsichtig macht
und die Gegenwart schwerelos
furchtlos mutwillig kühn.
Ich liebe euch kleine Schwestern
habt keine Angst
die Dichterin hat auf euch acht.
Keine von euch
geht verloren
im Gedicht
gibt es kein Ist-Gewesen
im Gedicht
ist jede Zeit dieselbe

Und du Mädchen mit
dem aufgeschlagenen Knie
Du im Minirock und Afrolook
Du mit dem Megaphon
in der Hand
und dem Buch dem Buch dem Buch

Unvergänglich lebt ihr
in mir und in meinen Zeilen
wie das Paar dessen Teil ich bin
das Paar im Einklang Zweiklang
lächelnden Genügens: ein
stilles leichtes Glück
jenseits von Nichtmehr und Niewieder
Vorbei Dahin Vorüber. So

lange bis der große Puppenspieler
mir die nächste Strophe aufzwingt
Irgendwann eine letzte.
Was wird dann aus dir
kleine Schwesterseele tief drinnen
in mir? Kommst du mit?
Aber wohin? Und: Gibt es
ein Wiederwort?
Dort.

fünfte jahreszeit
2013

frühlingshügel

die armen wolken
hissen ihr regenschwarz
gegen die sonne


winzige bäche:
überschäumendes ungestüm
freudensprünge ins tal


endlich sonne die
jungschar kaum noch zu halten
schnabelfanfaren

lacht mir die alster
zu am morgen: hörst du den
uralten froschton?


hier lieg ich auf dem
frühlingshügel die wolke
wird mein flügel –


gelber schnee auf den
wiesen duftender blumen
schnee kälbermaulschnee


das feld bestellt. die
hände im schoß. nun mag er
fallen der regen

auf der vogelweide


verregneter sommer
komm wir finden die sonne
hinter den wolken


johannisnacht be
schleicht deine erinnerungen
süßes vergessen


die weißdornhecke
sonnensatt schimmernd unterm
mittsommerhimmel

under der linden
an der heide dâ unser
zweier bette was


glühwürmchen im haar
der liebsten im taufeuchten gras
schimmern wie sterne


hörst du das? schweig still
es blühen die rosen dir
im herzmuschelohr


tandaradei
schône sanc diu nahtegal
auf der vogelweide

heiß. schweiß. eismann wo
bleibst du mit deinen haikuss
küssen auf sahne


die sonne ☺
kastanienwind fächelt
der sommer ist kûl

erntelicht


frucht in den augen
aber noch schmetterlinge die
blicke voll sonne


die erde noch warm
erntelicht in den beeten
brot wort und rosen


rehbraune wälder
lila kolonnen im gras
herbstzeit ist lose

tau senkt sich nieder
welkes laub blattgefieder
kehr um kehr wieder


fahldünne sonne
verweinter regenbogen
im wässrigen licht


die diebin des lichts
schleicht heran aus dem westen
im schlepptau die nacht


aStern ihr schweStern
Sternsinger im späten beet
spielt mir das lied vom licht

schnei schnee

tief steht die sonne
färbt das eis in den pfützen
schallend lachendes gold

schmeichelnder schnee
aufs eis der weidenzweige
von mitleid gerührt

blattlos die eiche
in winterlicher belebung:
ein krähenlaubbaum

schneelerchen im schnee
käfig schneesingen schnee
melodien: schnei schnee

dezember. advent.
der rote christstern geht auf.
o du fröhliche!


leise rieselt der
schnee still und starr ruht der see
mann im grab@en.de

fünfte jahreszeit

es war doch alles
so schön wie es war und es
war doch alles wahr

verschneit von der zeit
auf den wegen von damals
nach ehemals

unter deinem fuß
der weg entsteht im gehen
harter pfad im gras

alle wege ins
selbe die letzte silbe
alpha bis omega


dieser augenblick
mogelt sich durch bis rein in
den nächstbesten vers


traum vom schreiben
ohne worte zu machen
wahrtraumdeuterey

# Nachwort

# Penelope am Schreibtisch

Keine Dichterin deutscher Sprache hat das Publikum so polarisiert wie die virtuos gegen jegliche Mode schreibende Ulla Hahn. Die nüchternen ›Alltagslyriker‹, die sich mit dem Abwenden von den Utopien der Achtundsechziger zugleich im Auflösen tradierter Formen übten, ärgerte sie Anfang der achtziger Jahre mit klassischen Volksliedstrophen. Ihre Rondeaus und Sonette knüpften geradewegs an das Regelmaß von Metrum, Rhythmus und Reim der klassischen und romantischen Tradition an. Da hatte sie jene Verse schon verworfen, die Anfang der siebziger Jahre vereinzelt in der *Deutschen Volkszeitung*, Düsseldorf, und in Lyrik-Anthologien erschienen waren. Nichts in den späteren Gedichten – auch nicht denen mit geschichts- und gesellschaftskritischem Anspruch – erinnert an den agitierenden Impetus ihrer Anfänge.

1980 gab Ulla Hahn die Aufsätze, Reportagen, Reden und Interviews des in Ostberlin lebenden Stephan Hermlin heraus. Der Anregung des Freundes, ›Schreib doch mal ein anständiges Sonett‹, verdankt sie eines ihrer ersten formvollendeten Sonette, das sie prompt – mit leicht ironischem Unterton hinsichtlich des erotischen Inhalts – ›Anständiges Sonett‹ betitelte. Der Germanist und Literaturwissenschaftler Walter Hinderer charakterisierte es 1987 treffend als ›eines der kunstvollsten erotischen Gedichte nach 1945‹. Die politische Didaktik hatte sie aufgegeben und sich amourösen Themen zugewandt. Vor allem mit den Gedichten ›Ihr Kampfgenossen all‹ und ›Nicht zu gebrauchen‹ (beide in *Herz über Kopf*) erteilte sie den APO-Gesinnungsgenossen von einst eine drastische, in saloppen Umgangston gekleidete Absage. Sie proklamierte die eigene Unabhängigkeit und bekannte sich zu einer Literatur, die sich nicht als Stellungnahme zur politischen ›Lage‹ verstand und Poesie nicht an ihrem gesellschaftspolitischen ›Gebrauchswert‹ maß. Souverän wandte sie sich von der ›rohen, unartifiziellen Formulierung‹ (Nicolas Born) ab und orientierte sich an melodischen Sprachformen vergangener Jahrhunderte, insbesondere an Volksliedern.

Als sie 1981 mit ihrem Debütband *Herz über Kopf* die literarische Bühne betrat (die *FAZ* druckte ihre Gedichte bereits 1980), hatte sie schon ihren eigenen, unverwechselbaren Ton gefunden: Anstelle von ›Gefühlsasketismus‹ betrieb sie das exakte Ausloten von Gefühlen in allen Facetten. Statt des plakativen Vorführens von Haltungen und Gesinnungen boten ihre Verse Empfindungs- und Erlebnisreichtum. Psychologische Motivierung und Differenzierung kennzeichnet die Hahn'sche Rollenrede. Das Ich spricht nicht nur als Denkende und Reflektierende, sondern vor allem als ein sinnliches Wesen.

Sowohl den Sprachkrisen der Moderne abhold als auch dem auf Fakten bauenden Lamento der ›Kahlschlag‹-Poeten, die allerorten Niedergang und Zerstörung dokumentierten, pflegte sie die mit ironischen Schlenkern gewürzte Harmonie in geordneten Strophen und wohltönenden Reimen. Damit war sie nicht allein. Auch andere Autoren sollten bald die alten Formen erneut für sich entdecken wie der 1979 von Ost nach West emigrierte Günter Kunert. Dennoch könnte man von einer Formenrenaissance auf leisen Sohlen sprechen. Ulla Hahns Gedichte unterschieden sich sowohl von den gesellschaftskritischen Warn- und Mahngedichten im Kassandra-Ton als auch von der sprachexperimentellen Konkreten Poesie, die sich – wie bei Ernst

Jandl – zwischen Clownerie und Parodie emphatischer lyrischer Konzepte bewegte. Erst in den neunziger Jahren begann Ulla Hahn offenere, freiere Formen zu verwenden. 1981 aber wirkte ihre konsequente Rückbesinnung auf Halt gebende Strukturen und Klänge wie ein Paukenschlag. ›Graziös und konsequent‹ habe sie ›die Schatzkammer der deutschen Lyrik geplündert‹, jubelte Marcel Reich-Ranicki ihr anlässlich ihres Debüts zu. ›Gegenwartsferne liebliche Idyllen!‹, ›literarisches Biedermeier!‹, ›Butzenscheibenlyrik!‹, konterte der mürrisch gestimmte Teil der Literaturkritik. Im Osten gab es Parallelen. Der Lyriker Rainer Kirsch, einst Ehemann der Sarah Kirsch, der sich ebenfalls an überlieferte Formen hielt, war bei Anhängern des freien Verses als ›Stalinist der Form‹ (angeblich ein Bonmot von Adolf Endler) verschrien. Die Popularität Ulla Hahns erreichte Rainer Kirsch nicht. Die Leser Ulla Hahns aber fanden und finden ihre eigenen Empfindungen und Erfahrungen von Glück und Unglück, Liebe, Verlust und Leid, Trauer, Verzweiflung und Sehnsucht in den Versen wieder. Ihr Gedicht ist ein Ort zum Innehalten, Durchatmen und Entschleunigen, aber auch Raum für Denkanstöße, sich immer schneller auf Pointen zubewegende oder locker flanierende Wortschöpfungen, die sich alle um eines drehen: das Leben selbst. Die hohen Verkaufszahlen insbesondere ihrer ersten vier Gedichtbände *Herz über Kopf* (1981), *Spielende* (1983), *Freudenfeuer* (1985) und *Unerhörte Nähe* (1988) sprechen für sich. Mehr als sechzigtausend verkaufte Exemplare konnte allein ihr programmatisches Debüt verbuchen. Welche Bücher mit Gegenwartslyrik deutscher Sprache – sieht man von Wolf Wondratscheks *Chuck's Zimmer* (1974) ab – haben je so viele Leser erreicht? Im Osten Deutschlands war es vielleicht Eva Strittmatter, aber die bewegte sich mit ihren Rosen- und Heliotrop-Gedichten auf einer anderen, weniger kunstvollen Ebene. Und Lawrence Ferlinghettis überaus erfolgreiches *A Coney Island of the Mind* (1958) spielte in der Kult-Liga der Moderne, in der Ulla Hahn zunächst nichts Brauchbares für das eigene Schreiben fand. Von den genannten Ausnahmen abgesehen, gilt damals wie heute die von Hans Magnus Enzensberger angeblich exakt berechnete Zahl von 1354 Lesern pro Lyrik-Edition, die als sogenannte ›Enzensberger'sche Konstante‹ in die Annalen einging. Eine kuriose Zahl, aber sicherlich nah an der Realität. Dass die digitale Verbreitung von Gedichten durch das Internet möglicherweise alle Begrenzungen sprengt, ist ein Prozess, von dem man noch nicht weiß, wohin er führt.

Hier, in *Gesammelte Gedichte*, aber halten wir die vorläufige Bilanz des lyrischen Schreibens einer Dichterin in der Hand, die auf Anhieb die Herzen der Leser – und vor allem die der Leserinnen – eroberte. In Deutschland hatten Denker, nicht Denkerinnen, den Ton angegeben. Im Westen Hans Magnus Enzensberger, Peter Rühmkorf, Rolf Dieter Brinkmann und Jürgen Theobaldy mit seiner Alltags-Anthologie *Und ich bewege mich doch* (1977) sowie Jürgen Becker mit seinen geschichtlichen Landschaften. Im Osten u. a. Volker Braun und Karl Mickel, dann Uwe Kolbe und Durs Grünbein. Hier wie dort entwickelte sich eine vielstimmige Szene, die – nach den großen geschichtlichen Abrechnungen – auf Subjektivität pochte, die sich an gesellschaftlichen Widersprüchen rieb. Im Osten trieben in den achtziger Jahren Lyrikerinnen wie Elke Erb, Kathrin Schmidt, Barbara Köhler und Kerstin Hensel die Entwicklung aus betont weiblicher Sicht voran. Sie alle bevorzugten freie Versformen. An Sarah Kirschs Gedicht ›Aynn Wintrstück‹ (in Sarah Kirsch: *Zaubersprüche*, Berlin: Aufbau 1973) knüpfte Ulla Hahn mit ihrem Gedicht ›Altes Lied ungereimt‹ an. Doch anders als Sarah Kirsch beschränkte sie sich nicht auf die Nachbildung der volksliedhaften Lakonie. Sie anverwandelte ihren Versen deren Rhythmus, Melodie und Klang. Ihr ›ungereimt‹ bezieht sich weniger auf die Form als auf das Motiv: das Klagelied einer Frau in der Rolle der Geliebten eines anderweitig gebundenen Mannes. Der uralte Dreieckskonflikt: bei Sarah Kirsch die Abkehr von der scheinbar harmonisierenden Form des Volksliedes. Hier, bei Ulla Hahn, die Wiederaufnahme und Weiterentwicklung der Form. Da schieden sich die Geister, obwohl beide das Gleiche thematisieren. Sarah Kirsch hat ihr volksliedhaftes Gedicht später verworfen und nicht mehr in spätere Editionen aufgenommen. Ulla Hahn aber frönte auch in den Folgejahren dem Volksliedton mit Bravour. ›War eine Zeit da hüpften die Wörter wie Lämmlein / ins Haus wie auf grüne Weide lachend und scherzend‹, sagt rückblickend die lyrische Figur einer Hirtin zu Penelope im Gedicht ›Penelope am Webstuhl‹ im Band *Galileo und zwei Frauen* (1997). Die altertümelnde Sprache gebraucht Ulla Hahn nur gelegentlich zitathaft, etwa im Gedicht ›Der Himmel‹ in *Herz über Kopf*, 1996 aber wird sie im Zyklus *schloss umschlungen* zum strukturgebenden Gestaltungsprinzip.

In den achtziger Jahren wählt sie mit Bedacht aus dem jahrhundertealten Formenreichtum der Lyrik, erneuert die Tradition von Bild und Klang, indem sie mit ihr bricht. Behutsam und mit Gefühl bewahrt sie Geist: ›ruhig frei und leicht‹. Die Bibel ist ihr eine Fundgrube, die deutschen Klassiker ebenso wie Märchen und Sagen. Mit solcherart Sprachmaterial zündet sie Freudenfeuer an, oder sie ist die Spielende, die ironisch mit dem Vers jongliert, dabei unerhörte Nähe gewinnt oder es sich einfach gut gehen lässt in *Epikurs Garten*. Literarische Bezugnahmen fließen in die Verse ein, auch später, als ihre Verse in freien Rhythmen dahinfließen, manchmal auch stocken, die Form unterbrechen. Diese Mischung aus Ironie und Emotion, aus Rückgriff auf bewährte Muster und zugleich Aufbrechen derselben ist es, die ihren Gedichten einen besonderen Ton gibt, der sie von purer Innigkeitsdichtung unterscheidet.

Ulla Hahn ist eine Meisterin des Liebesgedichts. Sowohl die petrarkistische sehnsuchtsvolle Liebe als auch die handfeste Brecht'sche Liebe hat sie besungen – und alle Nuancen dazwischen. Die Skala ihres erotischen Repertoires reicht von zarten metaphorischen Andeutungen über locker und unverhohlen deutlich bis zu offen tabulos. Mancher hat den hier und da gewagten Wortgebrauch auch frivol genannt – warum nicht? Das Balancieren auf den Grenzen der Stilebenen, zwischen deutlich, drastisch und anzüglich, ist Teil ihres poetologischen Konzepts, das auf die listig eingefädelte Provokation des Lesers aus ist. Wenn Ulla Hahn Eros mit Witz und Verstand paart, bleibt die Lektüre allemal ein Lesevergnügen. ›Die Liebe ist kein Engelchen mit Flügeln‹, betont die Lyrikerin im Gedicht ›Heller Wahnsinn‹. Bereits der Titel *Herz über Kopf* ließ sich als Programm deuten: Das Gefühl, die tiefe, überwältigende Leidenschaft, verdrängt den Verstand. Die lebhafte direkte Anrede an die geliebte Person in der Tradition des Mündlichen dominiert. Die Dichterin spricht bewusst als Weib und verwendet Begriffe des Körperlichen, Sinnlichen und Erotischen in weiblicher Bildlichkeit. Ulla Hahn betreibt – vor allem im Band *Wiederworte* (2011) – ein emanzipiertes Fragen, Widersprechen, Umwerten und Deuten geschlechtsspezifischen Rollenverhaltens. Die Frau als traditionell passiv wartende Haus-Frau – der Mann als aktiver Welt-Entdecker? Dabei wird die Dichterin, die ja auch promovierte Literaturwissenschaftlerin ist, nie belehrend; immer bleibt die Form dem Erlebnis dicht auf den Fersen. Der tradierte Gegensatz von Welt-

Mann und Haus-Frau schrumpft im Lauf ihrer poetischen Entwicklung gegen null. Liest man die Gedichte ›Anständiges Sonett‹ (*Herz über Kopf*, 1981), ›Stillständiges Sonett‹ (*Liebesgedichte*, 1993) und ›Ein ständiges Sonett‹ (*Wiederworte*, 2011), so fällt ein immer tabuloser werdender Wortgebrauch auf. Prompt gab und gibt es warnende Stimmen, die auf die ›wohlanständige Grenze des guten Geschmacks‹ verweisen. Wer hat diese Grenze gezogen, und wo verläuft sie? Kommt sie womöglich aus dem Sittlichkeitskodex vergangener Jahrhunderte? Provozieren die gewiss vorhandenen körperlichen Deutlichkeiten sowohl Moral-Apostel als auch auf Entblößungen erpichte Leser? Ulla Hahn spricht von der erotischen Emanzipation der Frau in einer erotischen Sprache. Souverän und spielerisch erfindet sie auch Körper-Worte, die es zuvor nicht gab. Was ist Dichtung anderes als das Benennen von bislang Unbenanntem? War das Lyrische Ich in ›Anständiges Sonett‹ noch die in traditioneller Manier passiv lockende Frau, wandelt sie sich in ›Ständiges Sonett‹ vom Objekt zum Subjekt, das selbst handelt. Liebe wird nicht idealisiert, sondern realisiert. Intelligent und angriffslustig nimmt Ulla Hahn den Begriff ›Herz‹ in ›Stillständiges Sonett‹ nicht mehr als Synonym für Gefühl, sondern wörtlich. Sie verzichtet nun gänzlich auf die Idealisierung des Eros und betreibt ein heiteres Spiel mit körperlichen Tatsachen und Wortbedeutungen.

Das ›Hypothetische Sonett‹ in *Galileo und zwei Frauen* hat eine andere Tonlage. Es dominiert nicht der drastische, sondern der leise Humor, der später auch vielen Gedichten des Bandes *So offen die Welt* (2004) eigen ist. Das ›Hypothetische Sonett‹ ist ein – im wahrsten Sinn des Wortes – ›schönes‹ Gedicht über die Achtsamkeit in der Liebe, über den Augenblick der lebendigen Zweisamkeit und seine Anwesenheit in Zeit und Raum. Es gehört zu den Vanitas-Versen angesichts der Vergänglichkeit. Goethes/Fausts Wunsch, ›Könnt ich zum Augenblicke sagen: / Verweile doch, du bist so schön‹, klingt hier an, diesmal besinnlich und gänzlich ungereimt. Nur das Zeilenschema des klassischen Sonetts wird beibehalten. Gäbe es eine Liste der schönsten Liebesgedichte der Welt, gehörte Ulla Hahns ›Hypothetisches Sonett‹ gewiss dazu. Überraschend ist, dass Ulla Hahn sieben Jahre später, als sie in ›Lilien‹ (*Wiederworte*) den berühmten, 1998 auf Deutsch veröffentlichten Sonettenkranz *Das Schmetterlingstal* der Inger Christensen assoziiert, deren Formstrenge nicht nachzubilden trachtet. Im Gegenteil, von der ausgeklügelten Systematik des Sonettenkranzes bleibt nur eine lässige, beinahe beiläufige Geste: ›Inger aus Dänemark / spielte mir ein paar Schmetterlinge zu‹. Transzendenz atmet Ulla Hahns Gedicht ›Lilien‹ dennoch. Das Auferstehungs-Pathos des Schlusses überdröhnt die ironische Koketterie des Mittelteils, wo es heißt: ›Bienen summten / vom Innenleben der Rosen (O lala)‹. Ulla Hahns Gedicht setzt dem Erlebnis des Augenblicks in ›Kurz vor Schluss‹ aus dem Band *Freudenfeuer* und seinen Wörtern ›Blut und Rosen‹ sowohl Leichtigkeit als auch Erweiterung durch Transzendenz entgegen, allerdings mit erdenschwerem Pathos: ›O dieser / auferstandene Duft / nach überwundenem Tod‹. Ernüchterung herrscht dagegen im Gedicht ›Heckenrose‹ aus *Epikurs Garten* (1995). Da fährt eines Abends Entsetzen zwischen Mann und Frau, das Dennoch der Liebe, das Bestehen im Alltag steht jetzt im Vordergrund. Das hatte schon im Kapitel VI des Buches *Liebesgedichte* begonnen.

Diese *Liebesgedichte*, entstanden zwischen 1990 und 1993, heben sich deutlich von traditioneller Verklärung der romantischen Liebe ab. Sie gestalten alltägliche Widersprüche. Bittere Wahrheiten sind jetzt Trumpf. ›Der Kopf solang er träumt wird er nicht abgeschlagen /Die offnen Augen kosten den Verstand‹, weiß das Gedicht ›Preis‹. Die Liebende hat Zerreißproben zu bestehen: zwischen Traum und Erkenntnis, Tiefe des Gefühls und Verstand, Glaube an den Liebesschwur und Tränen der Enttäuschung. Die Sinnlichkeit bleibt. Zugleich aber nimmt Ulla Hahn Worte wie ›Krieg‹ und ›Stacheldraht‹ ins Liebesgedicht hinein.

Das Verfahren, Worte aus dem Bereich schöner Gefühle mit Begriffen aus unschöner gesellschaftlicher Wirklichkeit zu kombinieren, ist Experiment geblieben. ›Sommertag‹ assoziiert mit ›Hoher Mittag‹ nicht von ungefähr das Gedicht ›Früher Mittag‹ von Ingeborg Bachmann. Liebe und Leiden am Zustand der Welt fallen dort zusammen. Ulla Hahn hat diesen künstlerischen Weg nicht weiter beschritten. Ihr Metier ist nicht die Trauer, sondern die Angriffslust und das sarkastisch-witzige Auf-den-Punkt-Bringen von Gegensätzlichem wie in ›Stillständiges Sonett‹. Das Gedicht ›Zwischen den Jahren‹ erinnert noch einmal an die Tradition alter Lieder, die von beflügelnder Sehnsucht getragen werden: ›in /den Liedern fängt /wieder alles nur an‹. Ulla Hahn aber schreibt fortan, wie es weitergeht mit den Liebenden: im Alltag, in der Gewöhnung, im Älterwerden und im Bewusstsein der Endlichkeit des Lebens. Und sie bedenkt das Verhältnis von Erotik und Sprache, Wahrheit und Lüge (›Vorübergehend‹). Und sie lotet den Raum zwischen Leben und Schreiben aus (›Lebensgefahr‹). Das ›Liebeslied neueren Datums‹ in *So offen die Welt* ist lakonischer geworden. Es verortet die Chancen der Liebe zwischen Genforschung und virtueller Kommunikation. Die zunehmend technisierte Welt ist Grund genug für Ulla Hahn, Metrum und Reim erneut zu verwenden, diesmal als Mittel der Satire. Teils aus Spieltrieb, teils aus Ironie überrascht sie den Leser – analog zu Verfahren der visuellen Poesie – mit

Zeichen wie ♡ und @, so auch in dem Wort ›L@iebe‹. Damit ist das Wort für vagabundierende Lesarten und Kombinationsmöglichkeiten freigegeben. Wo die Dichterin von Zerrissenem spricht, macht sie Zerrissenheit in den Zeilenbrüchen optisch sinnfällig.

In Rollengedichten, Porträts und Widmungsgedichten hat Ulla Hahn über Frauenleben geschrieben. Von Eva über Salome bis zu Undine spürt sie den Ähnlichkeiten und Differenzen zur eigenen Existenz nach. Stets befindet sie sich dabei im Dialog mit dem Leser über Konflikte im Spannungsfeld zwischen tradiertem Rollenverhalten der Geschlechter, Anpassung und Emanzipation. Was die Dichterin gestaltet, kommt spürbar aus ureigenem Erleben. Aus dem autobiographischen Gedicht ›Aufgewachsen‹ (Teil VII, ›Mein Gott‹ in *Wiederworte*) erfahren wir, wie Ulla Hahn sich schon als Kind im Elternhaus Freiräume – auch gegen das häusliche Milieu und gegen klerikale Orthodoxie – erobern musste. Da schreibt sie in Bezug auf Jesus: ›Den hab ich geliebt // wenn ich die Mutter / mundtot machte mit Lukas: / nicht die hauswirtschaftende / Martha vielmehr Maria / zuhörend von Jesu gefesselt / habe ›das Bessere‹ erwählt // und mich mit göttlichem Segen / in meine Bücher vergrub‹.

Knapp und prägnant bringen die Gedichte Veränderungen über Lebensalter und Generationen hinweg zur Sprache. Ob sanft nachdenklich, satirisch bissig oder hart an den Fakten bleibend – ihre Gedichte erkunden den Spielraum zwischen Ideal und Realität. Sowohl in den frühen als auch in den späten Gedichten gibt es immer aufs Neue witzige Beobachtungen, Szenen und lyrische Fallstudien zwischen ›Hühnerbrühe‹ (*Spielende*) und ›Reibekuchen‹ (*Wiederworte*). Manche Verse der achtziger Jahre gehen heiter über Dissonantes hinweg. Menschliche Beschädigungen spart Ulla Hahn nicht aus. Die späteren *Wieder-worte* aber sprechen Klartext angesichts von Altern und Krankheit. Ulla Hahn porträtiert auch ›die Frau allein‹. Im Achtziger-Jahre-Gedicht bleibt sie ›im Rahmen‹ und passiv. In späteren Gedichten wird sie zunehmend aktiv. Vehement spielt die Dichterin Grundmuster in verschiedenen Situationen durch: die begleitete Frau und die unbegleitete, die bevormundete Frau, die angepasste ›Haussphinx‹, die sich im Missverständnis eingerichtet hat, die per Annonce einen Partner suchende Frau mittleren Alters und viele andere. Die wechselnden Frauen-Perspektiven machen die Lektüre spannend.

In *Galileo und zwei Frauen* hat sich der Grundton vollends gewandelt. Vor allem die ›Balladen‹ sind durchweg Anti-Idyllen. In heutigen Liebesgeschichten funktionieren die alten Märchentricks nicht mehr, weiß die Dichterin. Deshalb müssen es ihre Prinzessinnen makaber treiben: Statt des zaubrischen Kusses wirkt bei Froschkönigen nur ein brutaler Tritt. So läuft in der ›Ballade von der Prinzessin‹ anstelle des zarten Verwandlungsdramas ein Porno im Zeitraffertempo. Short-cuts erzählen im Stenogramm saloppen Stils triviale Storys von Sex, prompter Schwangerschaft und hurtiger Trauung. Keine Rede mehr von Erotik oder Gefühl. Die gewendete Frauenfigur dieses Gedichts will keinen Prinzen, ihr genügt der Frosch. Der wird allerdings nicht geküsst, sondern gefressen. Alles wie im richtigen Leben. Der Pseudo-Romeo stirbt nicht an gebrochenem Herzen, sondern an der Gefräßigkeit der Geliebten. Die Etappen so mancher Tragikomödie erschließen sich in Sinnabschnitten, die ohne Interpunktionssignale über die Zeilenbrüche hinweggehen. Das ist nicht nur ein Bruch mit geschmeidigen, harmonischen lyrischen Formen. Ulla Hahn kehrt die traditionelle Rollenverteilung der Geschlechter um und treibt sie satirisch auf die Spitze. Der Mann als ziemlich dummes Objekt, die Frau als Hexe? Obwohl die abgenagten Knöchlein unter dem Machandelbaum – nach Gauner- und Ganovenweise – tragisch blinken, setzen sie die Lachmuskeln in Bewegung. An das Ausbalancieren solcher provokanter Ingredienzien war ein Teil der Kritiker nicht gewöhnt. Verrisse waren und sind die Folge. Der pointierte Witz der Ulla Hahn ist niemals simpel; er entlässt den Leser in einen Schwebezustand aus Heiterkeit, Grauen und Unbehagen.

Selbstverständlich schreibt Ulla Hahn aus der Sicht der Frau (wer würfe einem Mann vor, er schreibe aus der Sicht des Mannes?), aber sie bewegt sich in einem universellen Raum zwischen Glück und Unglück eines jeden Menschen. Die spezifischen Entwicklungen und Leistungen weiblichen Schreibens hat sie allerdings in ihrer Anthologie *Stechäpfel* mit Gedichten von Frauen aus drei Jahrtausenden aufgehoben. Ihre eigenen Verse sind sich des Abstands bewusst; sie halten Spannungen aus, spüren Widersprüche auf. ›Jeder braucht einen Ort, wo er hingehört‹, sagt ihr Gedicht ›Drachensamen‹ (in *Galileo und zwei Frauen*). Ulla Hahns Ort ist die Sinn suchende Sprache, die scheinbar keinen Gegenstand hat, sondern – mit dem Zufall kokettierend – Entdeckungen macht. Oder sie webt – wie Penelope im Zyklus ›Penelope am Webstuhl‹ (auch in *Galileo und zwei Frauen*) – scheinbar ohne ›Taktik Kalkül‹ an einem Stoff mit eigenen Farben. Die Frauenfigur aus der mehr als dreitausend Jahre alten *Odyssee* ist bei Ulla Hahn die künstlerisch produktive, die schreibende Frau, die sich nicht an die Weisung des Telemachos, Sohn des Odysseus, hält: ›Du aber gehe ins Haus und besorge die eigene Arbeit … das Wort ist Sache der Männer‹ (*Odyssee* 1, 325–364 in der Übertragung von Roland Hampe 1979). Während die Penelope des Mythos

Nacht für Nacht an einem Totenhemd für den Vater webt, schreibt Ulla Hahns Penelope am Muster der eigenen Identität. Gleich dem antiken Vorbild löst sie das Geschaffene immer wieder auf: ›mein Ich aufreißen zerpflücken zerfasern / und neu zusammenzwirnen / immer wieder neu‹. Ulla Hahn zerstört das einst Geschriebene nicht; sie ergänzt und korrigiert es, widerspricht ihm mit neuen Gedichten. Die Frau des Odysseus webt, weil sie wartet – auf den Mann. Für Hahns Penelope ist Warten Verkleidung. Ihr Weben / Schreiben ist existenziell: ›Weben muss ich. Weben / All die Fäden in mir mit ihren / Schatten Flecken und Schlacken‹. Käme Odysseus heim, verlöre Penelope im Gedicht der Ulla Hahn ihre Identität als kreative Frau: ›Nicht länger wäre ich die / die wartet und webt / Nur noch Seinweib / Und tot Penelope / die Weberin‹.

Die Frau als Besitz des Mannes – so manche Frau findet sich in dieser Penelope wieder, zerreißend im Widerspruch von Sehnsucht nach Liebe und dem Wunsch nach Unabhängigkeit. Beides zu erreichen wäre das Glück, dem die sprechenden Ich-Figuren Ulla Hahns auf der Spur sind, auch in den Ehe-Gedichten und denen, die vom Altern sprechen.

2011 nähert sich Ulla Hahn den frühen Versen erneut, diesmal aus der Perspektive ihrer in Jahrzehnten gewonnenen Lebens- und Schreiberfahrung. Die Gedichte der achtziger Jahre bedenkt sie mit temperamentvollen Repliken im spektakulären Band *Wiederworte*. Da merzt sie jegliches glättende Tandaradei aus, betreibt stattdessen poetische Selbstkorrektur, bedient sich dabei wiederum des Attacke reitenden Witzes. Es zeugt von Mut, Selbstbewusstsein und Bescheidenheit, vor allem aber von anhaltender Lebhaftigkeit der Autorin, die sich offensichtlich nach wie vor mehr als Fühlende denn als Denkende versteht. Trotz intensiver

Fragegesten stellt sie wie eh und je Herz über Kopf. Die Konzeption der *Wißderworte* – wie auch die ihres gesamten Schreibens – erschließt sich im Gedicht ›Kleine Schwester‹. Das Bild jener japanisch-russischen ineinandergeschachtelten Figuren, aus denen – wenn man sie öffnet – immer wieder andere, neue Figuren zum Vorschein kommen, nimmt die Dichterin als Metapher für die eigene Identität in sich wandelnden und doch auch ähnlich bleibenden Lebens- und Schreibsituationen. Das kommt in Variationen und Entwicklungen zum Thema Liebe und Vergänglichkeit, zur eigenen Biographie, auch zu gesellschaftlichen Erscheinungen und globalen Phänomenen, zum Schreiben, vor allem aber zum Seelenleben des Ich zur Sprache. Das Bild des bunt bemalten Puppenspielzeugs kontrastiert mit dem hohen, beinahe kunstreligiösen Anspruch: ›All die Jahre und Menschen / zu Grunde gegangen / und auferstanden weit oben / wo es licht ist wo Sprache ist / im unverstellten hellen / aufrichtigen Wort / im Gedicht‹.

Als Seelentrost wirken die Verse wie zuvor, aber nun gelingt oft zugleich die Seelenprovokation durch Sprache. Gewohntes wird den Wahrnehmungsschablonen durch sinnstiftende, aufrauende Zeilenbrüche entrissen, auch durch formale Anlehnungen an Konkrete Poesie, wie im Titel des Bandes, in dem das erste E optisch gespiegelt erscheint. Wiederholen und Widerlegen bedingen einander. Poetische Statements aus dem Kuriositätenkabinett der Ars Poetica sind im Kapitel ›Eitelkeit Staub und Asche auf einer leeren Seite‹ zu entdecken. Was einst die Debatten um die Brauchbarkeit traditioneller klassischer und romantischer Sinngebung, Werte und Formen belebte, rückt Ulla Hahn mit veränderten Vorzeichen erneut ins Rampenlicht zwischen Neoromantik und globaler Suche nach Neuorientierung. Mit Eleganz, Witz, Selbstironie und einer gehörigen

Portion Unbekümmertheit setzt sie dem frühen Gedicht ›Meine Wörter‹, das auf Selbstfindungsprozesse fixiert ist, das Wort als zwischenmenschliche Aktion entgegen. Dabei verwendet sie exzessiv den zentralen ›Riss‹-Begriff der Moderne, beschränkt sich dabei aber auf den ›Riss im Herzen‹, was sich flugs auf ›Schmerzen‹ reimt. Plädierte sie noch 1988 in ›Was bewirkt ein Gedicht?‹ ernsthaft dafür, dass ein Gedicht süchtig machen solle nach Wahrheit und Schönheit, sprühen ihre Antwortverse 2011 mit dem Titel ›Dichterlesung‹ vor Ironie und witzigen Schlenkern, die um das ›gute alte Herz‹ kreisen. Will man der Autorin glauben, sind Gedichte schwebende Verfahren mit körperlicher Wirkung. Waren ihre vor dreißig Jahren publizierten Verse Ich-zentriert und zählten auf, was Gedichte nicht sind oder nicht sein sollten, reden sie nun vor allem den Leser beziehungsweise Zuhörer an. Literatur als Lebenshilfe bleibt demnach dem verschlossen, der ›kein Herz überm Kopf hat‹.

Offensichtlich von ihrer vermeintlichen Außenseiterposition mit Hang zur Harmonie und zum Guten, Wahren und Schönen gebeutelt, ironisiert Ulla Hahn die Moderne unter der Überschrift ›In den hohen Bibliotheken‹. Dort hört man grausiges ›Knarren und Quietschen‹. Den (vor allem in *Epikurs Garten*) angehäuften Deminutiven setzt sie noch eins drauf in ›Evergreen‹. Da reimt sich das geöffnete Mieder unterm Flieder und Busch auf Tusch. Eine Satire auf eine ihrer längst von ihr selbst verworfenen Matrjoschkas oder eine forsche Herausforderung der Literaturwächter? Vermutlich beides. Ulla Hahns satirischer Übermut brennt mit ihr durch, wenn sie ihrer legendären ›Ars Poetica‹ (›Danke ich brauch keine neuen / Formen ich stehe auf / festen Versesfüßen und alten / Normen Reimen zu Hauf‹) die Empfehlung ›Einfach auslöffeln‹ entgegenhält, gespickt mit umgangssprachlicher Rede: ›Werf ich doch grad ma / so ’n paar Zitterzackezeilen aufs Papier‹. Neben die Meisterin der melodiösen Partituren gesellt sich die Verfasserin kabarettreifer scharfzüngiger Sentenzen.

Berührend und überraschend in seiner menschlich integren Geste ist das Gedicht ›Geboren‹ mit seiner Replik auf ›Der Vater‹ aus dem ersten Lyrikband. Die Angst des Kindes vor dem gewalttätigen Vater wird in einer imaginären Traum-Umarmung mit dem längst gestorbenen Vater aufgehoben. Souverän und endlich entbunden von Angst und Hass gelingt der Lyrikerin in einem Gedicht von sechzehn Zeilen die befreiende Lösung: der Prozess des Verzeihens.

Obwohl Ulla Hahn – entgegen dem Zeitgeist – das Urthema Liebe in den Mittelpunkt ihres Schreibens rückte, verfasste sie weiterhin gesellschafts- und geschichtskritische Verse, die der Illusion des unmittelbaren Eingreifenkönnens nicht weiter anhängen. Aber sie hat sich in allen Phasen ihres Schreibens auch sogenannten großen gesellschaftlichen Themen zugewandt; den vergangenen und gegenwärtigen Kriegen, den NS-Verbrechen, der Zerstörung der Natur und damit der Selbstzerstörung des Menschen, der Macht des Geldes und der Finanzwelt, dem deutschen Vaterland wie im Gedicht ›Alles, was du mir gegeben hast, Deutschland‹ aus *So offen die Welt*. Sie hält es dabei mit Hölderlin und seinem ›Land der Liebe‹, das ›blöde die eigene Seele leugnet‹, wie es im ›Gesang des Deutschen‹ heißt. Das Böse und das Gute abwägend, liegt es ihr fern, vordergründig die schwarz-rot-goldene Fahne zu schwenken. Eher bleibt sie – so weiß es das Gedicht ›Liebe wagen‹ – ihrer ›einzigen Fahne verschworen: /dem gestirnten Himmel über mir /in unserem global village‹.

In Gedichten aus der ersten Hälfte der achtziger Jahre bedachte sie Milieu und soziale Verhältnisse sowie religiöse

Prägungen – geerdet durch eigene Kindheits- und Jugend-
erfahrungen wie in ›Aufgewachsen‹, besonders ›Durchs Dorf‹
(*Unerhörte Nähe*). In ›Nach Jahr und Tag‹ (*Spielende*) und
›Die Sbahn rollt‹ (*Wiðderworte*) holt sie ›Kriege, Hunger
und andere Katastrophen‹ ins Alltagsbewusstsein. Zugleich
bedenkt sie die Mechanismen des Verdrängens, die trotz per-
manenter Präsenz der Ereignisse in den Medien funktionieren.

Im Lauf ihres Schreibens hat sich Ulla Hahn vom Verkünden von Gewissheiten zunehmend auf das Fragen verlegt:
›Hat die Suche nach Schönheit, / hat die Suche nach Wahr-
heit / das Grauen besiegt?‹ (›27. Januar‹ in *Wiðderworte*).
Das gesellschaftskritische Gedicht der Ulla Hahn will keine
Probleme lösen, es bringt ungelöste, unlösbar scheinende
Probleme auf den Punkt wie etwa in ›Entspannt‹ (*Spielende*)
das Thema Obdachlosigkeit. Dass das Thema die Lyrikerin nicht loslässt, widerlegt die Behauptung, dass Gesell-
schaftskritik bei ihr nur marginal existiere. Im Gegenteil:
Ihre so erfolgreichen autobiographisch gefärbten Romane,
*Das verborgene Wort* und *Aufbruch*, sind immer auch Gesell-
schaftbeobachtungen in einer bewegenden lyrischen Sprache. Nicht ohne Grund stellte Dieter Borchmeyer in *Die
Zeit* fest: ›Historiker werden in Zukunft *Das verborgene
Wort* lesen müssen, wenn sie wissen wollen, wie die fünf-
ziger Jahre waren.‹ Auch in ihren späteren Gedichten reitet
Ulla Hahn keine offenen Attacken mehr gegen selbstzu-
friedene Bürger, sie führt Verhaltensweisen mittels Rollenrede ad absurdum. Das betrifft auch Gedichte, in denen
ein Lyrisches Wir spricht wie in ›Nie‹. Dieses Gedicht aus
*Wiðderworte* zum Thema Gedenken an die Opfer des Natio-
nalsozialismus antwortet auf das Gedicht ›Nach Jahr und
Tag‹ aus *Spielende*. Das ältere Gedicht verschränkt gegen-
wärtige Alltagsimpressionen mit historischen Bildern aus
einem NS-Vernichtungslager und vertraut dabei ganz auf

die Wirkung des dinglichen Details und auf die Spannung durch den zeitlichen Kontrast. Das jüngere ›Nie‹ aber ist ein Gedicht über das Ungenügen allen Gedenkens an die Opfer des Holocaust, auch ein Gedicht im Klartext über die Vergeblichkeit aller Versuche, das Ungeheuerliche des Verbrechens in Kunst und Literatur angemessen darzustellen. Erst indem das Gedicht sich selbst widerspricht, wird es wahr und wirksam: Auch von einer ›glättenden‹ Wirkung des Reims kann hier niemand mehr sprechen.

Frühe Gedichte, die sich mit historischen Verbrechern beschäftigten, ähneln mitunter Standbildern, die sich an Fotos und Fernsehbildern orientieren, so das Porträtgedicht ›Hildegard L, Kommandeurstabsmitglied der SS in Majdanek‹ und ›Fernsehbild vom Foto einer jüdischen Frau im KZ‹ (beide in *Herz über Kopf*). Das erste veranschaulicht die Banalität des Bösen und die Allianz von Pedanterie und Verbrechen; im zweiten bekundet die Betrachterin, das sprechende Ich, Mitgefühl und Scham. Aber es bleibt bei der hilflosen Geste. ›Branko M. – 1920–1943‹ beschränkt sich auf die Wiedergabe der optisch offenbar werdenden Fakten – obwohl es auf das finale Wort ›überlebensgroß‹ zusteuert. Geschichtliche Themen, denen sich Ulla Hahn damals näherte, gehen noch nicht über ›Vergangenheitsbewältigung‹ hinaus und erreichen nicht die Qualität der späteren Gedichte. Erst in den frei fließenden Versen, in denen sie Worte zu Sinnkonzentraten zusammenballt und wieder löst, kommt sie zur sinnlich vollkommenen Rede.

Der Band *Epikurs Garten* schließt mit einer neuen ›Ars Poetica‹, die Umbrüche in Ulla Hahns Schreiben markiert. Sie hebt das Gebot des harmonischen Klanges auf und setzt stattdessen Widersprüchliches spannend gegeneinander. Die ›finalen Störungen‹ im Kontext des ›großen Weltatlas‹

lassen weder das Schwelgen in Wohlklang zu noch das fest gefügte Metrum. Eingebunden in Traditionsbezüge, vom Bibelspruch über Gertrude Stein bis zu Gottfried Benn, raut Ulla Hahn das Erlebnisgedicht mit Erweiterungen durch gedankliche Reflexionen und Statements auf.

Anders als alle vorhergehenden Gedichte ist der Zyklus *schloss umschlungen*, der zur 800-Jahr-Feier der Stadt Heidelberg 1996 entstand, ein modernes Geschichtspanorama, aber kein Historienschinken, wie wir ihn aus der Malerei kennen. Der Zyklus folgt den ›gleitenden Bewegungen des Lebens der Stadt‹, indem er sich auf die ›Spur der Worte‹ begibt. Worte, die Dichter durch die Jahrhunderte geschrieben haben – von Oswald von Wolkenstein über Goethe, Friedrich Hölderlin, Bertolt Brecht, Hilde Domin und viele andere bis zu Michael Buselmeier. Zitate von Philosophen und anderen bedeutenden Zeitgeistern, aber auch aus Propagandamaschinerien der Politik, mit unheilvollen Momentaufnahmen der Epochen, sowie Einsprengsel aus Printmedien. Alles ist nach dem Prinzip von Spruch und Widerspruch komponiert, das Ulla Hahn acht Jahre später in *Wiederworte* für die Auseinandersetzung mit eigenen früheren Positionen produktiv macht. *schloss umschlungen* ist eine scheinbar mühelos dahinfließende Zitat-Montage, die Geschichte und Dichterworte ineinander verschränkt und zusammenfasst. Sie bringt das zum Klingen, was ihre früheren Verse in Bruchstücken gestalten: das sinnliche Erleben von Natur und Landschaft, das alltägliche Leben, die Bedrohung der Menschen durch Kriege und menschenfeindliche Ideologien.

Wo die einzelnen Gedichte der Ulla Hahn sich auf bestimmte Aspekte und augenblickliche Betrachtungsweisen und Engagements beschränken mussten, stellt die in diesem Zyklus verwendete Technik der Collage die großen geistesgeschichtlichen Entwicklungen und Zusammenhänge her.

Deutsche Geschichte spult sich in Zitatkonzentraten ab, in einer kaleidoskopartigen Mischung aus Dichterworten, Volkes Rede und Zeitgeistdonner. Die eigene lyrische Subjektivität wird dabei nicht aufgegeben; sie erschließt sich dem Leser aus der Art der Zusammenstellung, der Abfolge, der einander ergänzenden oder widerlegenden Schrift- und Redeteile. Ulla Hahn entwirft keinen nationalistischen Historienschrein. ›Nichts für ein teutsches Kostüm‹ tönt es aus dem Gedicht ›Penelope am Webstuhl‹ in den Heidelberg-Zyklus hinüber. Wider Erwarten hat die Lyrikerin mit der Zitaten-Collage ein Mittel der Moderne aufgegriffen, das in den achtziger Jahren zum Beispiel auch Thomas Kling und Bert Papenfuß-Gorek verwendet haben. Aber niemand hat damit achthundert Jahre Alltag und Geistesleben, Geschichte und Landschaft, Glück und Unglück so schlüssig in eins gefasst wie Ulla Hahn. Das dialogische Prinzip, das den meisten Gedichten der Ulla Hahn eigen ist, kommt hier so recht zur Wirkung.

Den formal größten Gegensatz zum Zyklus *schloss umschlungen* stellen die hier in *Gesammelte Gedichte* erstmals gedruckten Haikus in *fünfte jahreszeit* dar. Dort der große Atem der fließenden Bewegungen über Zeiten und Räume hinweg, hier die Konzentration auf den in nur drei Zeilen eingefangenen Augenblick. Alles schwebt in Klängen und orthographischen Wortspielen und kreist doch um drei Lebenselixiere: ›brot wort und rosen‹, umfangen von der fünften Jahreszeit, dem Schreiben.

Ein Jahr nach *schloss umschlungen* erschien *Galileo und zwei Frauen*. Das der mündlichen Rede entnommene Wort ›Lebnzerschmissn‹ (in ›Immer in fremden Häusern gewohnt‹), das in der Schrift das Sprechen nachahmt, ist hier das zentrale Wort. Das Zerbrochene, Zerriebene und Zerstörte, von dem in *schloss umschlungen* die Rede war, kommt hier in Rollenreden, Figurenporträts und Widmungsgedichten zur Sprache. Gedichte wie ›Verloren‹ und ›Augenblick im August‹ spüren satirisch den Zerreißproben zwischen Autor und Gesellschaft nach. Sie karikieren falsche Erwartungshaltungen an Dichter und Dichtung. Im Augenblick des Gedichts Weltgeschehen und Menschheit aufscheinen zu lassen, ist Ulla Hahns Vorsatz nicht. Ihre Absage an ›Liebvaterlandsgesänge‹, die unverbrüchliche Wahrheiten – sowohl das Vaterland betreffend als auch die Sprache – verkünden sollen, formuliert sie eindeutig. Von Sprechversuchen mit der ›Faust geballt um ein Alphabet‹ hat sie sich vor Jahrzehnten abgewendet – und auch jetzt bleibt sie dabei. Dennoch enthalten die Gedichte eine Fülle aktueller gesellschaftlicher Problematik. Von Selbstmordattentätern ist die Rede und von sozialen Konflikten wie im Gedicht ›Im Kopf‹. Mal kommt das gute alte Lyrische Ich im Postpaket, mal ist es ›plötzlich da mit /lautem Aufschrei‹ im ›Abendländischen Preislied‹. Anders als in den Gedichten der achtziger Jahre erschöpfen sich die Verse nicht im Beobachten von gesellschaftlichen Zuständen. Sie machen sie durch Sprachgebrauch sinnfällig. Dabei platziert und variiert Ulla Hahn souverän das einzelne Wort, zum Beispiel das Wort ›Sache‹ im satirischen Gedicht ›Tortenguss‹. Da fliegen den Kämpfern für ›die Sache‹ die Sahnehäubchen nur so um die Ohren. Neben dem Vergnügen, Wort und Leben mittels Komik zusammenzuführen, gibt es auch Ruhiges und Nachdenkliches. In allen Schaffensperioden hat Ulla Hahn Gedichte mit dem Titel ›Für‹ geschrieben. Sie sind dem namenlosen Soldaten ohne Grab gewidmet, der verfolgten und ermordeten Dichterin Gertrud Kolmar, der Lyrikerin Hilde Domin, die im Exil die Glocken zwischen den Zeilen läuten ließ, Rainer Maria Rilke und nicht zuletzt dem Mann ihres Herzens. Das jüngste ›Für‹ gilt den

Mädchen und Frauen, die in anderen Kulturkreisen noch immer der mörderischen Praxis der Beschneidung unterworfen werden. Dieses in *Wiederworte* gedruckte Gedicht ist Margaret Atwoods ›Eine Frauenfrage‹ ebenbürtig. Ulla Hahn hat das Gedicht der Kanadierin 1995 in ihre Anthologie *Stechäpfel* aufgenommen. All diese Gedichte beharren auf menschlichem Maß und humanistischen Werten wie der Freiheit und Selbstbestimmung eines jeden Menschen. Letztlich hat Ulla Hahn ihre Gedichte immer für den Einen geschrieben. Wenn es in einem ihrer Gedichte jedoch heißt: ›für dich sind sie alle‹, kann sich der Leser einbezogen fühlen. Ulla Hahns Gedichte bauen auf den Dialog mit ihren zahlreichen Lesern. Die Dichterin schreibt noch immer ›für den, der fragen will‹. Die *Gesammelten Gedichte* dokumentieren ein Work in Progress, das nicht abgeschlossen ist. Jedes neue Gedicht erweitert den Raum des Sagbaren. ›Und jedes Weben ist Vernichtung / des Nicht-Gewebten // Darum / darf kein Fertiges sein / Kein Telos kein Endzweck keine Vollendung‹, sagt Ulla Hahns Penelope.

Dorothea von Törne

Anhang

# Die Autorin und ihr Werk

Ulla Hahn wurde im Sauerland geboren und wuchs in Monheim am Rhein auf. Sie studierte Germanistik, Geschichte und Soziologie an den Universitäten Köln und Hamburg und schloss ihr Studium mit einer Promotion ab. Zunächst arbeitete Ulla Hahn als Lehrbeauftragte an den Universitäten Hamburg, Bremen und Oldenburg, anschließend von 1979 bis 1989 als Literaturredakteurin bei Radio Bremen. Sie lebt heute als freie Schriftstellerin in Hamburg. 1981 debütierte sie mit dem Gedichtband *Herz über Kopf* und veröffentlicht seither Lyrik, Prosa, Artikel und Essays; zudem gibt sie Gedichtanthologien heraus.

Die nachfolgende Übersicht versammelt Ulla Hahns literarische Veröffentlichungen sowie eine Auswahl ihrer publizistischen Arbeiten und Herausgebertätigkeiten.

### Veröffentlichungen:

*Lyrik*

1981    *Herz über Kopf.* Stuttgart: DVA.
1983    *Spielende.* Stuttgart: DVA.
1985    *Freudenfeuer.* Stuttgart: DVA.
1988    *Unerhörte Nähe.* Stuttgart: DVA.
1993    *Liebesgedichte.* Stuttgart: DVA.
1993    *Klima für Engel.* München: dtv.
        (Gedichtauswahl, von der Autorin getroffen)

| 1995 | *Epikurs Garten.* Stuttgart: DVA. |
|---|---|
| 1996 | *schloss umschlungen.* Ehrenpreis der Literarischen Gesellschaft zur 800-Jahr-Feier von Heidelberg. Hauzenberg: Edition Toni Pongratz. |
| 1997 | *Galileo und zwei Frauen.* Stuttgart: DVA. |
| 2001 | *Meine Sehnsucht hat wieder einen Namen. Die schönsten Liebesgedichte von Ulla Hahn.* Rheda-Wiedenbrück: RM Buch-und-Medien-Vertrieb. (Gedichtauswahl, von der Autorin getroffen) |
| 2003 | *Süßapfel rot.* Stuttgart: Reclam. (Gedichtauswahl, von der Autorin getroffen) |
| 2004 | *So offen die Welt.* München: DVA. |
| 2011 | *Wiederworte.* München: DVA. |
| 2013 | *Frucht in der Farbe der Luft. Lyrik aus der Offizin S. Meran.* (Gedichtauswahl, von der Autorin getroffen) |

Prosa

*Romane*

| 1991 | *Ein Mann im Haus.* Stuttgart: DVA. |
|---|---|
| 2001 | *Das verborgene Wort.* München: DVA. |
| 2003 | *Unscharfe Bilder.* München: DVA. |
| 2009 | *Aufbruch. München:* DVA. |

*Erzählungen*

| 2006 | *Liebesarten.* München: DVA. |
|---|---|
| 2009 | *Alsterlust.* Hamburg: Jud. |

Essayistisches (Auswahl):

2006    *Dichter in der Welt. Mein Schreiben und Lesen.*
        München: DVA.


Herausgeberschaften (Auswahl):

1980    *Aufsätze, Reportagen, Reden, Interviews von
        Stephan Hermlin.* München, Wien: Hanser.
1983    *Gertrud Kolmar. Gedichte.* Auswahl und Nach-
        wort von Ulla Hahn. Frankfurt a. M.: Suhrkamp.
1995    *Stechäpfel: Gedichte von Frauen aus drei Jahr-
        tausenden.* Stuttgart: Reclam.
1999    *Gedichte fürs Gedächtnis. Zum Inwendig-Lernen
        und Auswendig-Sagen.* Ausgewählt und
        kommentiert von Ulla Hahn. Mit einem Nach-
        wort von Klaus von Dohnanyi. Stuttgart: DVA.
2003    *Stimmen im Kanon: deutsche Gedichte.* Auswahl
        und Nachwort von Ulla Hahn. Stuttgart: Reclam.
2008    *Stechäpfel: Gedichte von Frauen aus drei Jahr-
        tausenden.* Erweiterte Neuausgabe. Stuttgart:
        Reclam.
2011    *John Donne. Liebesgedichte.* Stuttgart: Reclam.
2011    *Johann Wolfgang Goethe. Liebesgedichte I.* Stutt-
        gart: Reclam.
2011    *Johann Wolfgang Goethe. Liebesgedichte II.* Stutt-
        gart: Reclam.
2011    *Heinrich Heine. Liebesgedichte.* Stuttgart: Reclam.

Auszeichnungen (Auswahl):

| | |
|---|---|
| 1981 | Leonce-und-Lena-Preis |
| 1982 | Villa-Massimo-Stipendium, Rom |
| 1985 | Friedrich-Hölderlin-Preis der Stadt Bad Homburg |
| 1985 | Literatur-Stipendium der Märkischen Kultur-konferenz |
| 1986 | Roswitha-Preis der Stadt Bad Gandersheim |
| 1987/88 | Stadtschreiberin Bergen-Enkheim |
| 1994 | Heidelberger Poetik-Dozentur |
| 1994 | Cicero-Rednerpreis |
| 2002 | Deutscher Bücherpreis |
| 2006 | Elisabeth-Langgässer-Literaturpreis |
| 2006 | Hertha-Koenig-Literaturpreis |
| 2010 | Ida-Dehmel-Literaturpreis der GEDOK |
| 2011 | Ehrendoktorwürde der Heidelberger Neuphilo-logischen Fakultät |
| 2013 | Ehrenmitgliedschaft der Else-Lasker-Schüler-Gesellschaft |

## Editorische Notiz

*Gesammelte Gedichte* enthält alle Lyrikbände Ulla Hahns seit Erscheinen des Debüts *Herz über Kopf* 1981. Dazu neue, bisher unveröffentlichte Haikus. Die Autorin hat alle Bände durchgesehen, und die Schreibweisen wurden auf die neue deutsche Rechtschreibung vereinheitlicht.

# Anmerkungen

## Vorwort

9 Das Vorwort ist eine überarbeitete und aktualisierte Fassung des Nachworts in *Süßapfel rot* von 2003.

## Herz über Kopf

29 Das Gedicht ›Altes Lied Ungereimt‹ wurde angeregt durch Sarah Kirschs ›Aynn Wintrstück‹, in: *Zaubersprüche*.

40 ›Gibt es eine weibliche Ästhetik‹ wurde angeregt durch eine Textstelle aus dem Erzählband *Meine ungehörigen Träume* von Helga Königsdorf.

69 ›Offener Brief an die Prinzessin von Clèves‹. Die Prinzessin von Clèves ist die Hauptfigur des gleichnamigen Romans von Marie-Madeleine de La Fayette (1634–1693).

81 Das Gedicht ›Ein alter Brauch‹ bezieht sich auf eine Episode aus dem Roman *Der Letzte der Gerechten* von André Schwarz-Bart. In Toulouse gab es im Mittelalter einen Cophyz genannten Brauch, der verlangte, dass sich der Vorsitzende der jüdischen Gemeinde am Ostersamstag vor der Kathedrale vom Grafen von Toulouse mehr oder weniger symbolisch ohrfeigen lassen musste.

## Spielende

107 Das Gedicht ›Zu schwer‹ wurde angeregt durch ›Leg deine Hand‹ von Attila József in der Übertragung von Franz Fühmann.

177 Das Gedicht ›Bim Bam‹ wurde angeregt vom Beitrag einer Lyrikdiskussion in der *Zeit* im Sommer 1982.

### Freudenfeuer

229 ›Mizzichina‹ ist ein Ausruf des Erstaunens wie ›Ach!‹
oder ›Och!‹ in der sizilianischen Umgangssprache.

270 Die Wörter ›Rose‹ – ›Knospe‹ (als das Werdende) –
›Wort‹ entstammen der indischen Wurzel v-r-t.

287 ›Nur unser Zeitbegriff lässt uns das Jüngste Gericht
so nennen, eigentlich ist es ein Standrecht.‹ Franz
Kafka. Der Jüngste Tag ist nicht in unvorstellbar ferner
Zukunft: Er ist nicht das Weitest-, sondern das Nächst-
liegende. Der Jüngste Tag ist immer jetzt.

### Liebesgedichte

369 Der Band *Liebesgedichte* erschien 1993 und versammelt
Gedichte aus früheren Veröffentlichungen von Ulla
Hahn; die Auswahl traf damals die Autorin. Aufgenom-
men wurde auch das Gedicht ›Mein Vater‹, das 1974
entstand. Neu waren all jene Gedichte, die sich unter VI
fanden und hier nun zusammen mit ›Mein Vater‹ unter
*Liebesgedichte* aufgeführt sind. Ulla Hahn schrieb diese
Gedichte zwischen 1990 und 1993.

### Galileo und zwei Frauen

576 Das Gedicht ›Ballade von Galileo und zwei Frauen‹
wurde angeregt von Honor Moores *Memoir*.

### So offen die Welt

603 In *So offen die Welt* wurden zwei Gedichte aus früheren
Bänden aufgenommen: ›Verbesserte Auflage‹ aus *Herz
über Kopf* und ›Liegt in der Luft‹ aus *schloss umschlungen*.
Ersteres wird in diesem Band erneut auch in *So offen
die Welt* abgedruckt (siehe nachfolgende Anmerkung),

letzteres findet sich nur in *schloss umschlungen*,
S. 498.

626/627    ›Eurydikes Lied‹ schreibt das Gedicht ›Verbesserte
Auflage‹ fort, das erstmals im Band *Herz über Kopf*
erschienen ist. Wie im 2004 publizierten Band wird
deshalb auch hier ›Verbesserte Auflage‹ dem neuen
Gedicht gegenübergestellt.

636    Francesco Petrarca wurde am 20. Juli 1304 in Arezzo
geboren. Seine Sonette an Madonna Laura machten
ihn weltberühmt.

## Wißderworte

705    Siehe Gedicht ›Kleine Schwester‹, S. 790.

720    Das ♡ ist das erste Symbol, das in das Oxford English
Dictionary aufgenommen wurde.

758    ›Dichterlesung‹ korrespondiert mit dem Prosatext ›Was
bewirkt ein Gedicht?‹ in *Unerhörte Nähe*, S. 95.

762    Das Motto wurde dem Gedichtband *Unerhörte Nähe*
entnommen, S. 93.

781    *usura* (lat.) urspr. 1. (zeitlich beschränkter) Gebrauch,
Genuss, Frist, Nutzung eines geliehenen Kapitels;
2. Zinsen. Ein von Ezra Pound häufig genutztes Wort
zur Kritik am Kapitalismus.

## fünfte jahreszeit

800    Das Haiku ›hier lieg ich‹ wurde inspiriert von Eduard
Mörike.

802    Das Haiku ›under der linden‹ bezieht sich auf Walther
von der Vogelweides gleichnamiges Gedicht.

802    Das Haiku ›tandaradei‹ bezieht sich auf Walther von der
Vogelweides Gedicht ›under der linden‹.

809    ›wahrtraumdeuterey‹ zitiert Richard Wagner.

# Alphabetisches Verzeichnis aller Gedichte

27. Januar, in *Wiᵓderworte*   780

Ab Gesang, in *Herz über Kopf*   53
Abendländisches Preislied, in *Galileo und zwei Frauen*   550
Abendlied, in *Spielende*   190
Abenteuer, in *Herz über Kopf*   48
Abgestellt..., in *Galileo und zwei Frauen*   524
*Abgetippt*, in *Unerhörte Nähe*   341–350
Abgetippt, in *Unerhörte Nähe*   343
Abgrenzung, in *Liebesgedichte*   378
Abschied, in *Unerhörte Nähe*   310
Ach bleib..., in *So offen die Welt*   612
Ach was, in *Herz über Kopf*   31
alle wege ins..., in *fünfte jahreszeit*   809
Allein, in *Herz über Kopf*   66
Aller Welts Mann, in *Unerhörte Nähe*   303
Allerleirauh, in *Freudenfeuer*   225
Alles ganz, in *Freudenfeuer*   223
Alles haben, in *So offen die Welt*   685
Alles, was du mir gegeben hast, Deutschland, in *So offen die Welt*
   687
Alltag im Gedicht, in *Wiᵓderworte*   766
Allüberall, in *Freudenfeuer*   266
Alpenglühen, in *Galileo und zwei Frauen*   592
Als er zurückkam, in *Freudenfeuer*   212
Alte Filme, in *Unerhörte Nähe*296
Alte Freundin, in *Wiᵓderworte*   768
Alte Lieder, in *Liebesgedichte*   388
Altern lernen..., in *So offen die Welt*   658
Älterwerden, in *Epikurs Garten*   460
Altes Lied Ungereimt, in *Herz über Kopf*   29
Am Apfelbaum lehnt..., in *Epikurs Garten*   449

Am Ende des Tages …, in *Epikurs Garten*  446

Am Sonntag, in *Spielende*  154

Am Strand, in *Freudenfeuer*  220

An den Mond, in *So offen die Welt*  639

An eisigen Tagen, in *Wiяderworte*  778

An Epikurs Schwester, in *Epikurs Garten*  464

An Madonna Laura anno 2004, in *So offen die Welt*  636

An Picasso, in *Herz über Kopf*  60

Anfang Oktober, in *Unerhörte Nähe*  316

Angeschaut, in *Herz über Kopf*  35

Angst haut ab …, in *Epikurs Garten*  448

Angst und Mut, in *Herz über Kopf*  95

Angstlied, in *Herz über Kopf*  71

Annonce, in *Liebesgedichte*  390

Anrede, in *Spielende*  181

Anschalten, in *Unerhörte Nähe*  309

Anständiges Sonett, in *Herz über Kopf*  33

Apfelmond, in *So offen die Welt*  640

Ars poetica, in *Epikurs Garten*  477

Ars poetica, in *Herz über Kopf*  92

Art und Weise, eine Himmelslerche anzusehen, in *So offen die Welt*  697

aStern ihr schweStern …, in *fünfte jahreszeit*  805

Atempause, in *Unerhörte Nähe*  324

Auf Auf, in *Wiяderworte*  716

Auf dem Dorfe, in *Liebesgedichte*  377

auf der vogelweide, in *fünfte jahreszeit*  801–803

*Auf Erden*, in *Freudenfeuer*  259–287

Auf Erden, in *Freudenfeuer*  286

Auf ewig, in *Unerhörte Nähe*  328

Auf und Davon, in *Herz über Kopf*  42

Aufgepasst, in *Freudenfeuer*  251

Aufgewachsen, in *Freudenfeuer*  278

Aufgewachsen, in *Wiяderworte*  744–752

Aufsprudelnd am Morgen …, in *Epikurs Garten*  405

Augenblick im August, in *Galileo und zwei Frauen*  544

August, in *Freudenfeuer*  265

Aus lauter Liebe, in *Freudenfeuer*  239
Aus, in *Freudenfeuer*  285
Ausflügler sein, in *Galileo und zwei Frauen*  593
Auslosen …, in *So offen die Welt*  693
Auslösen, in *Unerhörte Nähe*  364
Aussaat, in *Unerhörte Nähe*  344
Auswendig lernen, in *So offen die Welt*  629

Bald, in *Freudenfeuer*  262
Ballade vom Eingewiesen werden müssen, in *Galileo und zwei Frauen*  574
Ballade vom Existentiellen, in *Galileo und zwei Frauen*  469
Ballade vom Mann daneben, in *Galileo und zwei Frauen*  563
Ballade vom Opferlamm, in *Galileo und zwei Frauen*  573
Ballade vom Schriftsteller, in *Galileo und zwei Frauen*  570
Ballade von Angesicht zu Angesicht, in *Galileo und zwei Frauen*  575
Ballade von dem meisten Mann, in *Galileo und zwei Frauen*  571
Ballade von den Füßchen, in *Galileo und zwei Frauen*  566
Ballade von der Frau am Meer, in *Galileo und zwei Frauen*  567
Ballade von der Komtesse, in *Galileo und zwei Frauen*  572
Ballade von der Prinzessin, in *Galileo und zwei Frauen*  564
*Ballade von Galileo und zwei Frauen*, in *Galileo und zwei Frauen*  561–577
Ballade von Galileo und zwei Frauen, in *Galileo und zwei Frauen*  576
Ballade von Kleopatras Schlange, in *Galileo und zwei Frauen*  565
Ballade von Mutter und Kind, in *Galileo und zwei Frauen*  568
Ballade von S., in *Unerhörte Nähe*  360
Ballade von Sisyphos' Stein, in *Wiəderworte*  762
Bar, in *Unerhörte Nähe*  338
Befähigung, in *Epikurs Garten*  471
Befehlsform, in *Spielende*  127
*Bekanntschaft*, in *Spielende*  139–161
Bekanntschaft, in *Spielende*  140
Beredt, in *So offen die Welt*  683
Beschrieben, in *Spielende*  166

Besichtigung, in *Spielende*   173

Besonderer Tag, in *Unerhörte Nähe*   313

Beste Jahre, in *Unerhörte Nähe*   333

Besuch bei der Mutter, in *Spielende*   155

Besuch gehabt, in *Herz über Kopf*   43

Besuch, in *Freudenfeuer*   276

Bettelweib, in *Freudenfeuer*   273

Beweislage, in *Liebesgedichte*   386

Bewerbung, in *Herz über Kopf*   85

Bildlich gesprochen, in *Herz über Kopf*   62

Bildnis einer Frau zwischen vierzig und fünfzig, in *Wiederworte*
   738

Bim Bam, in *Spielende*   177

blattlos die eiche…, in *fünfte jahreszeit*   806

Blaue Flecken, in *Wiederworte*   708

Blauer Himmel, in *Spielende*   113

Bleib, in *Spielende*   114

Blick…, in *So offen die Welt*   644

Blinde Flecken, in *Herz über Kopf*   59

Branko M. 1920–1943, in *Herz über Kopf*   80

Brautpaar auf einem etruskischen Sarg, in *Freudenfeuer*   254

Bremisches Epigramm, in *Herz über Kopf*   58

Brief aus Arkadien, in *Galileo und zwei Frauen*   597

Brot und Salz, in *Freudenfeuer*   214


Christrose, in *Epikurs Garten*   436

Creation, in *So offen die Welt*   649


Danke, in *Wiederworte*   718

Danklied, in *Spielende*   103

Danksagung, in *So offen die Welt*   638

Darum…, in *Galileo und zwei Frauen*   537

das feld bestellt…, in *fünfte jahreszeit*   800

Das Muster farbiger…, in *Galileo und zwei Frauen*   535

Das verborgene Wort, in *So offen die Welt*   648

Das wär ein Leben, in *Herz über Kopf*   19

Das Wasser, in *Unerhörte Nähe*   337

Dein Haar…, in *So offen die Welt* 621
*Den Garten verlassend*, in *Epikurs Garten* 453–477
Den Maistern-Meistern, in *Wiꟺerworte* 722
Der Himmel der Tiere, in *So offen die Welt* 679
Der Himmel, in *Herz über Kopf* 26
Der Mond ist schon fort…, in *Epikurs Garten* 402
Der Sommer singt, in *Wiꟺerworte* 725
Der Vater, in *Herz über Kopf* 76
dezember. advent.…, in *fünfte jahreszeit* 807
Dichter frischer Regen, in *Galileo und zwei Frauen* 584
Dichterlesung, in *So offen die Welt* 641
Dichterlesung, in *Wiꟺerworte* 758
Dichtung, in *So offen die Welt* 698
die armen wolken…, in *fünfte jahreszeit* 799
die diebin des lichts…, in *fünfte jahreszeit* 805
Die Einzige Geschichte, in *So offen die Welt* 694
Die Elbe runter, in *Epikurs Garten* 474
die erde noch warm…, in *fünfte jahreszeit* 804
Die erste Liebe, in *Freudenfeuer* 250
Die Hand die streichelt, in *Galileo und zwei Frauen* 520
Die Hirtin zu Penelope, in *Galileo und zwei Frauen* 538
Die jungen Blumen … , in *Epikurs Garten* 404
Die Sbahn rollt, in *Wiꟺerworte* 775
Die Sense…, in *So offen die Welt* 662
die sonne…, in *fünfte jahreszeit* 803
Die Stadt im Tal am Strom, in *schloss umschlungen* 482
die weißdornhecke…, in *fünfte jahreszeit* 801
Die Witwe meines Vaters, in *Galileo und zwei Frauen* 510
Diese Mörderin, in *Herz über Kopf* 37
dieser augenblick…, in *fünfte jahreszeit* 809
Dieser Sommer, in *Freudenfeuer* 234
Dinggedicht, in *Freudenfeuer* 283
Disteln, in *Epikurs Garten* 433
Dornenlos, in *Wiꟺerworte* 729
Drachensamen, in *Galileo und zwei Frauen* 596
*Drei Fingerspitzen Sand im Stundenglas*, in *Wiꟺerworte* 735–752
Drei Stufen Traum, in *Spielende* 130

Dressurakt, in *Herz über Kopf* 96

Drinnen, in *Freudenfeuer* 203

Durchs Dorf, in *Unerhörte Nähe* 357


Ehe ..., in *So offen die Welt* 610

Eibe, in *Freudenfeuer* 222

Eichenduft ..., in *Galileo und zwei Frauen* 585

Eile und Verspätung, in *So offen die Welt* 646

Ein alter Brauch, in *Herz über Kopf* 81

Ein Gedicht ..., in *So offen die Welt* 618

Ein Kind, in *Freudenfeuer* 243

Ein Netz, in *Unerhörte Nähe* 314

Ein neuer Morgen, in *Freudenfeuer* 282

Ein ständiges Sonett, in *Wiederworte* 714

Eine Rose ist eine Rose, in *Unerhörte Nähe* 346

Eine von gestern, in *Unerhörte Nähe* 308

Einfach auslöffeln, in *Wiederworte* 765

Eingesponnen, in *Liebesgedichte* 385

Einmal noch, in *So offen die Welt* 666

*Eitelkeit Staub und Asche auf einer leeren Seite*, in *Wiederworte*
    753–772

Elegie auf einen Dichter, in *Wiederworte* 770

Empfehlung, in *Herz über Kopf* 74

Endlich emanzipiert, in *Herz über Kopf* 54

endlich sonne ..., in *fünfte jahreszeit* 799

Endlich, in *Spielende* 148

Endlosschleife, in *Wiederworte* 710

Endspiel. Oder so, in *Wiederworte* 783

Endstadium, in *Unerhörte Nähe* 359

Entspannt, in *Spielende* 160

*Epikurs Garten*, in *Epikurs Garten* 409–438

Epikurs Garten, in *Epikurs Garten* 438

Er kommt ..., in *Galileo und zwei Frauen* 540

Er kommt, in *Herz über Kopf* 22

Erde, in *Epikurs Garten* 437

Erfindung, in *So offen die Welt* 643

Ergriffen, in *Freudenfeuer* 253

Erlöst, in *Freudenfeuer* 244
Ermutigung, in *So offen die Welt* 678
erntelicht, in *fünfte jahreszeit* 804–805
Eroberer, in *So offen die Welt* 688
Erwachen, in *Spielende* 164
Es bleibt noch lange…, in *Epikurs Garten* 441
Es gibt Städte…, in *schloss umschlungen* 496
es war doch alles…, in *fünfte jahreszeit* 808
Eurydikes Lied, in *So offen die Welt* 627
Evas Lied, in *Wisderworte* 715
Evergreen, in *Wisderworte* 761
Exponat, in *Galileo und zwei Frauen* 591

fahldünne sonne…, in *fünfte jahreszeit* 805
Fahren auf Flüssen, in *So offen die Welt* 613
Fakten, in *Wisderworte* 717
Falle, in *Freudenfeuer* 204
Fang, in *So offen die Welt* 609
Fangopackung, in *Liebesgedichte* 383
Fassade, in *Epikurs Garten* 456
Fast, in *Unerhörte Nähe* 301
Ferne Sonnentage…, in *So offen die Welt* 620
Fernsehbild vom Foto einer jüdischen Frau im KZ,
    in *Herz über Kopf* 82
Fest auf der Alster, in *Unerhörte Nähe* 366
Firlefanz, in *Freudenfeuer* 256
Fleischfresser, in *Epikurs Garten* 466
Flucht, in *Spielende* 131
Fortschritt, in *Epikurs Garten* 475
Fortschritt, in *Freudenfeuer* 268
Fragen, in *Epikurs Garten* 462
Frau in Blau, in *Galileo und zwei Frauen* 583
Frauen, in *Freudenfeuer* 275
Freudenfeuer, in *Freudenfeuer* 287
Frohe Botschaft, in *Spielende* 135
frucht in den augen…, in *fünfte jahreszeit* 804
Frucht in der Farbe der Luft, in *Galileo und zwei Frauen* 598

Frühjahr, in *Spielende*  183
frühlingshügel, in *fünfte jahreszeit*  799–800
Fundevogel, in *Herz über Kopf*  38
fünfte jahreszeit, in *fünfte jahreszeit*  808–809
Für den, in *Freudenfeuer*  210
Für Dorian Gray, in *Galileo und zwei Frauen*  517
Für einen Enthaltsamen, in *Herz über Kopf*  74
Für einen Flieger, in *Herz über Kopf*  73
Für Gertrud Kolmar, in *Epikurs Garten*  454
Für gewisse Realisse, in *So offen die Welt*  684
Für RMR, in *So offen die Welt*  637
Für, in *Galileo und zwei Frauen*  519
Für, in *Spielende*  178
Für, in *Wiederworte*  784
Füreinander zu singen, in *Freudenfeuer*  213

Geboren, in *Wiederworte*  747
Geburtstag, in *Herz über Kopf*  90
Gedicht, in *Galileo und zwei Frauen*  522
Geheimnis, in *Unerhörte Nähe*  306
Gelbe Dahlie, in *Epikurs Garten*  432
gelber schnee …, in *fünfte jahreszeit*  800
Genug, in *Freudenfeuer*  200
Gertrud Kolmar, in *Spielende*  180
Geschichtsschreibung, in *Epikurs Garten*  458
Gesundgehalten, in *Wiederworte*  726
*Gibt es ein Wiederwort? Dort.*, in *Wiederworte*  789–794
Gibt es eine männliche Ästhetik, in *Wiederworte*  730
Gibt es eine weibliche Ästhetik, in *Herz über Kopf*  40
glühwürmchen im haar …, in *fünfte jahreszeit*  802
Goldfarbenes Heimwehlicht …, in *Epikurs Garten*  444
Grenzpfahl, in *Unerhörte Nähe*  365
Große Nummer, in *Freudenfeuer*  232
Grüne Bohnen, in *Galileo und zwei Frauen*  554
Guckkastengedicht, in *Freudenfeuer*  217
Gut Kirschen essen, in *Galileo und zwei Frauen*  559

Hin, in *Epikurs Garten* 470
Halbzeit, in *Unerhörte Nähe* 325
Hallo Ja, in *Herz über Kopf* 36
Hamburger Sommer, in *Epikurs Garten* 467
Hart und anfassbar, in *Epikurs Garten* 430
Haus-Sphinx, in *Liebesgedichte* 389
He du, in *Wi∂erworte* 764
Heckenrose, in *Epikurs Garten* 414
Heidelberg: $\sqrt{800}$, in *schloss umschlungen* 486
heiß. schweiß...., in *fünfte jahreszeit* 803
Heller Wahnsinn, in *Spielende* 141
Herbstrose, in *Epikurs Garten* 422
Herzfressen Soroh, in *Galileo und zwei Frauen* 558
Hier..., in *So offen die Welt* 695
hier lieg ich..., in *fünfte jahreszeit* 800
Hildegard L. Kommandanturstabsmitglied der SS in Majdanek,
    in *Herz über Kopf* 79
Himmelsnest, in *Wi∂erworte* 731
Himmelsschlüssel, in *Epikurs Garten* 419
Hinter den Rosen, in *Galileo und zwei Frauen* 516
Hoffnungsloser Fall, in *Unerhörte Nähe* 297
Hoher Mittag, in *Epikurs Garten* 412
Homöopathisch, in *Freudenfeuer* 255
hörst du das?..., in *fünfte jahreszeit* 802
Hühnerbrühe, in *Spielende* 150
Hymne, in *Galileo und zwei Frauen* 555
Hypothetisches Sonett, in *Galileo und zwei Frauen* 590

Ich bin die..., in *Galileo und zwei Frauen* 535
Ich bin die..., in *Galileo und zwei Frauen* 536
Ich bin die Frau, in *Spielende* 159
*Ich danke dir*, in *Spielende* 101–119
Ihr Kampfgenossen all, in *Herz über Kopf* 83
Im Frühling erwachen, in *So offen die Welt* 615
Im Kopf, in *Galileo und zwei Frauen* 551
Im Märzen, in *Herz über Kopf* 50
Im Märzen, in *So offen die Welt* 691

Im Meer, in *Freudenfeuer*   230

Im Museum, in *Freudenfeuer*   284

Im Park, in *Spielende*   171

Im Rahmen, in *Herz über Kopf*   20

Im Übergang, in *Epikurs Garten*   416

Immer anspruchsloser…, in *Epikurs Garten*   445

Immer in fremden Häusern…, in *Galileo und zwei Frauen*   507

Immergrün, in *Freudenfeuer*   267

Immortellen, in *Epikurs Garten*   428

In den Abend hinein oder Leserliches Vergnügen in fis Moll,
   in *So offen die Welt*   642

In den hohen Bibliotheken, in *Wisderworte*   760

*In fremden Häusern*, in *Galileo und zwei Frauen*   505–531

Inbegriffen, in *Unerhörte Nähe*   334

Innen, in *Spielende*   165

Innenhof, in *Spielende*   170

*Irrtum*, in *Unerhörte Nähe*   291–319

Irrtum, in *Unerhörte Nähe*   293

Ist das dein…, in *So offen die Welt*   690


Ja Früher, in *So offen die Welt*   657

Ja früher, in *Spielende*   151

Jetzt, in *So offen die Welt*   623

johannisnacht…, in *fünfte jahreszeit*   801

Jubel, in *Spielende*   117

Jungfer im Grünen, in *Epikurs Garten*   423


Kanal, in *So offen die Welt*   670

Kapitulation, in *So offen die Welt*   663

Karfreitag, in *Wisderworte*   749

Katzenmahlzeit, in *Spielende*   167

Katzenmusik, in *Freudenfeuer*   219

Keine Tochter, in *Spielende*   157

*Keine Zeit für Elegien*, in *Wisderworte*   773–787

Kiesel am Rhein, in *Wisderworte*   744

Kinderglaube, in *Liebesgedichte*   380

Kinderlied, in *Unerhörte Nähe*   356

Kinderspiel, in *Epikurs Garten* 415
Kinderzeit, in *So offen die Welt* 680
Kleine Schwester, in *Wisderworte* 790
Kleines Tier, in *Unerhörte Nähe* 311
Kneipenschreipen, in *Wisderworte* 774
Kölner Bucht, in *Galileo und zwei Frauen* 511
Komm lieber M., in *Wisderworte* 720
Kopfhoch, in *Spielende* 143
*Köstlich*, in *Freudenfeuer* 237–257
Köstlich, in *Freudenfeuer* 248
Krähen, in *Epikurs Garten* 431
Krankgeschrieben, in *Herz über Kopf* 68
Kreuzweise, in *Spielende* 187
Kunstmärchen, in *Spielende* 106
Kurz vor Schluss, in *Freudenfeuer* 263

lacht mir die alster…, in *fünfte jahreszeit* 800
Landserhefte, in *Herz über Kopf* 93
Landunter, in *So offen die Welt* 681
Lauter, in *Freudenfeuer* 231
Lavendel, in *Epikurs Garten* 427
Leben beginnt, in *So offen die Welt* 628
Lebensgefahr, in *Liebesgedichte* 387
Lebenshilfe, in *Wisderworte* 757
Ledig weiblich Ende dreißig, in *So offen die Welt* 669
Legenden, in *Wisderworte* 745
Leichte Wörter … , in *Epikurs Garten* 406
leise rieselt der…, in *fünfte jahreszeit* 807
Leises Licht, in *Freudenfeuer* 245
Lernprozess, in *Galileo und zwei Frauen* 515
Letzte Vorstellung, in *Unerhörte Nähe* 348
*Liebe ist ein Lied mit Strophen*, in *Wisderworte* 707–733
Liebe Kolleginnen und Kollegen, in *Herz über Kopf* 91
Liebe wagen, in *Wisderworte* 786
Liebe, in *Wisderworte* 732
Lieber Gott, in *Spielende* 134
Lieber tot, in *Spielende* 146

Liebeslied neueren Datums, in *So offen die Welt*   619

Liebesspiel, in *Spielende*   110

Lied der Amsel, in *Epikurs Garten*   410

Lied von den sauberen Händen, in *Spielende*   188

Lied. Mäßig bewegt., in *Herz über Kopf*   56

Liegt in der Luft, in *schloss umschlungen*   498

Lilien, in *Wiederworte*   742

Lob des Konjunktivs, in *Galileo und zwei Frauen*   546

Los und gelassen, in *Wiederworte*   712

Lotterie der Wünsche, in *So offen die Welt*   616

Luftwege, in *Wiederworte*   706

Lügen, in *Freudenfeuer*   257

Maijubile, in *Liebesgedichte*   379

Mal ehrlich, in *Wiederworte*   776

Manche freilich, in *Galileo und zwei Frauen*   553

Manche lassen sich hören …, in *Galileo und zwei Frauen*   538

Manchmal da, in *Herz über Kopf*   72

Mann im Mond, in *Galileo und zwei Frauen*   549

Marmormann, in *Spielende*   144

Martinsmonat, in *Freudenfeuer*   252

Mein Gott, in *Wiederworte*   750

Mein linkes Auge träumt …, in *Galileo und zwei Frauen*   557

Mein Muser, in *Spielende*   108

Mein Vater, in *Liebesgedichte*   371

Meine Damen und Herren, in *Unerhörte Nähe*   350

Meine Loreley, in *Herz über Kopf*   77

Meine Phantasie mein Herr, in *Spielende*   136

Meine Trauer, in *Herz über Kopf*   28

Meine Wörter, in *Herz über Kopf*   94

Metamorphose, in *So offen die Welt*   652

Mit bewegen, in *So offen die Welt*   672

Mit einem Buch, in *Galileo und zwei Frauen*   548

Mit Haut und Haar, in *Herz über Kopf*   21

Mit leeren Händen, in *Herz über Kopf*   24

Mit mir, in *Unerhörte Nähe*   312

Mitteilungen der Mutter, in *Spielende*   156

Mitten durch, in *So offen die Welt*   671
Mitten im Leben, in *Spielende*   142
*Mitten im Licht*, in *Spielende*   163–173
Mizzichina, in *Freudenfeuer*   229
Mögliches Lied, in *Wiederworte*   733
Moosröschen, in *Liebesgedichte*   392
*Morgenlob*, in *Epikurs Garten*   399–347
Mosaik, in *Herz über Kopf*   87
Müde das Licht…, in *Epikurs Garten*   451
Münchhausens Schwester, in *Unerhörte Nähe*   354
Mutmaßung, in *Epikurs Garten*   476

Nach Hause, in *So offen die Welt*   682
Nach Jahr und Tag, in *Spielende*   179
Nachhausefahren, in *Unerhörte Nähe*   307
Nachruf, in *Wiederworte*   746
Nah liegen…, in *Galileo und zwei Frauen*   525
Nähe, in *Spielende*   125
Nänie oder Kirschen Pfirsiche Pflaumen, in *So offen die Welt*   635
Nervenbündel, in *Galileo und zwei Frauen*   528
Neugeboren, in *Freudenfeuer*   249
*Nicht die Liebenden*, in *Freudenfeuer*   197–212
Nicht die Liebenden, in *Freudenfeuer*   209
Nicht nur, in *Wiederworte*   713
Nicht zu gebrauchen, in *Herz über Kopf*   84
Nichts als, in *Herz über Kopf*   61
Nie mehr, in *Unerhörte Nähe*   298
Nie, in *Wiederworte*   779
*Nietzsches Wette*, in *Galileo und zwei Frauen*   541–559
Nietzsches Wette, in *Galileo und zwei Frauen*   547
Noch keine acht, in *So offen die Welt*   664
Noch, in *Herz über Kopf*   67
Nur, in *Spielende*   189
NYC, 54th, West, in *So offen die Welt*   689

Offener Brief an die Prinzessin von Clèves, in *Herz über Kopf*   69
Ohne Schnee, in *Herz über Kopf*   32

On sale, in *Epikurs Garten*   469
Oper, in *Spielende*   123
Ophelia, in *Freudenfeuer*   246

Pappelwind, in *Spielende*   153
Penelope am Webstuhl, in *Galileo und zwei Frauen*   533–540
*Petersiliensommer*, in *Freudenfeuer*   215–235
Petersiliensommer, in *Freudenfeuer*   218
Pfeifen, in *So offen die Welt*   660
Pfingsten, in *Galileo und zwei Frauen*   518
Pflanzen, in *Epikurs Garten*   411
Phlox, in *Epikurs Garten*   424
Phönix, in *Spielende*   111
Piazza Navona, in *Herz über Kopf*   88
Poetischer Vorgang, in *Freudenfeuer*   280
Preis, in *Liebesgedichte*   374
Probelauf, in *Liebesgedichte*   391

Radschlagen, in *Freudenfeuer*   228
Reflex, in *Epikurs Garten*   465
rehbraune wälder …, in *fünfte jahreszeit*   804
Reibekuchen, in *Wiederworte*   739
Reinschrift, in *Unerhörte Nähe*   318
Reisesegen, in *Unerhörte Nähe*   319
Reseden, in *Epikurs Garten*   426
Rheinische Frohnatur, in *Spielende*   116
Richtig sein, in *Unerhörte Nähe*   332
Rieseln, in *Wiederworte*   740
RIP, in *Spielende*   105
Roma antiqua 1980, in *Herz über Kopf*   86
Romanze, in *Unerhörte Nähe*   335
Rondo, in *Spielende*   126
Rote Rose, in *Epikurs Garten*   425
Ruhig, in *So offen die Welt*   625

Sagt sie, in *Freudenfeuer*   277
Salomes Lied, in *Herz über Kopf*   64

Sammlung, in *Unerhörte Nähe* 305

Sandstein, in *Epikurs Garten* 463

Satz am Bau, in *Galileo und zwei Frauen* 586

Sätze schwenken, in *Epikurs Garten* 472

Schachtelhalm, in *Epikurs Garten* 429

Schattenmorellen, in *Spielende* 161

Schaumkraut, in *Epikurs Garten* 413

Schlafende Muse, in *Galileo und zwei Frauen* 508

Schlaflied, in *Herz über Kopf* 52

schmeichelnder schnee …, in *fünfte jahreszeit* 806

Schnee ist gefallen …, in *Epikurs Garten* 400

Schneefall im März, in *Spielende* 185

Schneeglöckchen, in *Epikurs Garten* 420

schneelerchen im schnee …, in *fünfte jahreszeit* 806

Schneezeitslied, in *So offen die Welt* 622

schnei schnee, in *fünfte jahreszeit* 806–808

Schneller, in *Spielende* 184

Schön …, in *So offen die Welt* 674

Schöne Hände …, in *Galileo und zwei Frauen* 529

Schöne Landschaft, in *Freudenfeuer* 261

Schöne Lüge, in *Herz über Kopf* 46

Schreiben I, in *So offen die Welt* 645

Schreiben II, in *So offen die Welt* 647

Schreiben, in *Unerhörte Nähe* 347

Schwanengesang in der Johannisnacht, in *Wiaderworte* 724

Schwarze Locken, in *Herz über Kopf* 51

Sehnsucht, in *Spielende* 168

Sei fröhlich, Geliebter …, in *So offen die Welt* 614

Selig sind die Enttäuschten, in *Unerhörte Nähe* 355

Selig sind die Wartenden, in *Unerhörte Nähe* 302

Septembermorgen, in *Unerhörte Nähe* 315

Show, in *Unerhörte Nähe* 330

Sickerndes Licht … , in *Epikurs Garten* 403

Sie bleiben, in *Unerhörte Nähe* 363

Sirene, in *Freudenfeuer* 281

Sirene, in *Unerhörte Nähe* 300

So …, in *So offen die Welt* 633

So dass, in *Unerhörte Nähe*  321–339

So dass, in *Unerhörte Nähe*  323

So eine weiße Schulter…, in *Galileo und zwei Frauen*  556

So offen die Welt, in *So offen die Welt*  659

So tief, in *Liebesgedichte*  375

So weit, in *Freudenfeuer*  207

So, in *Galileo und zwei Frauen*  600

So, in *Herz über Kopf*  39

Solo, in *Herz über Kopf*  75

Sommer, in *Freudenfeuer*  224

Sommergras, in *Freudenfeuer*  226

Sommerregen, in *Epikurs Garten*  434

Sommertag, in *Liebesgedichte*  376

Sonderangebot, in *Freudenfeuer*  247

Sonnenblume, in *Epikurs Garten*  421

Sonnenwind, in *Freudenfeuer*  274

Spartakus im Rheinland, in *Galileo und zwei Frauen*  512

Spaziergang, in *Wisderworte*  777

Spielregeln, in *Herz über Kopf*  65

Spinnen, in *Wisderworte*  741

Sprechen, in *Epikurs Garten*  417

Spürest du, in *Unerhörte Nähe*  358

Ssss oooo, in *Wisderworte*  728

Stadtgeschichte, in *schloss umschlungen*  481

Standort. Bestimmung, in *So offen die Welt*  668

Statistisch gesehen, in *Spielende*  186

Stattdessen, in *Unerhörte Nähe*  327

Staub, in *Wisderworte*  748

Steuererklärung, in *Freudenfeuer*  201

Stille Musik, in *Wisderworte*  769

Stillständiges Sonett, in *Liebesgedichte*  381

Straßenbekanntschaft, in *Epikurs Garten*  459

Stückwerk, in *Galileo und zwei Frauen*  589


Tag im Herbst, in *So offen die Welt*  673

tandaradei…, in *fünfte jahreszeit*  802

tau senkt sich nieder…, in *fünfte jahreszeit*  805

Tee, in *Galileo und zwei Frauen*   595
Terracotta, in *Freudenfeuer*   227
That's life, in *So offen die Welt*   677
tief steht die sonne …, in *fünfte jahreszeit*   806
Tortenguss, in *Galileo und zwei Frauen*   552
Total, in *Unerhörte Nähe*   329
Tote Liebe, in *Herz über Kopf*   25
Training, in *So offen die Welt*   692
Tränen, in *Herz über Kopf*   34
traum vom schreiben …, in *fünfte jahreszeit*   809
Treue, in *Herz über Kopf*   57
Tschüs, in *Herz über Kopf*   44
Türkenmohn, in *Epikurs Garten*   418
Turnier, in *Galileo und zwei Frauen*   514

Über Bord, in *Galileo und zwei Frauen*   530
Über die Alster, in *Wiederworte*   743
Übernahme, in *Wiederworte*   767
Uhrwerk, in *Freudenfeuer*   271
Und mich, in *Herz über Kopf*   27
Und so fort, in *So offen die Welt*   653
Und wenn er nun käme …, in *Galileo und zwei Frauen*   539
under der linden …, in *fünfte jahreszeit*   802
Unerhörte Nähe, in *Unerhörte Nähe*   331
Unheimlich, in *Spielende*   119
Unser Atem angefüllt …, in *Epikurs Garten*   442
unter deinem fuß …, in *fünfte jahreszeit*   808
Unterwegs, in *Herz über Kopf*   78

Va banque. Ein neues Spiel ein neues, in *Epikurs Garten*   435
Verbesserte Auflage, in *Herz über Kopf*   70
Verbesserte Auflage, in *So offen die Welt*   626
Verdächtig, in *Freudenfeuer*   270
Verdorrt, in *Freudenfeuer*   202
Verfallen, in *So offen die Welt*   667
Vergeigt, in *Freudenfeuer*   269
Verkündigung, in *Freudenfeuer*   264

Verloren, in *Galileo und zwei Frauen*  543
Verrannt, in *Freudenfeuer*  242
Verräterin, in *Epikurs Garten*  457
verregneter sommer ..., in *fünfte jahreszeit*  801
Verregneter Sommer, in *Herz über Kopf*  89
Verreist, in *Herz über Kopf*  47
verschneit von der zeit ..., in *fünfte jahreszeit*  808
Verschreibungspflichtig, in *Spielende*  104
Versuchen wir ..., in *So offen die Welt*  624
Versuchsweise, in *Spielende*  109
Verwünschte Erlösung, in *Freudenfeuer*  205
Verzeihung, in *Freudenfeuer*  199
*Vesper*, in *Epikurs Garten*  439–451
Vielleicht eine Hand, in *Unerhörte Nähe*  362
Vier Jahreszeiten, in *Unerhörte Nähe*  339
Vogel im Winter, in *So offen die Welt*  696
Vom Firmament, in *Unerhörte Nähe*  349
Von den Wörtern, in *Wiederworte*  754
Von weitem, in *Wiederworte*  719
Von zweien die auszogen, in *Spielende*  115
Vorbei, in *Epikurs Garten*  473
Vorbei, in *Spielende*  149
Vorfreude, in *Unerhörte Nähe*295
Vorgang, in *Spielende*  158
Vorgeschrieben, in *Unerhörte Nähe*  345
Vorm Abschied, in *Herz über Kopf*  55
Vorsicht, in *Unerhörte Nähe*  299
Vorsorge, in *Epikurs Garten*  461
Vorübergehend, in *Liebesgedichte*  382

Wachlied, in *Wiederworte*  721
Wachsen, in *Spielende*  169
Warten, in *Herz über Kopf*  30
Wartende, in *Spielende*  145
Wartend-ende, in *Wiederworte*  709
Was bleibt, in *Spielende*  118
Weihnachtslied, in *Herz über Kopf*  45

Weil nicht sein kann, in *So offen die Welt* 611

Weise, in *Freudenfeuer* 208

Weiter Erdkreis ... , in *Epikurs Garten* 407

Weiter Weg, in *Galileo und zwei Frauen* 582

Welke Rosen, in *Herz über Kopf* 63

Wenn Dann, in *Herz über Kopf* 49

Wenn du mich jetzt..., in *Epikurs Garten* 440

Wenn sich die Stunden ..., in *Epikurs Garten* 401

*Wer sagt dir ob*, in *Galileo und zwei Frauen* 579–600

Wer sagt dir ob, in *Galileo und zwei Frauen* 581

Wetter für Wörter, in *So offen die Welt* 650

Wetterlage, in *Freudenfeuer* 221

Widerruf, in *Wiederworte* 737

Widerwillig, in *Freudenfeuer* 233

Wie es anfängt, in *Unerhörte Nähe* 294

Wie schnell, in *Galileo und zwei Frauen* 587

Wie sie es nennen, in *Galileo und zwei Frauen* 594

Wiedergänger, in *Freudenfeuer* 241

Wiedersehen, in *Galileo und zwei Frauen* 526

Wiederwort, in *Wiederworte* 736

Wildnis, in *Spielende* 147

Willentlich, in *Spielende* 128

Winterlied, in *Herz über Kopf* 41

Winterregen, in *Freudenfeuer* 240

winzige bäche..., in *fünfte jahreszeit* 799

*Wir taten uns nichts zuleide*, in *Spielende* 121–137

Wir taten uns nichts zuleide, in *Spielende* 122

*Wir*, in *Spielende* 174–190

Wir, in *Spielende* 176

Wirbelsäule, in *Herz über Kopf* 23

Wirklich, in *Spielende* 172

Wohnhaft, in *Unerhörte Nähe* 304

Wort halten, in *Freudenfeuer* 272

Worte, in *Freudenfeuer* 279

Wörter rollen sich auf..., in *Epikurs Garten* 450

Wörtlich genommen, in *Wiederworte* 727

Wunschkind, in *Spielende* 152

Würfelspiel, in *Unerhörte Nähe*   317

Yesterday oder Rhythm and Blues, in *Wiederworte*   781

Zeitsprung, in *Unerhörte Nähe*   326
Zerfall, in *Epikurs Garten*   468
Zergangen, in *Spielende*   129
Zerschlissen mein Amselkleid..., in *Epikurs Garten*   443
Zierstrauch, in *Spielende*   182
Zinkversargt, in *Spielende*   112
Zittern, in *Galileo und zwei Frauen*   527
Zu gebrauchen, in *Spielende*   133
Zu hell, in *Unerhörte Nähe*   336
Zu schwer, in *Spielende*   107
*Zum Sonntag*, in *Unerhörte Nähe*   351–367
Zum Sonntag, in *Unerhörte Nähe*   353
Zum Tanz, in *Spielende*   132
Zurechtgerückt, in *Spielende*   124
Zusage, in *Freudenfeuer*   211
Zwei Boten, in *Freudenfeuer*   206
Zwei mal eins, in *Galileo und zwei Frauen*   588
Zwei Seelen, in *So offen die Welt*   634
Zwischen den Fragen..., in *Epikurs Garten*   447
Zwischen den Jahren, in *Liebesgedichte*   384

# Ausführliches Inhaltsverzeichnis

9 Vorwort. Von Ulla Hahn

*Herz über Kopf* (1981)

19 Das wär ein Leben
20 Im Rahmen
21 Mit Haut und Haar
22 Er kommt
23 Wirbelsäule
24 Mit leeren Händen
25 Tote Liebe
26 Der Himmel
27 Und mich
28 Meine Trauer
29 Altes Lied Ungereimt
30 Warten
31 Ach was
32 Ohne Schnee
33 Anständiges Sonett
34 Tränen
35 Angeschaut
36 Hallo Ja
37 Diese Mörderin
38 Fundevogel
39 So
40 Gibt es eine weibliche
   Ästhetik
41 Winterlied
42 Auf und Davon
43 Besuch gehabt
44 Tschüs

45 Weihnachtslied
46 Schöne Lüge
47 Verreist
48 Abenteuer
49 Wenn Dann
50 Im Märzen
51 Schwarze Locken
52 Schlaflied
53 Ab Gesang
54 Endlich emanzipiert
55 Vorm Abschied
56 Lied. Mäßig bewegt.
57 Treue
58 Bremisches Epigramm
59 Blinde Flecken
60 An Picasso
61 Nichts als
62 Bildlich gesprochen
63 Welke Rosen
64 Salomes Lied
65 Spielregeln
66 Allein
67 Noch
68 Krankgeschrieben
69 Offener Brief an die
   Prinzessin von Clèves
70 Verbesserte Auflage
71 Angstlied
72 Manchmal da
73 Für einen Flieger
74 Für einen Enthaltsamen
74 Empfehlung

75 Solo
76 Der Vater
77 Meine Loreley
78 Unterwegs
79 Hildegard L.
Kommandanturstabs-
mitglied der SS
in Majdanek
80 Branko M. 1920–1943
81 Ein alter Brauch
82 Fernsehbild vom Foto einer
jüdischen Frau im KZ
83 Ihr Kampfgenossen all
84 Nicht zu gebrauchen
85 Bewerbung
86 Roma antiqua 1980
87 Mosaik
88 Piazza Navona
89 Verregneter Sommer
90 Geburtstag
91 Liebe Kolleginnen und
Kollegen
92 Ars poetica
93 Landserhefte
94 Meine Wörter
95 Angst und Mut
96 Dressurakt


Spielende (1983)

101 Ich danke dir
103 Danklied
104 Verschreibungspflichtig
105 RIP
106 Kunstmärchen
107 Zu schwer

108 Mein Muser
109 Versuchsweise
110 Liebesspiel
111 Phönix
112 Zinkversargt
113 Blauer Himmel
114 Bleib
115 Von zweien die auszogen
116 Rheinische Frohnatur
117 Jubel
118 Was bleibt
119 Unheimlich

121 Wir taten uns nichts zuleide
122 Wir taten uns nichts
zuleide
123 Oper
124 Zurechtgerückt
125 Nähe
126 Rondo
127 Befehlsform
128 Willentlich
129 Zergangen
130 Drei Stufen Traum
131 Flucht
132 Zum Tanz
133 Zu gebrauchen
134 Lieber Gott
135 Frohe Botschaft
136 Meine Phantasie mein Herr

139 Bekanntschaft
140 Bekanntschaft
141 Heller Wahnsinn
142 Mitten im Leben
143 Kopfhoch
144 Marmormann

145 Wartende
146 Lieber tot
147 Wildnis
148 Endlich
149 Vorbei
150 Hühnerbrühe
151 Ja früher
152 Wunschkind
153 Pappelwind
154 Am Sonntag
155 Besuch bei der Mutter
156 Mitteilungen der Mutter
157 Keine Tochter
158 Vorgang
159 Ich bin die Frau
160 Entspannt
161 Schattenmorellen

163 *Mitten im Licht*
164 Erwachen
165 Innen
166 Beschrieben
167 Katzenmahlzeit
168 Sehnsucht
169 Wachsen
170 Innenhof
171 Im Park
172 Wirklich
173 Besichtigung

175 *Wir*
176 Wir
177 Bim Bam
178 Für
179 Nach Jahr und Tag
180 Gertrud Kolmar
181 Anrede

182 Zierstrauch
183 Frühjahr
184 Schneller
185 Schneefall im März
186 Statistisch gesehen
187 Kreuzweise
188 Lied von den sauberen
     Händen
189 Nur
190 Abendlied


*Freudenfeuer* (1985)

197 *Nicht die Liebenden*
199 Verzeihung
200 Genug
201 Steuererklärung
202 Verdorrt
203 Drinnen
204 Falle
205 Verwünschte Erlösung
206 Zwei Boten
207 So weit
208 Weise
209 Nicht die Liebenden
210 Für den
211 Zusage
212 Als er zurückkam
213 Füreinander zu singen
214 Brot und Salz

215 *Petersiliensommer*
217 Guckkastengedicht
218 Petersiliensommer
219 Katzenmusik
220 Am Strand

221 Wetterlage
222 Eibe
223 Alles ganz
224 Sommer
225 Allerleirauh
226 Sommergras
227 Terracotta
228 Radschlagen
229 Mizzichina
230 Im Meer
231 Lauter
232 Große Nummer
233 Widerwillig
234 Dieser Sommer

237 *Köstlich*
239 Aus lauter Liebe
240 Winterregen
241 Wiedergänger
242 Verrannt
243 Ein Kind
244 Erlöst
245 Leises Licht
246 Ophelia
247 Sonderangebot
248 Köstlich
249 Neugeboren
250 Die erste Liebe
251 Aufgepasst
252 Martinsmonat
253 Ergriffen
254 Brautpaar auf einem
    etruskischen Sarg
255 Homöopathisch
256 Firlefanz
257 Lügen

259 *Auf Erden*
261 Schöne Landschaft
262 Bald
263 Kurz vor Schluss
264 Verkündigung
265 August
266 Allüberall
267 Immergrün
268 Fortschritt
269 Vergeigt
270 Verdächtig
271 Uhrwerk
272 Wort halten
273 Bettelweib
274 Sonnenwind
275 Frauen
276 Besuch
277 Sagt sie
278 Aufgewachsen
279 Worte
280 Poetischer Vorgang
281 Sirene
282 Ein neuer Morgen
283 Dinggedicht
284 Im Museum
285 Aus
286 Auf Erden
287 Freudenfeuer


*Unerhörte Nähe* (1988)

291 *Irrtum*
293 Irrtum
294 Wie es anfängt
295 Vorfreude
296 Alte Filme

297 Hoffnungsloser Fall
298 Nie mehr
299 Vorsicht
300 Sirene
301 Fast
302 Selig sind die Wartenden
303 Aller Welts Mann
304 Wohnhaft
305 Sammlung
306 Geheimnis
307 Nachhausefahren
308 Eine von gestern
309 Anschalten
310 Abschied
311 Kleines Tier
312 Mit mir
313 Besonderer Tag
314 Ein Netz
315 Septembermorgen
316 Anfang Oktober
317 Würfelspiel
318 Reinschrift
319 Reisesegen

321 *So dass*
323 So dass
324 Atempause
325 Halbzeit
326 Zeitsprung
327 Stattdessen
328 Auf ewig
329 Total
330 Show
331 Unerhörte Nähe
332 Richtig sein
333 Beste Jahre
334 Inbegriffen

335 Romanze
336 Zu hell
337 Das Wasser
338 Bar
339 Vier Jahreszeiten

341 *Abgetippt*
343 Abgetippt
344 Aussaat
345 Vorgeschrieben
346 Eine Rose ist eine Rose
347 Schreiben
348 Letzte Vorstellung
349 Vom Firmament
350 Meine Damen und Herren

351 *Zum Sonntag*
353 Zum Sonntag
354 Münchhausens Schwester
355 Selig sind die Enttäuschten
356 Kinderlied
357 Durchs Dorf
358 Spürest du
359 Endstadium
360 Ballade von S.
362 Vielleicht eine Hand
363 Sie bleiben
364 Auslösen
365 Grenzpfahl
366 Fest auf der Alster


*Liebesgedichte* (1993)

371 Mein Vater
374 Preis
375 So tief

376 Sommertag
377 Auf dem Dorfe
378 Abgrenzung
379 Maijubile
380 Kinderglaube
381 Stillständiges Sonett
382 Vorübergehend
383 Fangopackung
384 Zwischen den Jahren
385 Eingesponnen
386 Beweislage
387 Lebensgefahr
388 Alte Lieder
389 Haus-Sphinx
390 Annonce
391 Probelauf
392 Moosröschen

*Epikurs Garten* (1995)

399 *Morgenlob*
400 I  Schnee ist gefallen ...
401 II  Wenn sich die
     Stunden ...
402 III  Der Mond ist schon
     fort ...
403 IV  Sickerndes Licht ...
404 V  Die jungen Blumen ...
405 VI  Aufsprudelnd am
     Morgen ...
406 VII  Leichte Wörter ...
407 VIII  Weiter Erdkreis ...

409 *Epikurs Garten*
410 Lied der Amsel
411 Pflanzen

412 Hoher Mittag
413 Schaumkraut
414 Heckenrose
415 Kinderspiel
416 Im Übergang
417 Sprechen
418 *Türkenmohn*
419 *Himmelsschlüssel*
420 *Schneeglöckchen*
421 *Sonnenblume*
422 *Herbstrose*
423 *Jungfer im Grünen*
424 *Phlox*
425 *Rote Rose*
426 *Reseden*
427 *Lavendel*
428 *Immortellen*
429 *Schachtelhalm*
430 Hart und anfassbar
431 Krähen
432 Gelbe Dahlie
433 Disteln
434 Sommerregen
435 Va banque. Ein neues Spiel
     ein neues
436 Christrose
437 Erde
438 Epikurs Garten

439 *Vesper*
440 I  Wenn du mich jetzt ...
441 II  Es bleibt noch lange ...
442 III  Unser Atem angefüllt ...
443 IV  Zerschlissen mein
     Amselkleid ...
444 V  Goldfarbenes Heim-
     wehlicht ...

445 VI  Immer anspruchs-
loser...
446 VII Am Ende des Tages...
447 VIII  Zwischen den
Fragen...
448 IX  Angst haut ab...
449 X  Am Apfelbaum lehnt...
450 XI  Wörter rollen sich
auf...
451 XII  Müde das Licht...

453 *Den Garten verlassend*
454 Für Gertrud Kolmar
456 Fassade
457 Verräterin
458 Geschichtsschreibung
459 Straßenbekanntschaft
460 Älterwerden
461 Vorsorge
462 Fragen
463 Sandstein
464 An Epikurs Schwester
465 Reflex
466 Fleischfresser
467 Hamburger Sommer
468 Zerfall
469 On sale
470 Hin
471 Befähigung
472 Sätze schwenken
473 Vorbei
474 Die Elbe runter
475 Fortschritt
476 Mutmaßung
477 Ars poetica

*schloss umschlungen* (1996)

481 Stadtgeschichte
482 Die Stadt im Tal am Strom
486 Heidelberg: $\sqrt{800}$
496 Es gibt Städte...
498 Liegt in der Luft

*Galileo und zwei Frauen*
(1997)

505 *In fremden Häusern*
507 Immer in fremden
Häusern...
508 Schlafende Muse
510 Die Witwe meines Vaters
511 Kölner Bucht
512 Spartakus im Rheinland
514 Turnier
515 Lernprozess
516 Hinter den Rosen
517 Für Dorian Gray
518 Pfingsten
519 Für
520 Die Hand die streichelt
522 Gedicht
524 Abgestellt...
525 Nah liegen...
526 Wiedersehen
527 Zittern
528 Nervenbündel
529 Schöne Hände...
530 Über Bord

533 *Penelope am Webstuhl*
535 I  Ich bin die...

535 II Das Muster farbiger ...
536 III Ich bin die ...
537 IV Darum ...
538 Die Hirtin zu Penelope
538 V Manche lassen sich
    hören ...
539 VI Und wenn er nun
    käme ...
540 VII Er kommt ...

541 *Nietzsches Wette*
543 Verloren
544 Augenblick im August
546 Lob des Konjunktivs
547 Nietzsches Wette
548 Mit einem Buch
549 Mann im Mond
550 Abendländisches Preislied
551 Im Kopf
552 Tortenguss
553 Manche freilich
554 Grüne Bohnen
555 Hymne
556 So eine weiße Schulter ...
557 Mein linkes Auge träumt ...
558 Herzfressen Soroh
559 Gut Kirschen essen

561 *Ballade von Galileo und
    zwei Frauen*
563 Ballade vom Mann daneben
564 Ballade von der Prinzessin
565 Ballade von Kleopatras
    Schlange
566 Ballade von den Füßchen
567 Ballade von der Frau am
    Meer

568 Ballade von Mutter und
    Kind
569 Ballade vom Existentiellen
570 Ballade vom Schriftsteller
571 Ballade von dem meisten
    Mann
572 Ballade von der Komtesse
573 Ballade vom Opferlamm
574 Ballade vom Eingewiesen
    werden müssen
575 Ballade von Angesicht zu
    Angesicht
576 Ballade von Galileo und
    zwei Frauen

579 *Wer sagt dir ob*
581 Wer sagt dir ob
582 Weiter Weg
583 Frau in Blau
584 Dichter frischer Regen
585 Eichenduft ...
586 Satz am Bau
587 Wie schnell
588 Zwei mal eins
589 Stückwerk
590 Hypothetisches Sonett
591 Exponat
592 Alpenglühen
593 Ausflügler sein
594 Wie sie es nennen
595 Tee
596 Drachensamen
597 Brief aus Arkadien
598 Frucht in der Farbe der
    Luft
600 So

*So offen die Welt* (2004)

607 I
609 Fang
610 Ehe...
611 Weil nicht sein kann
612 Ach bleib...
613 Fahren auf Flüssen
614 Sei fröhlich, Geliebter...
615 Im Frühling erwachen
616 Lotterie der Wünsche
618 Ein Gedicht ...
619 Liebeslied neueren Datums
620 Ferne Sonnentage...
621 Dein Haar...
622 Schneezeitslied
623 Jetzt
624 Versuchen wir...
625 Ruhig
626 Verbesserte Auflage
627 Eurydikes Lied
628 Leben beginnt
629 Auswendig lernen

631 II
633 So...
634 Zwei Seelen
635 Nänie oder Kirschen
Pfirsiche Pflaumen
636 An Madonna Laura anno
2004
637 Für RMR
638 Danksagung
639 An den Mond
640 Apfelmond
641 Dichterlesung
642 In den Abend hinein oder

Leserliches Vergnügen
in fis-Moll
643 Erfindung
644 Blick...
645 Schreiben I
646 Eile und Verspätung
647 Schreiben II
648 Das verborgene Wort
649 Creation
650 Wetter für Wörter
652 Metamorphose
653 Und so fort

655 III
657 Ja Früher
658 Altern lernen...
659 So offen die Welt
660 Pfeifen
662 Die Sense...
663 Kapitulation
664 Noch keine acht
666 Einmal noch
667 Verfallen
668 Standort. Bestimmung
669 Ledig weiblich Ende
dreißig
670 Kanal
671 Mitten durch
672 Mit bewegen
673 Tag im Herbst
674 Schön...

675 IV
677 That's life
678 Ermutigung
679 Der Himmel der Tiere
680 Kinderzeit

681 Landunter
682 Nach Hause
683 Beredt
684 Für gewisse Realisse
685 Alles haben
687 Alles, was du mir gegeben
hast, Deutschland
688 Eroberer
689 NYC, 54th, West
690 Ist das dein ...
691 Im Märzen
692 Training
693 Auslösen ...
694 Die Einzige Geschichte
695 Hier ...
696 Vogel im Winter
697 Art und Weise, eine
Himmelslerche anzusehen
698 Dichtung

*Wisderworte* (2011)

706 Luftwege

707 *Liebe ist ein Lied*
*mit Strophen*
708 Blaue Flecken
709 Wartend-ende
710 Endlosschleife
712 Los und gelassen
713 Nicht nur
714 Ein ständiges Sonett
715 Evas Lied
716 Auf Auf
717 Fakten
718 Danke

719 Von weitem
720 Komm lieber M.
721 Wachlied
722 Den Maistern-Meistern
724 Schwanengesang in der
Johannisnacht
725 Der Sommer singt
726 Gesundgehalten
727 Wörtlich genommen
728 Ssss oooo
729 Dornenlos
730 Gibt es eine männliche
Ästhetik
731 Himmelsnest
732 Liebe
733 Mögliches Lied

735 *Drei Fingerspitzen Sand im*
*Stundenglas*
736 Wisderwort
737 Widerruf
738 Bildnis einer Frau zwischen
vierzig und fünfzig
739 Reibekuchen
740 Rieseln
741 Spinnen
742 Lilien
743 Über die Alster
744 Aufgewachsen
744 I Kiesel am Rhein
745 II Legenden
746 III Nachruf
747 IV Geboren
748 V Staub
749 VI Karfreitag
750 VII Mein Gott

753 *Eitelkeit Staub und Asche*      *fünfte jahreszeit* (2013)
    *auf einer leeren Seite*
754 Von den Wörtern      799 *frühlingshügel*
757 Lebenshilfe      799 die armen wolken…
758 Dichterlesung      799 winzige bäche…
760 In den hohen Bibliotheken      799 endlich sonne…
761 Evergreen      800 lacht mir die alster…
762 Ballade von Sisyphos' Stein      800 hier lieg ich…
764 He du      800 gelber schnee…
765 Einfach auslöffeln      800 das feld bestellt …
766 Alltag im Gedicht
767 Übernahme      801 *auf der vogelweide*
768 Alte Freundin      801 verregneter sommer…
769 Stille Musik      801 johannisnacht…
770 Elegie auf einen Dichter      801 die weißdornhecke…
     802 under der linden…
773 *Keine Zeit für Elegien*      802 glühwürmchen im haar…
774 Kneipenschreipen      802 hörst du das?…
775 Die Sbahn rollt      802 tandaradei…
776 Mal ehrlich      803 heiß. schweiß.…
777 Spaziergang      803 die sonne…
778 An eisigen Tagen
779 Nie      804 *erntelicht*
780 27. Januar      804 frucht. in den augen…
781 Yesterday oder Rhythm      804 die erde noch warm…
    and Blues      804 rehbraune wälder…
783 Endspiel. Oder so      805 tau senkt sich nieder…
784 Für      805 fahldünne sonne…
786 Liebe wagen      805 die diebin des lichts…
     805 aStern ihr schweStern…
789 *Gibt es ein Wiederwort?*
    *Dort.*      806 *schnei schnee*
790 Kleine Schwester      806 tief steht die sonne…
     806 schmeichelnder schnee…
     806 blattlos die eiche…
     806 schneelerchen
         im schnee…

807 dezember. advent....

807 leise rieselt der ...

808 *fünfte jahreszeit*

808 es war doch alles ...

808 verschneit von der zeit ...

808 unter deinem fuß ...

809 alle wege ins ...

809 dieser Augenblick ...

809 traum vom schreiben ...

815 Nachwort.
     Penelope am Schreibtisch.
     Von Dorothea von Törne

Anhang

839 Die Autorin und ihr Werk

843 Editorische Notiz

844 Anmerkungen

847 Alphabetisches Verzeichnis
     aller Gedichte